VIVA⁺ 1

Lehrgang für Latein ab Klasse 6 – Ausgabe Bayern

von
Sabine Lösch
Gregor Nagengast
Christian Schöffel
Wolfram Schröttel

Unter Mitwirkung von:
Verena Bartoszek
Verena Datené
Inge Mosebach-Kaufmann
Barbara Scholz

Beratung: Theo Wirth (Wortschatz und Grammatik)

Illustrationen: Miriam Koch

Vandenhoeck & Ruprecht

Bibliografische Information der Deutschen Nationalbibliothek

Die Deutsche Nationalbibliothek verzeichnet diese Publikation in der
Deutschen Nationalbibliografie; detaillierte bibliografische Daten sind
im Internet über http://dnb.d-nb.de abrufbar.

ISBN 978-3-525-71114-9

Redaktion: Susanne Gerth, Melanie Marth
Layout, Gestaltung, Satz und Litho: SchwabScantechnik, Göttingen
Druck und Bindung: Offizin Andersen Nexö Leipzig GmbH, Zwenkau

Gedruckt auf alterungsbeständigem Papier.

Liebe Schülerin, lieber Schüler,

willkommen in der Welt der Römer!

Dieses Buch führt dich in eine ferne Vergangenheit, ins Jahr 17 v. Chr. Du lernst eine römische Familie kennen – die Selicii – und erlebst mit, was sie das Jahr über bewegt.

Doch wer sind die Selicii? Auf den Seiten 10–11 stellen sie sich dir vor! Zugleich lernst du erste Sätze auf Latein – und kannst dich auf Latein vorstellen.

Damit du dich in diesem Buch gut zurechtfindest, gibt es auf den folgenden Seiten ein Inhaltsverzeichnis.

Hier noch einige Tipps zum Arbeiten mit dem Buch:

- Zu Beginn einer jeden Lektion erzählt dir ein kurzer lateinischer Text von einem Ereignis im Leben der Selicii. Dabei lernst du immer einige neue Wörter und neue Grammatik.
  Wenn du mehr lesen willst, kannst du dich ab Lektion 4 zusätzlich in eine kleine Geschichte im Zusatztext vertiefen.
- Damit du auch wirklich fit wirst und Freude an Latein hast, findest du viele Übungen. Natürlich musst du nicht alle machen – dein Lehrer hilft dir sicher auch bei der Auswahl und berät dich gemäß den Schwerpunkten des schulinternen Curriculums. Die Übungen kommen immer in der gleichen Reihenfolge:
  1. Einführungsübungen: Die Übungen in der ersten Zeile sind dafür da, die neue Grammatik kennenzulernen. Sie enthalten noch keine neuen Wörter.
  2. Wortschatzübungen: Wenn man eine neue Sprache lernt, ist es immer das Wichtigste, die Wörter zu können und zu wissen, was sie bedeuten. Deshalb gibt es dazu besonders viele Übungen. Weil jeder anders lernt, sind die Übungen unterschiedlich: Malen, pantomimisch spielen oder die Bedeutung einem Mitschüler erklären – du wirst sicher bald merken, welche Übung dir am besten hilft, dir die Wörter zu merken.
  3. Formen- und Syntaxübungen: Mit diesen Übungen trainierst du, Wörter im Satz richtig zu erkennen und zu übersetzen.
  Wiederholungsübungen sind blau gekennzeichnet; Übungen, die ein bisschen kniffliger sind, sind grün.

Nach drei Lektionen findest du weitere Informationen zur römischen Welt, methodische Hinweise, die dir das Arbeiten im Lateinunterricht erleichtern, und zusätzliche Übungen (z. B. für die Vorbereitung auf eine Schulaufgabe).

Wir wünschen dir viel Freude mit VIVA⁺!

Stadt und Land

Familienstreit

Inhalt

Historische und mythische Persönlichkeiten

Salvē!
Mihī nōmen est
Mārcus.

DOMICILIUM SELICII

Gāia
(fīlia)

Aurēlia
(māter)

Sextus Selicius Cōmis
(pater)

Immer Ärger mit dem lieben Vieh

Ein warmer römischer Frühlingstag geht zu Ende. Im Hause der Selicii ist es bald Zeit fürs Abendessen. Doch noch sind nicht alle da …

Hīc domicilium Seliciī[1] est.
Sextus Selicius Cōmis dominus est, Aurēlia domina est. Mārcus fīlius est, Gāia et Paulla fīliae sunt. Etiam Gallus servus hīc habitat.

1 Seliciī: des Selicius

Sextus Selicius iam adest et exspectat.
»Silentium placet. Sed ubī sunt līberī? Cūr nōn veniunt?«

Aurēlia intrat. »Negōtia multa[2] sunt. Sed Gallus servus nōn venit. Cūr nōn pāret? Servī pārēre dēbent!«

2 multa: viele

Subitō līberī intrant: »Gallus in viā[3] est. Venīre et spectāre dēbētis[4]!«

3 in viā: auf der Straße   **4 dēbētis:** ihr müsst

Caper nōn venit.
Cūr nōn pāret?
Caprī pārēre
dēbent!

1 Wähle alle Begriffe aus, die die Personen bezeichnen, und stelle sie in einem Stammbaum zusammen.

2 Spielt die Szene so nach, dass die Eigenschaften der Personen deutlich werden.

3 Erkläre, wie du Gallus aus der Patsche helfen würdest.

Grundwissen: Namen

Vielleicht ist dir aufgefallen, dass der Vater drei Namen trägt: Sextus Selicius Comis. Das war bei den Römern üblich. Jeder männliche Römer hatte ein *praenomen* (= Vorname), ein *nomen gentile* (= Familienname) und ein *cognomen* (= Beiname). Vornamen gab es nur etwa ein Dutzend verschiedene, die meist mit ihren Anfangsbuchstaben abgekürzt wurden, z. B. »M.« für Marcus, »Sex.« für Sextus oder »C.« (!) für Gaius. Das *cognomen* bezeichnete ursprünglich eine typische Eigenart seines Trägers (so bedeutet *comis* eigentlich »heiter, freundlich, nett«). Später wurde es aber einfach weitervererbt, wie ja auch bei uns viele Leute Müller oder Schneider heißen, ohne diese Berufe auszuüben. Römerinnen führten als Namen entweder ein *praenomen* (Gaia, Paulla) und die weibliche Form des *nomen gentile* ihres Vaters (Selicius → Selicia) oder nur die weibliche Form des *nomen gentile* (Aurelius → Aurelia).

1 Wer ist wer?
Ordne die Namen und Bezeichnungen richtig zu.

Aurelia	dominus
Gallus	liberi
Paulla et Gaia	servus
Sextus	domina
Gaia et Paulla et Marcus	filiae

2 Wer macht was?
Bilde kleine Sätze und übersetze sie.

servus	intrant
Selicii	adest
liberi	non venit
dominus	non paret
filiae	hic habitant
caper	spectat
Paulla	veniunt

3 Ordne folgende Wörter den Bildern zu.

a) intrare
b) caper
c) habitare
d) liberi
e) spectare

4 Für Sprachforscher.
Von welchem lateinischen Wort stammen diese Fremdwörter? Finde heraus, was sie bedeuten.

a) Service
b) Spektakel
c) dominant
d) Domizil

5 Erzähle deinem Nachbarn auf Deutsch eine kleine Geschichte, die fünf Wörter aus dem Lernwortschatz enthält. Findet er sie?

6 Wiederhole die Vokabeln der Lektion 1.
Ordne sie dann in einer Tabelle:
Substantiv – Verb – unveränderlich

7 Ordne die Substantive nach ihrem Geschlecht
(= Genus) in einer Tabelle: mask. – fem. – neutr.

dominus	servi
silentium	dominae
caper	liberi
filia	domicilia

8 Singular und Plural. Bilde die fehlenden Formen.

domina	–	? ? ?
filius	–	? ? ?
caper	–	? ? ?
negotium	–	? ? ?
? ? ?	–	filiae
? ? ?	–	domini

9 Bilde Sätze, indem du jedem Subjekt ein Prädikat zuordnest. Übersetze.

Sextus	non veniunt.
Capri	placet.
Paulla	adest.
Silentium	exspectat.

10 Ergänze folgende Sätze und übersetze.

a) Gallus ? ? ? servus.
b) Marcus et Gaia liberi ? ? ? .
c) Sextus ? ? ? dominus.
d) Sextus iam ? ? ? .
e) Sed Gallus non ? ? ? .
f) Servus parere ? ? ? .
g) Etiam liberi parere ? ? ? .

11 Benenne die Satzglieder und übersetze.

a) Sextus adest.
b) Aurelia intrat.
c) Marcus et Gaia veniunt.
d) Servus non venit.

12 Fülle die Lücken und übersetze.

Aurelia: »Cur Gall■ non pare■? Servi pare■ debe■.« Sed subito liberi intra■: »Gall■ in via[1] ■! Caper non veni■.«
1 in via: auf der Straße

13 Richtig oder falsch?
Das Lösungswort verrät es dir.

	richtig	falsch
Gallus dominus est.	fe	se
Caper non venit.	li	lib
Negotia multa sunt.	ci	in
Capri parere non debent.	vus	i

14 Ubi oder cur?
Bilde Fragen zu folgenden Sätzen und übersetze.

Hic familia habitat. – Ubi familia habitat?
a) Gallus in via est.
b) Liberi non veniunt.
c) Marcus non paret.
d) Hic Selicii sunt.

15 Bilde kurze lateinische Sätze zu dem Bild und lass deinen Nachbarn übersetzen.

Und er bewegt sich doch!

Der arme Gallus! Der störrische Ziegenbock macht große Probleme. Zum Glück gibt es die Kinder Gaia, Marcus und Paulla, die gleich Hilfe holen.

Statim dominus et domina et līberī forās[1] currunt. Ibī Gallum servum vident.

Domina: »Cūr caper nōn currit?«

Gallus: »Nōn pāret. Caprum incitāre nōn possum[2].«

5 Domina: »Sed servī semper caprōs incitant et caprī carrōs trahunt. Cūr Gallus caprum nōn verberat?«

Mārcus: »Bēstiās verberāre nōn licet! Gallus blanditiās[3] dīcere dēbet.« Gallus trahit, Gallus clāmat, Gallus blanditiās[3] dīcit. Sed caper sē[4] nōn movet.

10 Paulla: »Caper dōnum cupit. Caprī semper dōna cupiunt.«

Dominus: »Ita est. Necesse est apportāre … feminam!«

Gallus: »Hmmm … sed capram[5] invenīre nōn possum[2].«

Domina: »Gallus negōtia nōn cūrat. Nōn est servus, sed caper!«
Statim domina sē[4] vertit: Sextum et līberōs et Gallum servum relinquit.

15 Subitō Mārcus: »Heurēka[6]! Caper cibum cupit!«

Gāia: »Ita est. Necesse est herbās et frūmentum apportāre!«

Līberī cibum apportant et tandem caper sē[4] movet.

1 **forās:** hinaus, nach draußen

2 **possum:** ich kann

3 **blanditiae:** Schmeicheleien, Lockworte

4 **sē:** sich

5 **capra:** *Femininum zu* caper

6 **Heurēka!:** *griech.:* Ich hab's! *(eigentlich: Ich habe gefunden)*

1   Stelle alle Verben zusammen und weise zu: Was macht der Ziegenbock und was geschieht mit ihm?

2   Gib an, welche Lösungen für das Problem vorgeschlagen werden.

3   Erläutere, wieso jede Idee für die Person, die sie vorschlägt, typisch ist.

4   Stellt einzelne Szenen der Geschichte im Standbild dar. Die anderen Schülerinnen und Schüler benennen die dargestellte Etappe.

5   Arbeite heraus, welche Konsequenzen das Verhalten von Gallus haben könnte.

Grundwissen: Familie

Vater, Mutter, Kinder, vielleicht noch Oma und Opa – so stellen wir uns eine normale Familie vor. Obwohl unser Wort »Familie« vom lateinischen *familia* kommt, verstand man in Rom unter einer *familia* etwas anderes als heute. Zur römischen *familia* gehörten nämlich alle im Haushalt lebenden Menschen, also auch die Sklaven. Das Oberhaupt der *familia* war der *pater familias*. Er hatte die Gewalt über Leben und Tod aller (!) Familienmitglieder. Allerdings machte er nur in Ausnahmefällen von dieser Macht Gebrauch. Nach dem *pater familias* war die wichtigste Person

die *mater familias*. Während der *pater familias* die Familienangelegenheiten nach außen regelte, kümmerte sich die *mater familias* um die Arbeiten im Haus, wozu sie die Sklaven und Sklavinnen einteilte und beaufsichtigte. Auch die Erziehung der kleinen Kinder war in erster Linie ihre Aufgabe. Da Liebesheiraten die Ausnahme und von den Vätern gestiftete Ehen die Regel waren, war auch das Verhältnis zwischen den Eheleuten ein anderes als heute. Mann und Frau berieten zwar meist die wichtigen Dinge gemeinsam, doch traf die Entscheidungen am Ende der Mann.

1 Übersetze und beschreibe dann
die neuen Erscheinungen.

a) Sextus Selicius filium exspectat.
b) Aurelia filiam exspectat.
c) Sextus et Aurelia liberos exspectant.
d) Caper donum exspectat.
e) Liberi herbas apportant.
f) Caper dona cupit.
g) Capri carros trahunt.

2 Eselsbrücken.
**Lies mit deinem Partner die neuen Wörter
der Lektion 2 abwechselnd vor. Überlegt euch
möglichst viele Eselsbrücken! Stellt diese der
Klasse vor.**

3 Rap - Vokabeln mit Pepp!
**Texte einen Rap, in dem mindestens zehn Wörter
aus den Lektionen 1 und 2 vorkommen! Trage
diesen der Klasse vor.**

»Dominus heißt Herr, mit cur fragt man warum. Ita est –
so ist es! Der Servus steht nur rum.«

4 »Und er bewegt sich doch …«
**Stelle alle Verben zusammen, die eine Bewegung
ausdrücken.**

5 Mindmap.
Erstelle eine Mindmap zum Sachfeld Familie.

6 Nominativ und Akkusativ: Ergänze die fehlenden
Formen.

Nom. Sg.	Akk. Sg.	Nom. Pl.	Akk. Pl.
filius	? ? ?	? ? ?	? ? ?
? ? ?	carrum	? ? ?	? ? ?
? ? ?	? ? ?	dona	? ? ?
? ? ?	? ? ?	? ? ?	filias

7 Welches der Wörter passt nicht in die Reihe?
Begründe deine Entscheidung.

a) herba – caprum – donum – bestiam
b) caper – filius – domina – servum
c) liberos – dona – bestiae – feminas
d) negotia – carros – servi – filiae

8 Ergänze die Reihe.

movere	– movet	– movent
? ? ?	– paret	– ? ? ?
? ? ?	– ? ? ?	– cupiunt
apportare	– ? ? ?	– ? ? ?
? ? ?	– ? ? ?	– trahunt

9 | 1 Fülle die Lücken und übersetze.

a) Serv▪ negoti▪ curare debe▪.
b) Marc▪ don▪ exspecta▪.
c) Domin▪ liber▪ relinqu▪.
d) Fili▪ herb▪ apport▪.
e) Cap▪ carr▪ trah▪.

2 Verwandle die Sätze vom Singular in den Plural und umgekehrt, wo das sinnvoll ist.

10 Benenne die Satzglieder und übersetze.

a) Aurelia liberos incitat.
b) Paulla cibum apportat.
c) Gaia Marcum videt.
d) Gallus caprum verberat.
e) Carrum trahit.

11 Bilde sinnvolle Sätze aus dem Wortspeicher und übersetze diese.

Sextus	Gallum	apportat
filia	liberos	relinquit
servus	caprum	incitat
Aurelia	cibum	cupit

12 Römer sind sparsam, auch wenn es um Sprache geht. Welches Possessivpronomen kann man jeweils im Deutschen ergänzen?

a) Dominus filium exspectat.
Der Herr erwartet ? ? ? Sohn.
b) Aurelia: »Liberi venire debent.«
c) Sextus: »Gallus negotia non curat.«
d) Caper cibum cupit.
e) Capra[1] caprum non relinquit.

1 capra: *Femininum* zu caper

13 »Tabu!« – Fachbegriffe sind gefragt.
Bildet Zweierteams. Immer abwechselnd erklärt einer von euch seinem Partner einen Begriff, ohne diesen zu nennen. Für jeden erratenen Begriff gibt es einen Punkt. Welches Team gewinnt?

»Ein Kasus, nach dem man mit ›wen?‹ fragt?« – »Akkusativ!«

14 | 1 Stelle alle lateinischen Wörter zusammen, die du brauchst, um dieses Bild zu beschreiben.

2 Bilde kurze lateinische Sätze und lass deinen Nachbarn übersetzen.

Augen auf beim Sklavenkauf

Jetzt reicht es Aurelia: Gallus ist einfach zu nichts zu gebrauchen. Deshalb hat sie beschlossen, endlich eine tüchtige Sklavin zu kaufen. Die Familie ist auf dem Weg zum Markt.

Aurēlia: »Gallus servus malus est. Negōtia nōn cūrat.«

Paulla: »Inīquum est! Gallus servus bonus est! Puer est et fortūnam miseram tolerāre dēbet.«

Sextus: »Tacē, Paulla! Necesse est ancillam probam emere.«

5 Aurēlia: »Ita est!«

Mārcus: »Hīc virī probī frūmentum et cibum bonum et multās aliās rēs[1] vēndunt. Sed ubī sunt servī?«

Gāia: »Ecce! Ibī virī catellās[2] pulchrās vēndunt. Ō pater, eme mihī[3] dōnum!«

10 Paulla: »Ō pater, eme mihī[3] quoque dōna pulchra!«

Aurēlia: »Tacēte, fīliae! Pater nōn dōnum, sed ancillam probam emere dēbet.«

Sextus: »Vidēte! Ibī multī servī sunt. Venīte tandem, līberī!«

Aurēlia: »Ecce ancilla bona! Certē mihī[3] adest et pāret.«

15 Sextus: »Hmmmm …«

Paulla: »Gāia, cūr pater verba nōn iam audit? Cūr subitō familiam relinquit?«

Gāia: »Puellam pulchram videt. Ancillam statim emere cupit.«

Mārcus: »Et puella vērē pulchra est!«

20 Aurēlia: »Sexte! Sexte!!! Dēsine errāre! Necesse est ancillam bonam, nōn feminam pulchram emere.«

1 multās aliās rēs *(Akk. Pl.)*: viele andere Dinge
2 catella: Kette
3 mihī: mir

---

1 Lies den Einleitungstext. Beschreibe das Bild und entwickle einen möglichen weiteren Verlauf der Handlung. Begründe deine Vermutung.

2 Lest den Text mit verteilten Rollen und versucht dabei, den Charakter der Personen und ihre Gefühle wiederzugeben.

3 Gestaltet in eurer Klasse eine Bildergeschichte zum Lektionstext und schreibt zu jedem Bild einen lateinischen Satz.

4 Natürlich kauft Sextus die hübsche Sklavin Asia. Erschließe mithilfe der Karte im Buch, woher sie und Gallus stammen.

Grundwissen: Sklaven

In antiken Gesellschaften wie der römischen war es üblich, zwischen freien und unfreien Menschen zu unterscheiden. Unfreie Menschen, die Sklaven und Sklavinnen, wurden als Sachen und Eigentum ihrer Herren angesehen. Viele von ihnen waren Kriegsgefangene oder stammten aus eroberten Gebieten; etliche aber waren verarmte Bauern. Auch die Kinder von Sklaven wurden wieder Sklaven. Ohne Murren mussten sie tun, was man von ihnen verlangte. Viele hielten das nicht aus und versuchten zu fliehen. Wurden sie wieder eingefangen, drohte ihnen die Todesstrafe. Doch das Schicksal von Sklaven war sehr unterschiedlich, je nachdem, wo sie arbeiteten und wie ihre Herren eingestellt waren. Gerade unter den Sklaven, die in den städtischen Haushalten arbeiteten, gab es viele, die das Vertrauen ihrer Besitzer genossen und als vollwertige Mitglieder der *familia* behandelt wurden. Ihnen ging es vergleichsweise gut und man verzieh ihnen sogar gelegentliche Schwächen.

Nicht wenige bekamen Geld für ihre Arbeit und konnten sich später davon freikaufen. Andere wurden von ihren Besitzern freigelassen und blieben ihnen auch weiter eng verbunden.

1 Nichts als Befehle.
Übersetze und beschreibe die neuen Erscheinungen.

Sextus: »Galle, veni!
Curre statim!«
Aurelia: »Liberi, venite!
Apportate cibum et herbas!
Parete statim, filiae!«
Sextus: »Marce, Gaia, Paulla, currite!«

2 Alles gut? Übersetze. Woran erkennst du, auf welches Substantiv sich das Adjektiv bezieht?

a) Gallus servus bonus est.
b) Aurelia domina bona est.
c) Gaia et Paulla filiae bonae sunt.
d) Frumentum semper bonum est.
e) Filiae dona bona cupiunt.
f) Caper cibum bonum cupit.

3 | 1 Stelle alle lateinischen Wörter zusammen, die du brauchst, um dieses Bild zu beschreiben.

2 Bilde kurze lateinische Sätze und lass deinen Nachbarn übersetzen.

4 Montagsmaler.
Bildet Zweierteams. Immer abwechselnd zeichnet einer von euch ein lateinisches Wort in sein Heft, der andere muss raten. Welches Team kennt die meisten Wörter?

5 Für Sprachforscher.
Von welchem lateinischen Wort stammen diese englischen Begriffe? Finde heraus, was sie bedeuten.

misery – fortune – necessary – family – tolerate – error

6 Finde den lateinischen Gegensatz.

Sklave - dominus

gut – ? ? ?   hässlich – ? ? ?
weg sein – ? ? ?   wenige – ? ? ?
Lärm – ? ? ?   Frau – ? ? ?
nie – ? ? ?   Mutter – ? ? ?
beruhigen – ? ? ?   Sohn – ? ? ?
flüstern – ? ? ?   hinausgehen – ? ? ?
sich widersetzen –   weitermachen –
? ? ?   ? ? ?

7 | 1 Grenze die Satzbausteine (Subjekt, Prädikat, Objekt) voneinander ab.

a) Aurelia servos incitat.
b) Servus probus paret.
c) Familia adest.
d) Filiae multa dona cupiunt.
e) Viri catellas[1] pulchras vendunt.

1 catella: Kette

2 Übersetze.

8 Alles für den Bock …
Ergänze die Endungen und übersetze.

a) Caper cib▮ cupit.
b) Ecce! Gallus carr▮ trahit.
c) Gaia herb▮ apportat.
d) Cur caper herb▮ non cup▮?
e) Subito Marcus frument▮ inven▮.
f) Tandem caper curr▮.
g) Liberi don▮ exspect▮.

9 Ergänze die richtige Endung.

a) puellam pulchr▮
b) dona pulchr▮
c) viri prob▮
d) cibos bon▮
e) feminas miser▮
f) domina iniqu▮

10 | 1 Bestimme die unterstrichene Form und
übersetze den Ausdruck.

<u>filiam</u> spectare – Akk. Sg. Femininum
<u>servos</u> incitare – <u>dona</u> apportare – <u>ancillam</u>
emere – <u>puerum</u> videre – <u>carros</u> trahere

2 Ergänze die Ausdrücke um ein passendes
Attribut.

11 Welches Wort passt? Entscheide und übersetze.

Paulla (multi, multos, multa) dona cupit.
Statim Sextus catellam[1] (pulchrum, pulchrae,
pulchram) emit. Sed Aurelia: »Ancillas
(bonos, bonas, bonum) emere necesse est.
Gallus servus (malus, malum, malas) est.«
Paulla: »(Iniquum, iniquam, iniqua) est!«
1 catella: Kette

12 | 1 Was wünschen sich die Selicii? Ergänze ihre
Wünsche aus dem Wortspeicher auf Latein.

Caper frumentum cupit.
frumentum – domina – cibus – donum –
filius – silentium – herba – puer – familia –
vir – liberi – negotium

2 Ergänze die Sätze um ein passendes Attribut.

13 Aurelia befiehlt: Bringe ihre Worte in die
Befehlsform und übersetze dann.

(caper, tacere) → »Caper, tace!«
a) servi, parere
b) ancilla, audire
c) filiae, statim venire
d) Gallus, caprum verberare
e) Paulla, cibum apportare

14 | 1 Aurelia erwartet viel von ihrer neuen Sklavin.
Nenne ihre Wünsche auf Latein:

Aurelia: »Ancilla debet parere.«

2 Formuliere aus Aurelias Wünschen Befehle.

»Ancilla, pare!«

Ludus: Römische Schule – römische Spiele

»Was hast du für ein Problem mit mir, du verfluchter Lehrer, du bei Mädchen und Jungen verhasstes Haupt der Schule? Die Kamm tragenden Hähne haben noch nicht die Stille der Nacht unterbrochen, da lärmst du schon herum mit wütendem Getöse …« (Martial, 9,68)

Grundschule

Was Martial im Zitat beschreibt, ist eine typische Szene aus der Grundschule, der ersten Stufe der römischen Schulausbildung. Auf der Straße, notdürftig abgetrennt durch einen Vorhang, versuchte ein schlecht bezahlter *magister,* Mädchen und Jungen das ABC beizubringen. Sein wichtigstes Arbeitsmittel war die Wachstafel, in die man mit einem Griffel Buchstaben einkratzte. Kinder besuchten diese Grundschule meist vom siebten bis zum zwölften Lebensjahr; eine Schulpflicht gab es aber nicht.

Die Schule begann früh morgens, denn da war es noch halbwegs ruhig auf den Straßen. Der Unterricht war die meiste Zeit eintönig. Die Schüler saßen, ihre Wachstafeln auf dem Schoß, auf Schemeln und übten das Schreiben von Wörtern, die ihnen der Lehrer vorgab. Fehler wurden oft mit Schlägen bestraft. Viele Lehrer meinten nämlich, dass Prügel das beste Mittel seien, um Lernfortschritte zu erzielen. Erst der Rhetoriklehrer Quintilian räumte im 1. Jh. n. Chr. mit dieser Vorstellung auf. Er forderte, dass die Kinder mit vorgefertigten Buchstaben lernen sollten, sinnvolle Wörter zusammenzusetzen – eine schon recht moderne Methode.

1 Stilus, Tintenfass und Papyrus

Grammatikschule

Nach der Grundschule war für die meisten Kinder, besonders für die Mädchen, Schluss. Nur wer es sich leisten konnte, schickte seinen Sohn zu einem *grammaticus,* damit er dort die griechische und römische Literatur kennenlernen konnte. Dabei wurden Texte (vor-)gelesen, besprochen und moralisch bewertet. Gerne bearbeitete man Geschichten aus der römischen Vergangenheit, damit die Schüler an *exempla* (Vorbildern) lernten, wie man sich als echter Römer zu verhalten hatte. Daneben wurden Texte zur griechischen und römischen Mythologie gelesen. Beiden Themen werden wir in unserem Buch immer wieder begegnen.

Auch im Grammatikunterricht waren Schläge an der Tagesordnung. Der Dichter Horaz etwa beschrieb seinen Grammatiklehrer Orbilius als *plagosus,* »schlagkräftig«. Orbilius ist sicher ein Beispiel für viele frustrierte und schlecht entlohnte Lehrer.

Rhetorikschule

Nur wenigen, vor allem adligen Jungen, blieb es vorbehalten, auch noch die dritte Schulphase beim *rhetor* zu durchlaufen. Diese Phase war ein Mittelding zwischen gymnasialer Oberstufe und Jurastudium. Die Schüler lernten die Grundlagen des römischen Rechts kennen, erweiterten ihr Allgemeinwissen und übten die Kunst der Rede (Rhetorik). Denn eine

2 Wachstafel (nachgebaut)

rhetorische Ausbildung war wichtige Voraussetzung, um ein öffentliches Amt zu bekleiden.

Spiele

Auf den ersten Blick verblüfft es, dass die Römer für Schule und Spiel dasselbe Wort benutzten: *ludus*. Doch sowohl in der Schule als auch im Spiel kann man sich frei von familiären und beruflichen Pflichten allein den Dingen widmen, die nicht direkt »nützlich« sind. Auch das griechische Wort *schole,* von dem unser »Schule« kommt, bedeutet eigentlich »Ruhe, Muße«. Indirekt kann auch das Spiel eine Vorbereitung auf das Leben sein. So wie Kinder heute mit Spielzeug ganze Städte bauen oder im Computerspiel üben, sie zu verwalten, hatten auch die Römer Spielzeug, das ihre Lebenswirklichkeit widerspiegelte. Die Jungen machten sich beim Spiel mit Soldaten- und Pferdefigürchen oder Holzschwertern mit der römischen Armee vertraut. Auch Gladiatorenkämpfe und Wagenrennen stellten sie gerne nach. Den Mädchen schenkte man Puppen mit Zubehör, damit sie sich spielerisch auf ihre spätere Rolle als Hausfrau und Mutter vorbereiten konnten. Archäologen haben z. B. Puppen aus Knochen gefunden, von denen manche sogar bewegliche Arme und Beine hatten. Gerne spielten die Kinder draußen und tobten sich aus. Sehr beliebt war beispielsweise das Delta-Spiel. Man zeichnete ein großes gleichschenkliges Dreieck auf den Boden. Jeder Mitspieler bekam fünf Nüsse oder Murmeln, die er in Felder mit möglichst hohem Zahlenwert warf. Wer am Ende die meisten Punkte hatte, hatte gewonnen.

1 Erläutere die drei Phasen der römischen Schulausbildung.

2 Vergleiche den römischen Schulbetrieb mit unserem. Nenne Gemeinsamkeiten und Unterschiede.

3 Sicher findest du noch mehr über römische Spiele heraus. Recherchiere in Büchern und im Internet.

3 Figur aus Kalkstein

4 Knochenpuppe

6 Hausunterricht, Relief von einem Grabmal aus Neumagen

5 Zinnfigur

So geht's

Vokabeln lernen kann jeder

Ein berühmter Komiker hat einmal Folgendes gesagt: »Kunst ist schön, macht aber viel Arbeit.« Dieser Satz lässt sich gut auf das Lateinische übertragen. Latein ist auch schön, macht aber auch viel Arbeit.

Das beginnt bei den Vokabeln. Nur wer über einen gewissen Wortschatz verfügt, kann wirklich übersetzen. Wörter muss man einfach lernen und immer wieder üben. Es ist wie bei einem Musikinstrument. Aber wir haben einige Tipps für dich, die dir das Wörterlernen erleichtern können:

Nie zu viel auf einmal wollen!

Am leichtesten lernst du Wörter in Päckchen von höchstens zehn Stück. Diese Wörter solltest du mindestens einmal laut lesen und am besten – z.B. in ein Vokabelheft – auch aufschreiben. Nun deckst du erst die deutsche, dann die lateinische Seite zu und überprüfst dein Wissen. Wörter, die du nicht weißt, markierst du mit einem Minusstrich. Diese Wörter musst du natürlich noch einmal üben. Nach einer Pause solltest du deine neu erworbenen Wortschatzkenntnisse überprüfen.

Regelmäßig wiederholen!

Damit du die Wörter nicht wieder vergisst, solltest du sie regelmäßig wiederholen – am besten gleich wenige Stunden später und am Tag darauf.

Karteikarten

Mithilfe von Karteikarten lassen sich Wörter besonders gut lernen. Auf die Vorderseite schreibst du den lateinischen Begriff und auf die Rückseite die deutsche Übersetzung. Dann sortierst du die Karten in das erste Fach deines Karteikastens. Du übst immer eine kleine Anzahl Vokabeln. Wörter, deren Bedeutung du kennst, kommen ein Fach weiter, die anderen bleiben im ersten Fach. So kannst du ganz gezielt genau die Wörter üben, die dir Schwierigkeiten machen, und sie hoffentlich ebenfalls bald »befördern«.

Natürlich kannst du auch ein Computerprogramm (z.B. Phase 6) benutzen.

Abwechslung

Es gibt natürlich noch andere Möglichkeiten, erfolgreich Wörter zu lernen. Um die für dich passende Methode herauszufinden, musst du wissen, welcher Lerntyp du bist: Wie lernst du Wörter am besten?
- durch Aufschreiben
- indem du dir Bilder merkst oder selbst zeichnest
- durch Ausdenken einer Geschichte
- durch pantomimisches Spielen der Wörter
- über Hören und/oder lautes Lesen

- anhand von lustigen Eselsbrücken
- mit Fremdwörtern oder sogenannten Lehnwörtern
- anders

Probiere aus, welche Methode die richtige für dich ist. Erlaubt ist, was nützt! Doch egal, welcher Lerntyp du bist: Die Abwechslung macht's.

Wenn du ein Vokabelheft führst, kannst du beispielsweise zwischen der lateinischen und der deutschen Spalte eine dritte für Gedächtnisstützen einfügen: Fremdwörter oder Lehnwörter (das sind Wörter, die es sich in einer anderen Sprache so häuslich eingerichtet haben, dass man sie gar nicht mehr als fremd erkennt), Eselsbrücken, Bildchen o. Ä.

Mindmap

Eine Mindmap hilft dir, Wörter im Gedächtnis miteinander zu vernetzen. Du kannst neue Vokabeln an bereits bekannte »andocken« und sie dir so besser merken. Du kannst beispielsweise Wörter sammeln, die alle zu einer Wortfamilie gehören und den gleichen Ursprung haben (z. B. miser und miseria). Oder du stellst ein Sachfeld zusammen, z. B. zum Thema Familie: familia, filia, servus.

Es gibt mehrere Varianten von Mindmaps. Wir beginnen mit dem sogenannten Wortigel. Dafür sammelt man möglichst viele Wörter, die zu einem Begriff passen. Wir haben als Ausgangsbegriff das Wort caper gewählt.

1 Stelle zusätzliche Wörter zusammen und erweitere den Wortigel.

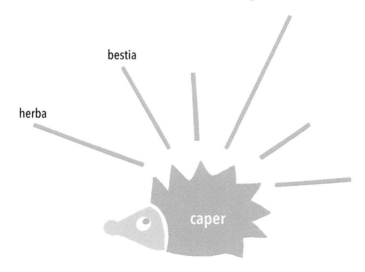

Das hast du schon gelernt:

Es gibt viele Möglichkeiten, Wörter zu lernen: Die Abwechslung macht's! Wichtig: Nie zuviel auf einmal lernen – und nach einer kleinen Pause gleich noch einmal wiederholen.

1 Singular oder Plural?
Wähle die richtige Form für das Subjekt und übersetze den Satz.

a) ? ? ? (servus) exspectant.
b) ? ? ? (dominus, domina) iam adsunt.
c) ? ? ? (negotium) non placet.
d) ? ? ? (caper) venire debent.

2 Singular oder Plural?
Wähle die richtige Form für das Prädikat und übersetze den Satz.

a) Hic Selicii ? ? ? (habitare).
b) Silentium ? ? ? (placere).
c) Ubi ? ? ? (esse) Gaia et Paulla?
d) Filiae ? ? ? (intrare).
e) Dominus et domina hic habitare non iam ? ? ? (debere).

3 Setze die Bausteine zu lateinischen Wörtern zusammen. Gib jeweils auch die deutsche Bedeutung an. Wo gibt es mehrere Möglichkeiten?

domin – plac –
serv – cap – silenti
– exspect – negoti
– deb – fili – ven

a – are – er – ere –
ire – um – us

4 Welche Form passt nicht?
Begründe deine Auswahl.

a) tolerat – tacent – emit – adest
b) incitat – sunt – emunt – tacent
c) malus – iniqua – probum – pulchrae
d) frumenta – dona – verba – puella
e) fortuna – viri – feminae – negotia
f) mala – miseras – pulchros – multum

5 Gib zu den Infinitiven ihre deutsche(n) Bedeutung(en) an und bilde von ihnen alle Verbformen, die du schon kennst.

adesse – audire – clamare – cupere – debere – relinquere

6 Wandle folgende Aussagesätze in Befehlssätze um und übersetze dann.

(Beispiel: Domina intrat. – Intra, domina! – Tritt ein, Herrin!)

a) Liberi cibum apportant.
b) Dominus dona emit.
c) Servi caprum incitant.

7 Wer ist das? Ergänze das Subjekt und übersetze.

a) ? ? ? ancillam probam emere cupit.
b) ? ? ? fortunam miseram tolerare debet.
c) ? ? ? puellam pulchram emere cupit.
d) ? ? ? frumentum et cibos vendunt.
e) ? ? ? dona pulchra cupiunt.

8 Baue aus den Satzteilen sinnvolle lateinische Sätze zusammen. In jeder Spalte darfst du dich pro Satz maximal einmal bedienen.

cur	filius et filia	non	sunt
ubi	liberi	iam	placent
	dominus et domina		intrat
	servus		exspectant
	capri		est
	negotia		venit

9 Bilderrätsel. Die Bilder geben kleine Sätze vor. Formuliere sie auf Latein.

10 | 1 Übertrage die Tabelle in dein Heft und ergänze die Lücken.

Nom. Sg.	Nom. Pl.	Akk. Sg.	Akk. Pl.
caper	? ? ?	? ? ?	? ? ?
? ? ?	filiae	? ? ?	? ? ?
? ? ?	? ? ?	donum	? ? ?
? ? ?	? ? ?	? ? ?	carros

2 Ergänze die Wörter in der Tabelle mit dem Adjektiv »bonus«.

11 Ordne jedem Substantiv das passende Adjektiv zu.

a) donum   A) probos
b) pueros   B) iniqui
c) cibus   C) miseram
d) ancillam   D) bonus
e) verba   E) pulchrum
f) puellas   F) mala
g) domini   G) multas

12 | 1 Gib an, aus welchen Teilen der Eigenname eines freien Römers besteht.

2 Nenne den Unterschied zwischen einer römischen familia und einer Familie bei uns heute.

3 Erkläre, welche Rolle der pater familias und die mater familias spielten.

4 Erkläre, wie man in der Antike Sklave wurde.

5 Gib an, was und womit römische Mädchen und Jungen spielten.

13 Der pflichtvergessene Lehrer: Übersetze.

Magister[1] secum[2] dicit: »Certe liberos relinquere licet; pueri probi sunt, semper parere et laborare[3] cupiunt.« Sed errat: Pueri mali statim laborare[3] desinunt, clamant, puellas miseras verberant. Puellae: »Iniquum est. Cur magister[1] non venit? Semper adesse debet.« Tandem magister[1] intrat et clamat: »Silentium! Tacete, pueri et puellae!«

1 magister: Lehrer – **2 secum:** bei sich – **3 laborare:** arbeiten; *hier:* lernen

Im Jahr 17 v. Chr. war Augustus auf dem Höhepunkt seiner Macht – und wollte dies auch feiern. So erneuerte er den alten Brauch der Säkularspiele, großer dreitägiger Feierlichkeiten zu Ehren der Götter, die ihren Abschluss auf dem Kapitol, dem religiösen Zentrum Roms, fanden. Freilich veränderte Augustus die Säkularspiele, indem er nicht mehr wie früher in erster Linie die Götter der Unterwelt feiern ließ, sondern die Schutzgottheiten des Reiches. Die drei wichtigsten Götter der Römer waren Jupiter, Juno und Minerva.

1 Beschreibe die abgebildeten Götterstatuen und erschließe aus den Abbildungen ihre Zuständigkeiten.

1 Die sieben Hügel Roms

2 Juno

3 Minerva

4 Jupiter

Nächtliches Opfer

Heute ist ein großer Tag: Kaiser Augustus veranstaltet die große Säkularfeier (ludi saeculares), es stehen verschiedene Opferfeierlichkeiten und Spiele an. Der Großvater ist vom Land zu Besuch gekommen, denn alle Selicii wollen schon am Eröffnungsabend gemeinsam zum Fest gehen.

Tandem Seliciī in Campum Mārtium[1] veniunt. Ibī magnam turbam vident. Multī hominēs iam adsunt; puellae et puerī per campum currunt et carmina cantant.

Subitō silentium est: Turba tacet et exspectat.

5 Mārcus: »Ecce sacerdōtēs et imperātor Augustus.«

Avus: »Tacē! Sacerdōtēs ad āram veniunt. Ecce, nunc etiam imperātor ibī stat et deōs implōrat.«

Augustus: » … et accipite hostiās! Date fortūnam bonam et pācem sempiternam[2]! …«

10 Tum sacerdōtēs novem[3] ovēs[4] et novem[3] caprās[5] immolant. Paulla hostiās videt, timet, flet.

Mārcus: »Quid est[6]?«

Paulla: »Certē nostrum[7] caprum immolant!«

Sed frāter sorōrem plācat: »Es laeta! Caper noster[7] domī[8] est! Ecce!

15 Caprae[5] sunt, nōn caprī!«

1 Campus Mārtius: das Marsfeld	
2 sempiternus, a, um: dauerhaft	
3 novem: neun	
4 ovis: Schaf	
5 capra: *Femininum* zu caper	
6 Quid est?: Was ist los?	
7 noster, nostra, nostrum: unser	
8 domī: zu Hause	

1 Überfliege den Text und erfasse dabei, wo die Selicii sind und was sie sehen.

2 Beschreibe die Stimmung zu Beginn der Säkularfeier auf dem Marsfeld und nenne die entsprechenden lateinischen Wörter.

3 Erläutere die Rolle des Augustus und die der Priester.

4 Du bist Marcus oder Paulla. Gestalte einen kurzen Tagebucheintrag über deine Erlebnisse bei den Opferfeierlichkeiten.

Grundwissen: Opfer

Den Römern war die Verehrung ihrer Götter sehr wichtig. Es gab zahlreiche Feiertage im Jahr, an denen Opfer stattfanden. Neben Blumen und Früchten opferte man auch Tiere. Als Dank für ein ordnungsgemäßes Opfer waren die Götter nach römischer Vorstellung verpflichtet, dem Opfernden zu helfen: »Do, ut des.« lautete der Wahlspruch der römischen Religion: »Ich gebe, damit du gibst.«

Wichtig war es den Römern auch, den Willen der Götter im Voraus zu erkunden. Eine Möglichkeit dazu waren die Auspizien (Vogelschau), bei denen man den Flug von Vögeln beobachtete und ihn als göttliches Zeichen deutete. So schloss Romulus aus der Tatsache, dass er zwölf Adler erblickte, während sein Bruder Remus nur sechs gesehen hatte, dass er selbst zum Bau der Stadt Rom berufen sei.

Wo ist Gaia?

*Nach dem Opfer machen sich die Selicii wieder auf den Heimweg und
bahnen sich einen Weg durch die Menschenmenge auf dem Marsfeld.*

Subitō Paulla: »Ubī est Gāia?« – »Gāia! Gāia!« Paulla clāmat et clāmat,
sed sorōrem nōn invenit. Seliciī timent, per campum currunt, clāmant:
»Gāia! Gāia!« Māter etiam deōs bonōs implōrat.

Et Gāia? – Gāia ibī puerum pulchrum videt. Puer carmen cantāre
5 vidētur[1], sed Gāia verba nōn audit. Tum ad eum[2] venīre cupit. Tandem
audit: Puer »Gāia! Gāia!« clāmat. – Sed puella errat! Nōn puer, sed frāter
clāmat et Seliciī Gāiam exspectant!

1 vidētur: er/sie/es scheint
2 ad eum: zu ihm

1 Wie reagiert die Familie auf Gaias »Verschwinden«? Versetze dich in die
Rolle eines Familienmitglieds und beschreibe deine Gedanken.

4 Die Säkularfeier

1 Vor dem Opfer
Bestimme die neuen Formen und übersetze
die Sätze.

a) Liberi patrem exspectant. Sed pater non
   adest.
b) Multi homines iam adsunt. Liberi veniunt
   et multos homines spectant.
c) Liberi multa carmina cantant. Carmen
   pulchrum placet.

2 Wo sind sie denn?
Übersetze und beschreibe dann, wie die
Ortsangaben gebildet werden.

a) Familia in Campum Martium venit.
b) Liberi statim per campum currunt.
c) Tandem filiae ad patrem veniunt.
d) Sextus puellas ad aram exspectat.

3 | 1 Stelle alle lateinischen Wörter zusammen,
die du brauchst, um das Bild zu beschreiben.

2 Bilde kurze lateinische Sätze und lass deinen
Nachbarn übersetzen.

4 Bilde die Grundform und gib die Bedeutung an.
Ordne nach Deklinationen.

viri – imperatores – hominem – verbum
– hostias – sacerdotes – turbam – sororem
– dona – aram – fratrem – capros – carmen

5 Gib die Bedeutung an und ordne nach
Konjugationen.

accipere – movere – cupere – flere – parere –
dicere – currere – trahere – tacere – vertere
– videre – timere

6 Sachfeld
Stelle Wörter zusammen, die zu einem dieser
Sachfelder passen: Fest/feiern – Arbeit

7 Pantomime
Notiere fünf Verben. Spiele sie der Klasse vor, die
Mitschüler notieren ihre Lösung. Wer errät alle?

8 Welche Form passt nicht?
Begründe deine Auswahl.

a) iam – magnam – aram – bonam
b) servi – multi – ibi – pueri
c) imperatorem – sororem – tandem
d) malum – tum – verbum – cibum
e) vere – certe – ibi – verte

9 Die Endungen zählen! Setze die Reihen fort:

veni! – venit – venite! – veniunt – venire
tace! – ? ? ? – ? ? ? – ? ? ? – ? ? ?
clama! – ? ? ? – ? ? ? – ? ? ? – ? ? ?
curre! – ? ? ? – ? ? ? – ? ? ? – ? ? ?
accipe! – ? ? ? – ? ? ? – ? ? ? – ? ? ?
audi! – ? ? ? – ? ? ? – ? ? ? – ? ? ?

10 Nominativ und Akkusativ:
Ergänze die fehlenden Formen.

Nom. Sg.	Nom. Pl.	Akk. Sg.	Akk. Pl.
sacerdos	? ? ?	? ? ?	? ? ?
? ? ?	carmina	? ? ?	? ? ?
? ? ?	? ? ?	fratrem	? ? ?
? ? ?	? ? ?	? ? ?	homines

11 Einer - viele: Bilde die Singular- oder Pluralform.

a) imperator probus – ? ? ?
b) ? ? ? – homines laeti
c) fratrem bonum – ? ? ?
d) ? ? ? – magnos sacerdotes
e) carmen bonum – ? ? ?
f) ? ? ? – sorores pulchras

12 Ergänze die fehlenden Endungen und übersetze.

a) Sextus ancill▮ pulchr▮ cupit.
b) Sed Gaia patr▮ implorat.
c) Pater mult▮ don▮ emere debet.
d) Paulla sacerdot▮ mal▮ timet.
e) Sacerdos capr▮ miser▮ immolat.
f) Paulla non iam laet▮ est,
sed pater don▮ pulchr▮ apportat.

13 Wann? Wie? Wo? Füge die passende Orts- oder Zeitbestimmung ein und übersetze.

Turba ? ? ? venit. Sacerdos ? ? ? stat.
? ? ? deos implorat. ? ? ? silentium est.
Caper ? ? ? currit.

per campum – in Campum Martium –
ad aram – subito – ibi

14 | 1 Grenze die Satzbausteine ab (Subjekt, Objekt,
Prädikat, Ortsangabe) und bestimme sie.
2 Übersetze.

a) Paulla Gaiam non invenit. Soror pulchra
non adest. Paulla timet.
b) Pater et mater per campum currunt,
clamant. Gaia tacet: Puerum pulchrum ad
aram videt.
c) Liberi sororem inveniunt, laeti sunt.

Mit Schwert und Netz

Am nächsten Tag stehen Gladiatorenspiele auf dem Festprogramm. Der Großvater und Marcus besuchen die Feierlichkeiten. Auch Gaia, die den berühmten Gladiator Afer sehr bewundert, darf dabei sein.

Gāia cum frātre et avō in Campō Mārtiō[1] stat et *gladiātōrēs* exspectat. Hodiē Āfer rētiārius[2] cum Lȳdō pūgnat.

Hōrā septimā *gladiātōrēs arēnam* intrant; populus spectāculō gaudet; adversāriī imperātōrem magnā vōce salūtant: »Avē[3], Caesar, moritūrī tē
5 salūtant!«

Tum Augustus sīgnum dat et *gladiātōrēs* armīs pūgnāre incipiunt.

Gāia: »Āfer est *gladiātor* probus et pulcher! Ecce, adversārium magnā vī petit … Ah, Lȳdus resistit et …«

Mārcus: »Tacē tandem! Pūgna nōn placet, quia semper garrīs[4].«

10 Tum Gāia tacet.

Gladiātōrēs magnīs vīribus pūgnant. Nunc autem Lȳdus Āfrum gladiō petit, Āfer rēte[5] āmittit, iacet; Gāia tōtō corpore trepidat[6]. »Dolō pūgnat! Dēsine, Lȳde! Trahite Lȳdum ē campō, arbitrī[7]!« Gāia flet.

Subitō populus tacet; Āfer ab imperātōre vītam petit, populus
15 imperātōrem spectat. Augustus sīgnum dat et … – Gāia gaudet.

1 Campus Mārtius: Marsfeld
2 rētiārius: Netzkämpfer
3 Avē, Caesar, moritūrī tē salūtant!: Sei gegrüßt, Caesar, die Todgeweihten grüßen dich!
4 garrīs: du plapperst
5 rēte *n.:* Netz
6 trepidāre: zittern
7 arbiter: Schiedsrichter

1 Lest den Informationstext und stellt euer Wissen über Gladiatoren zusammen.

2 Erkläre, warum am Anfang und am Ende alle auf den Kaiser schauen.

3 |**1** Beschreibe die Gefühle von Marcus und Gaia und belege sie am Text.

    2 Gib den Verlauf des Kampfes aus der Sicht von Marcus oder Gaia wieder.

Grundwissen: Gladiatoren

Panem et circenses (Brot und Spiele) – Massenveranstaltungen in Gestalt von Gladiatorenspielen gehörten zum römischen Alltag. So war gewährleistet, dass vor allem die ärmeren Bewohner Roms beschäftigt waren. Aber auch die reiche Oberschicht hatte Gefallen an den Spielen. Seit 264 v. Chr. sind sie für Rom nachgewiesen. Damals ließ man bei einem Begräbnis Sklaven mit Kurzschwertern (*gladii* – daher *gladiator*) gegeneinander antreten. Besonders beliebt waren solche Kämpfe, bei denen sich verschieden ausgerüstete Kämpfer gegenüberstanden: beispielsweise ein schwerbewaffneter *secutor* und ein

mit Dreizack, Netz und Dolch leichtbewaffneter *retiarius*. Bei Wahlen wurden die Gladiatorenkämpfe zum beliebten, wenn auch kostspieligen Mittel des Stimmenfangs. Kaiser Augustus beschränkte die Zahl der Veranstaltungen auf drei Termine im Jahr; bei der Säkularfeier machte er eine Ausnahme. Die ellipsenförmigen, rundum mit Zuschauerrängen umgebenen Schauplätze der Gladiatorenspiele heißen Amphitheater (von griechisch *amphi* = rings herum). Am berühmtesten ist das von 80 n. Chr. unter Kaiser Titus eingeweihte Kolosseum in Rom, das noch heute besichtigt werden kann.

Wagenrennen

Im weiteren Verlauf der Säkularfeierlichkeiten besuchen die Selicii auch ein Wagenrennen. Dieser »Sport« gehört zu den beliebtesten Freizeitvergnügungen in Rom. Sextus und seine Kinder sind Anhänger des Wagenlenkers Polynices und seiner Pferde, die dem »grünen« Rennstall angehören.

Hodiē multī hominēs in Circum Maximum[1] veniunt: Syrum et Polynīcem et equōs[2] bonōs vidēre cupiunt. Syrus et Polynīcēs magnī aurīgae[3] sunt.

Iam equī[2] in campō stant, imperātor sīgnum dat; tum equī[2] currere incipiunt. Populus equōs[2] et virōs multīs verbīs incitat: »Petite
5 adversāriōs, Syre et caeruleī[4]!« – »Viridēs[5], currite!«

Etiam Sextus Selicius cum līberīs adest et spectat. Magnā vōce cum turbā clāmat: »Polynīcēs et viridēs[5], currite, venīte! Verberā equōs[2], Polynīcēs!« Tandem Polynīcēs audit, equōs[2] vī verberat; equī[2] pārent.

Subitō autem equī[2] Polynīcis[6] nōn iam pārent, resistunt. Polynīcēs in
10 campum cadit[7], iacet. Populus »Iō[8], iō, Syre et caeruleī[4]!« clāmat. Sed Sextus Selicius nōn gaudet.

1 Circus Maximus: Circus Maximus

2 equus: Pferd

3 aurīga *m.:* Wagenlenker

4 caeruleī: die »Blauen«

5 viridēs: die »Grünen«

6 Polynīcis: des Polynices

7 cadere: fallen

8 iō: hurra

1 Vergleiche das Verhalten der Anhänger des Pferderennens in der Antike mit dem heutiger (Fußball-, Formel-1-) Fans.

1 Auf dem Marsfeld
Übersetze und beschreibe dann die neuen Erscheinungen.

a) Magna turba in Campo Martio adest.
b) Silentio sacerdotem exspectat, tum magna voce clamat: Sacerdos venit.
c) Sacerdos cum servis hostiam apportat.
d) Sacerdos hostia deos placare cupit.
e) Sed hostia non paret et e campo currit.

2 Wo oder wohin?
Übersetze und achte dabei besonders auf die Ortsangabe: Wie fragst du danach?

a) Paulla et Marcus iam in campo sunt.
b) Etiam caper in campum venit.
c) Paulla timet et clamat: »Caper in campo est, certe sacerdotes eum[1] in ara immolant!«
d) Sed caper iam in turbam currit.

1 eum: ihn

3 | 1 Stelle alle lateinischen Wörter zusammen, die du brauchst, um das Bild zu beschreiben.

2 Bilde kurze lateinische Sätze und lass deinen Nachbarn übersetzen.

4 Kleine Wörter – große Wirkung!
Gib die Bedeutung an.

vere – tum – ab – et – statim – autem – certe – cum – ex – cur – ita – iam – ibi – nunc – semper – in – quoque – sed – ubi – ad – quia

5 | 1 Für Sprachforscher: Ermittle die lateinische Wurzel folgender Lehnwörter.
2 Erkläre die Begriffe.

resistent – Salut – Gladiole – signalisieren – Gaudi – vital

6 Ein Verb – viele Bedeutungen
Wähle die jeweils am besten passende Übersetzung für »petere«.

Campum Martium petere – pacem petere – adversarium gladio petere – dona petere – avum petere

7 »Verwandte« Wörter: Führe auf ein bekanntes Wort zurück und erschließe die Bedeutung. Achte auf die Wortart.

gaudium → gaudere → Freude
clamor – adversus, a, um – cupidus, a, um – armare – timor – servire – vocare

8 Deklinieren mit System.
Übertrage die Tabelle in dein Heft und ergänze die fehlenden Begriffe und Formen.

Dekl.	Nom.		Akk.		Abl.	
	Sg.	Pl.	Sg.	Pl.	Sg.	Pl.
? ?	ara	? ?	? ?	? ?	? ?	? ?
? ?	servus	? ?	? ?	? ?	? ?	? ?
? ?	puer	? ?	? ?	? ?	? ?	? ?
? ?	donum	? ?	? ?	? ?	? ?	? ?
? ?	carmen	? ?	? ?	? ?	? ?	? ?
? ?	vox	? ?	? ?	? ?	? ?	? ?

9 Adjektiv und Substantiv. Zu jedem Substantiv gibt es ein passendes Adjektiv. Finde die Paare, indem du KNG bestimmst.

a)

viri – campo – frumentum – puellis – ancillas – dolos – sacerdotibus

pulchris – bonum – Martio – miseri – bonis – malos – probas

b)

vi – dona – populus – filia – viribus – imperatore – corpore

pulchro – totus – laeta – bono – magnis – magna – pulchra

10 Welche Form passt? Wähle aus und übersetze.

Gaia cum (avum, avi, avo) in (circum, circus, circo)[1] stat. Aurigae[2] cum (equis, equos, equus)[3] veniunt. Turba (magna, magno, magnis) voce clamat. Subito unus[4] ex (aurigae, aurigas, aurigis)[2] in (arenam, arenas, arena) iacet. Gaia cum (viros, viri, viris) clamat, sed auriga[2] e (circum, circo, circas)[1] currit.

1 circus: Rennbahn – **2 auriga** *m.:* Wagenlenker –
3 equus: Pferd – **4 unus:** einer

11 | 1 Der Ablativ - ein Fall für alle Fälle: Übersetze die Ausdrücke.

2 Bestimme die Funktion des Ablativs.

3 Formuliere die ganze Geschichte auf Deutsch oder Latein.

cum liberis spectare – magna voce salutare – gladio petere – magna vi pugnare – verbis incitare – dolo pugnare – in *arena* iacere – pugna gaudere

12 | 1 Grenze die Satzbausteine ab und bestimme sie.

2 Übersetze.

a) Multi homines in circo[1] adsunt.
b) Viri cum filiis imperatorem exspectant.
c) Multi aurigae[2] cum equis[3] in *arenam* veniunt.
d) Imperator non adest.
e) Augustus cibo bono gaudet.

1 circus: Rennbahn – **2 auriga** *m.:* Wagenlenker –
3 equus: Pferd

Ein krönender Abschluss

Zum Abschluss der Säkularfeier findet auf dem Kapitol (Capitolium) *noch einmal eine große Opferfeierlichkeit statt. Ein Kinderchor singt das eigens für diesen Anlass verfasste* carmen saeculare *des berühmten Dichters Horaz. Die Selicii sind als große Anhänger des Augustus wieder dabei und treffen auf dem Kapitol ihre Nachbarn, Publius Vinnius Asellinus und dessen Frau Cornelia.*

Pūblius: »Salvēte, Seliciī! Cūr hīc estis?«

Sextus: »Salvē, Pūblī! Gaudēmus, quod tē vidēmus! Nōs iterum Augustum imperātōrem audīre et sacrificium spectāre cupimus. Et tū?«

Pūblius: »Egō imprīmīs chorum[1] et carmen Horātiī poētae[2] audīre cupiō.
5   Nōnne vidētis? Ibī ad āram nōn sōlum Augustus, sed etiam Horātius adest. Laetus sum, quia poētam tam clārum spectō. Sed ubī est uxor? Cornēlia, ubī es? Venī! Seliciī tē exspectant!«

Cornēlia: »Salvēte! Vōsne lūdī dēlectant, Selicī et Aurēlia? Egō dē sacrificiīs nōn gaudeō, sed marītus … – Et tū, Paulla? Num tē
10   sacrificium dēlectat?«

Paulla: »Etiamsī nōn exspectās: Mē dēlectat, quia sacerdōtēs nūllōs caprōs immolant!«

Gāia: »Sed fortasse hodiē …«

Sextus: »Tacēte nunc, puellae! Puerī iam cantāre incipiunt!«

15   Chorus: »Phoebe silvārumque potēns Diāna[3] …«

1 chorus: Chor
2 Horātiī poētae: des Dichters Horaz *(Gen.)*
3 Phoebe silvārumque potēns Diāna: Phoebus Apollo und du, Diana, Herrin der Wälder

1 Arbeite heraus, aus welchen Gründen die beiden Familien zur Feier kommen. Nenne auch die entsprechenden lateinischen Wörter.

2 Erkläre, warum Paullas Antwort für Cornelia überraschend ist.

3 Entwickle zusammen mit deinem Banknachbarn den Dialog zwischen Paulla und Gaia weiter, den ihr Vater so abrupt beendet.

Grundwissen: Kalender

Ein wichtiges Erbe der Römer ist unser Sonnenkalender mit seinen zwölf Monaten. Während wir die Monatsnamen alle aus dem Lateinischen übernommen haben, war die Tagesangabe bei den Römern komplizierter. Sie hatten drei Fixpunkte in jedem Monat: die Kalenden (1. Tag), die Nonen (5., im März, Mai, Juli, Oktober 7. Tag) und die Iden (13. bzw. 15. Tag). Bei den übrigen Tagen wurde angegeben, wie weit sie vor dem nächsten Fixtag lagen. Dabei wurden der Fixtag und der Tag selbst mitgerechnet, so dass der 25. Mai der »achte Tag vor den Kalenden des Junis« war. Das Jahr wurde entweder durch die Nennung der beiden Konsuln des Jahres oder durch Rechnung *ab urbe condita* (seit der sagenhaften Gründung der Stadt 753 v. Chr.: »Sieben-fünf-drei: Rom sprang aus dem Ei.«) angegeben. Das Jahr 44 v. Chr. war also das »Jahr, indem Caesar und Antonius Konsuln waren« oder das »710. Jahr seit Gründung der Stadt«.

Erziehungsfragen

*Marcus beginnt sich auf dem Fest zu langweilen und möchte sich
anderweitig vergnügen.*

Mārcus: »Lūdus mē nōn iam dēlectat. Cūr adhūc[1] in Capitōliō sumus et
cum multīs hominibus sacrificia spectāmus? Egō cibum emere cupiō!
Nōnne licet, pater?«

Sextus: »Licet! Nōs hīc in campō tē exspectāmus.«

5 Mārcus: »Venīsne tū quoque, Gāia?«

Gāia: »Veniō. Fortasse hodiē quoque puer pulcher adest et mē exspectat!«

Mārcus: »Certē nōn sōlum puer pulcher, sed etiam clārus et magnus et
…«

Avus: »Cūr līberī nunc cibum emunt? Sacerdōtēs hostiās immolant et
10 deōs plācant. Imperātor pācem et fortūnam bonam petit ā dīs[2]. Et tū?
Fīlius et fīlia per campum currunt et cibum apportant. – Tū autem et
Aurēlia, vōs nūllīs verbīs resistitis! Egō sī essem[3] pater …«

1 adhūc: immer noch
2 dīs: Abl. Pl. zu deus
3 sī essem: wenn ich wäre

---

1 Der Großvater stellt seinen Enkel nach dessen Rückkehr zur Rede.
Gestaltet einen Dialog zwischen Marcus und seinem Großvater.

1 Beim Wagenrennen
Polynices und Syrus unterhalten sich mit dem Stallpersonal. Übersetze und beschreibe dann die neuen Erscheinungen.

Pol.: »Ego auriga[1] probus sum. Sed tu, Syre, malus es, quia equos[2] verberas.«
Syr.: »Tu times, sed ego equos[2] incito et celeriter[3] per campum curro.«
Servi: »Nos autem spectamus et gaudemus.«
Pol.: »Vos servi estis et parere debetis. Sed nos magni aurigae[1] sumus.«

1 auriga *m.*: Wagenlenker – **2 equus**: Pferd –
3 celeriter: schnell

2 Wieso? Weshalb? Warum?
Nachbarn treffen sich auf dem Marsfeld. Übersetze und beschreibe dann die neuen Erscheinungen.

Quintus: »Cur hic estis? Vosne Augustum exspectatis? Et ubi est uxor[1]?«
Lucius: »Exspectamus. Fabia cum servis cibum emit. Sed turba non placet. Nonne imperator adest?«
Titus: »Adest. Nonne videtis? Num caeci[2] estis? Ad aram stat et hostias immolat. Cur non venitis?«

1 uxor: Ehefrau – **2 caecus**, a, um: blind

3 Eselsbrücken
Lies dir den Text »Ein krönender Abschluss« durch und notiere alle Vokabeln, die du nicht mehr weißt. Ermittle die Grundform und frage deinen Partner nach der Bedeutung oder schlage nach. Überlegt euch gemeinsam Eselsbrücken für diese Wörter.

4 »Tabu!« – Heute mal mit Vokabeln
Bildet Zweierteams. Immer abwechselnd erklärt einer von euch seinem Partner einen Begriff, ohne diesen zu nennen. Für jeden erratenen Begriff gibt es einen Punkt. Welches Team gewinnt?

5 In Rom ist was los!
Stelle Wörter zusammen, die zu einem dieser Sachfelder passen: Opferfeier / Gladiatorenspiel / Eltern und Kinder

6 Rap – Vokabeln mit Pepp!
Bringe mindestens fünf neue und fünf bereits bekannte Vokabeln in einem Rap unter. Trage diesen der Klasse vor.

7 Wer macht was?
Vervollständige die Sätze und lass deinen Partner übersetzen.

Maritus …
Imperator …
Poeta …
Ludi …
Avus …
Populus …
Uxores …

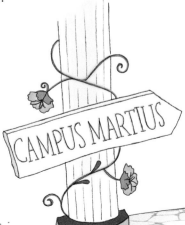

8 Ich – du – er, sie, es – wir – ihr – sie: Ordne die Verbformen nach Personalendungen und übersetze sie.

a) estis – gaudemus – salutamus – cupio – videtis – adest – sum – dant – habitas

b) specto – es – exspectant – delectatis – gaudet – pugnas – immolamus – amittunt

c) incipiunt – sumus – licet – venis – emunt – resistitis – erras – moveo – intramus

9 | 1 Konjugiere die Verben im Präsens.

clamo – taceo – cupio – curro – venio – sum

2 Suche für jede Konjugation ein weiteres Verb aus und lass deinen Partner konjugieren – und umgekehrt.

3 Und jetzt: Konjugiere rückwärts!

10 Pronomina – In den Texten zu dieser Lektion findest du viele Personalpronomina. Ordne sie in deinem Heft in eine Tabelle ein.

	1. Pers. Sg.	2. Pers. Sg.	1. Pers. Pl.	2. Pers. Pl.
Nominativ	? ? ?	? ? ?	? ? ?	? ? ?
Akkusativ	? ? ?	? ? ?	? ? ?	? ? ?

11 »Tabu!« – Fachbegriffe sind gefragt
Bildet Zweierteams. Immer abwechselnd erklärt einer von euch seinem Partner einen Begriff, ohne diesen zu nennen. Für jeden erratenen Begriff gibt es einen Punkt. Welches Team gewinnt?

12 Was ist los mit dem Großvater? Ergänze die passende Verbform und übersetze.

a) Liberi: »Ave, ubi ? ? ? (esse)? Nos in campum currere ? ? ? (cupere).«

b) Avus: »Et ego hodie campum ? ? ? (petere). Cibum emere ? ? ? (cupere). Vosne cibum bonum ? ? ? (videre)?«

c) Liberi: »Etiam nos cibo bono ? ? ? (gaudere).«

13 Ergänze passend zum Bild eine adverbiale Bestimmung (wo? womit? von wem? …) und übersetze.

a) Selicii ? ? ? sunt.

b) Avus ? ? ? cibum emere cupit.

c) Vir uxorem ? ? ? trahit.

d) Puer fratrem ? ? ? verberat.

e) Multi homines ? ? ? gaudent.

f) Augustus ? ? ? stat.

g) Augustus pacem petit ? ? ?.

Die Olympischen Götter

Die Säkularfeier ist Ausdruck einer neuen Zeit des Friedens nach den römischen Bürgerkriegen, der sogenannten *pax Augusta*. Drei Tage und Nächte dauerten die offiziellen Feierlichkeiten. Es gab neben Spielen und Unterhaltungsveranstaltungen auch genau vorgeschriebene Tier- und Speiseopfer für die Götter. Mit diesen religiösen Handlungen wollten die Römer sich auch in Zukunft die Gunst der Götter sichern.

Der Polytheismus (Vielgottglauben)

Wie viele andere Völker glaubten die Griechen und Römer nicht an einen einzigen Gott, sondern verehrten zahlreiche Gottheiten. Dabei hatte jeder dieser Götter im Verständnis der Menschen bestimmte Aufgaben. Man dachte sich die Götter zwar unsterblich, doch ansonsten ähnelten sie in ihrem Verhalten den Menschen: Sie hatten in den antiken Mythen Gefühle wie Hass, Liebe und Eifersucht, waren milde und barmherzig oder streng und unnachgiebig und konnten durch menschliche Handlungen beleidigt, aber auch wieder versöhnt werden. Um ihre Gunst zu gewinnen, brachten ihnen die Menschen Opfer dar, erwarteten dann aber auch Hilfe als Dank für die Gaben.

Die zwölf Hauptgötter

Im römischen Reich wurde eine große Zahl von Göttern verehrt und die Römer ließen neben ihren eigenen Gottheiten auch die anderer Völker gelten. Dabei setzte man Gottheiten verschiedener Völker gleich, wenn sie den gleichen Aufgabenbereich hatten. Besonders weit ging diese Angleichung mit den griechischen Göttern. Die Griechen hatten ihren Götterhimmel in verschiedene Generationen gegliedert und komplizierte Verwandtschaftsverhältnisse zwischen den Göttern erdacht. Als aktuell »regierende« Göttergeneration galten die sogenannten Olympischen Götter, deren Name von ihrem Wohnsitz auf dem höchsten Berg Griechenlands, dem Olymp, hergeleitet ist. Zwölf der dort lebenden Gottheiten wurden von den Griechen und Römern gleichermaßen als die wichtigsten verehrt, wenn auch unter verschiedenen Namen.

Als oberster Gott galt Jupiter (Zeus), der als »Vater der Götter und der Menschen« die Weltordnung aufrecht erhalten sollte. Als Herrscher wird er mit einem Zepter, den Blitzen, mit denen er für Ordnung sorgt, und einem Adler dargestellt. Seine Frau (und Schwester) Juno (Hera), die Schützerin der Frauen und der Ehe, hält ebenfalls ein Zepter und sitzt oft würdevoll auf einem Thron. Ihr Vogel ist der Pfau. Diese beiden wurden in Rom zusammen mit Jupiters Tochter Minerva als Götterdreiheit verehrt (kapitolinische Trias). Sie wurde der griechischen Göttin Athene gleichgestellt und ist wie diese Göttin der Weisheit, der besonnenen Kriegsführung und Schützerin der (Kunst-)Handwerker. Mit der Eule als Symbol der Weisheit sowie Helm, Schild und Lanze als Symbol für die Kriegerin ist sie leicht zu erkennen.

Als Herrscher der Meere und Gott der Erdbeben wurde Jupiters Bruder Neptun (Poseidon) verehrt, der mit einem Dreizack dargestellt und oft von einem Delfin begleitet wird. Anders als der dritte Bruder Pluto (Hades), der Herrscher der Unterwelt, gehörte Neptun zu den Oberweltgöttern auf dem Olymp. Das Geschwisterpaar Apollo (Apollon) und Diana (Artemis) sind Kinder Jupiters. Apollo war der Gott der Weisheit, der Orakel und der Heilkunst und der Anführer der Musen, die für die Künste zuständig waren. Entsprechend trägt er die Leier und einen Lorbeerkranz, oft aber auch einen Bogen wie seine Schwester, die als Göttin der Jagd und Herrin der Tiere galt und als Göttin der Keuschheit stets jugendlich dargestellt ist. Ein weiterer Jupitersohn ist der Götterbote Merkur (Hermes), der Beschützer der Wanderer, Kaufleute und Diebe (!). Entsprechend wird er mit Heroldsstab, Flügeln an Hut und Schuhen sowie einem Geldbeutel abgebildet. Jugendlich-fraulich, mit Spiegel, Granatapfel und Taube wird die Göttin der Liebe und Fruchtbarkeit Venus (Aphrodite) dargestellt, oft von ihrem Sohn Amor (Eros) als kleines Kind begleitet. Ausgerechnet sie ist mit dem hässlichsten der Götter Vulkanus (Hephaistos) verheiratet, der ein lahmes Bein hat und die Werkzeuge des Feuers und der Schmiedekunst, nämlich Hammer, Zange und Amboss, bei sich hat. Während er in seiner Werkstatt unter dem Vulkan Ätna auf Sizilien für seinen Vater Jupiter Blitze schmiedet, vergnügt sich seine Frau mit dem jugendlichen, stets bewaffneten Kriegsgott Mars (Ares), dem Vater der Romgründer Romulus und Remus. Ceres (Demeter), die Göttin der Feldfrüchte, trägt immer einige Getreideähren bei sich. Der jüngste unter den Olympiern ist der Jupitersohn Bacchus (Dionysos), der Gott des Weines, der Trunkenheit und des Theaters, der entsprechend mit Weinlaub, Reben und einem Trinkbecher ausgestattet ist. Er verdrängte in der Zwölfzahl der Olympier Vesta (Hestia), die Göttin des Herdfeuers und Beschützerin der Fremden, deren Tempel in Rom, in dem das heilige Feuer des Staates gehütet wurde, jedoch weiterhin sehr wichtig war.

1 Weise die Abbildungen den genannten Göttern und Göttinnen zu.

2 Stellt in kurzen Referaten die genannten und andere Gottheiten noch näher vor.

Wir erarbeiten eine Übersetzung

Es gibt verschiedene Methoden, um einen lateinischen Satz zu verstehen und richtig zu übersetzen.

Die Konstruktionsmethode

Jeder lateinische Satz besteht aus einzelnen Bausteinen, die man – ähnlich wie Legosteine – in der richtigen Reihenfolge zusammensetzen muss. Dabei hilft es mit Farben zu arbeiten, wie in folgendem Beispielsatz aus Lektion 5:

Adversarii imperatorem magna voce salutant.

Beginne deine Konstruktion grundsätzlich immer mit dem Prädikat, da es die wichtigste Information zum Satzinhalt gibt. Du unterstreichst es daher rot.

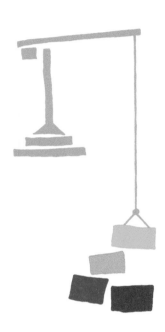

Anschließend suchst du das Subjekt des Satzes (es steht im Nominativ) und unterstreichst es blau. Vorsicht: Nicht immer findest du ein ausgewiesenes Subjekt – es kann auch im Verb enthalten sein.
Nun übersetzt du: Die Gegner grüßen.

An diesen Satzkern baust du nun die weiteren Bausteine an. Damit dieser Satz vollständig ist, fehlt noch etwas: Wen begrüßen die Gegner? Du brauchst also ein Akkusativobjekt: *imperatorem.* Das Akkusativobjekt unterstreichst du grün. Du baust es in die Übersetzung ein: Die Gegner grüßen den Kaiser.

Jetzt ist nur noch der Ausdruck *magna voce* übrig, die adverbiale Bestimmung. Sie gibt die Umstände an, wie etwas geschieht. Du unterstreichst sie gelb. Wir ergänzen den letzten Baustein:
Die Gegner grüßen den Kaiser mit lauter Stimme.

Die Pendelmethode

Einen Satz kann man auch pendeln. Nein, nicht als Orakel! Die Pendelmethode hilft dir, in drei Schritten einen lateinischen Satz zu übersetzen. Sie heißt deshalb auch Drei-Schritt-Methode.

Im 1. Schritt übersetzt du grundsätzlich das erste Satzglied, in diesem Fall *adversarii*, im 2. Schritt »pendelst« du zum Prädikat, hier *salutant*. Im deutschen Aussagesatz steht das Prädikat nämlich immer an zweiter Stelle, sodass du für deine Übersetzung schon die »richtige« Satzreihenfolge hast: Die Gegner (1) grüßen (2) …

Von da aus geht es im 3. Schritt zu Akkusativobjekt und Adverbiale, du übersetzt also den restlichen Satz: … den Kaiser mit lauter Stimme (3)

Im Lateinischen sieht das dann so aus:
Adversarii imperatorem magna voce salutant.

1   Nutze beide Methoden bei der Übersetzung.

Imperator pacem et fortunam bonam petit a dis.

Das Rondogramm

Du hast bei der Übersetzung sicher schon gemerkt, dass die gelernte Bedeutung aus dem Lernwortschatz nicht immer am besten passt. Vielmehr musst du überlegen, was genau das Wort in einem bestimmten Zusammenhang meint.

Wörter haben nicht einfach eine oder mehrere Bedeutungen, sondern eher eine Bedeutungswolke – also einen Bedeutungskern mit einem weit dehnbaren Umfeld. Diese Vielfalt lässt sich erst in einem konkreten Zusammenhang einengen.

In einem solchen Fall ist es hilfreich, sich vor allem den Kern des Wortes, das Konzept, zu merken: Wenn du diesen Kern begriffen hast, kannst du selbst erschließen, was das Wort in einem bestimmten Zusammenhang heißen muss.

Hier ein Beispiel: Das Verb *petere* hat etliche scheinbar sehr verschiedene Bedeutungen. Als Kernbedeutung hilft dir das Wort »anpeilen« bzw. »anvisieren«. Das ist natürlich keine brauchbare Endübersetzung, hilft dir aber, im jeweiligen Zusammenhang die passende deutsche Bedeutung zu finden. Du kannst dir darunter einen Pfeil auf ein Ziel hin vorstellen:

2   Versuche nun, in folgender Geschichte die passende Bedeutung von *petere* zu erschließen:

Die Stimmung in Rom ist schlecht, die Menschen haben große Angst. Darum macht der Priester Folgendes: *Templum petit.*
Dort will er den Göttern ein Opfer bringen: *Aram petit.*
Dann betet er zu den Göttern: *Auxilium (Hilfe) petit.*
Denn es stehen Feinde vor den Toren der Stadt Rom: *Romam petunt.*

3   Denke dir selbst eine kleine Geschichte aus und benenne weitere Zusammenhänge, in denen das Wort *petere* verwendet werden könnte. (Für die Übersetzung musst du vielleicht noch weitere deutsche Wendungen finden, deshalb stehen im Rondogramm die roten X und Y mit »etc.«)

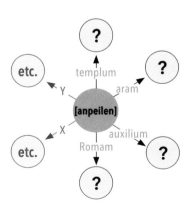

Das hast du schon gelernt:

Mit der Konstruktions- und der Pendelmethode kannst du die Struktur eines lateinischen Satzes erkennen und für deine Übersetzung nutzen; das Rondogramm hilft dir beim Lernen von schwierigen Wörtern.

1 | 1 Mutter Latein und ihre Töchter - Französisch: Nenne die lateinischen Ursprungswörter und ihre deutsche Bedeutung.

2 Lass dir die Begriffe von jemandem vorlesen, der Französisch lernt. Formuliere eine Ausspracheregel.

apporter – implorer – résister – tolérer – délecter – habiter – immoler – inciter – entrer – chanter – saluer

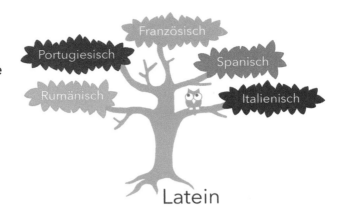

2 Übertrage die Tabelle in dein Heft und ergänze die Formen der folgenden Wörter.

Nom. Sg.	Nom. Pl.	Akk. Sg.	Akk. Pl.
puella	puellae	puellam	puellas

a) homo – b) carmen – c) soror –
d) magnus imperator – e) sacerdos laeta

3 Ordne jedem Substantiv ein inhaltlich und grammatisch passendes Adjektiv zu.

a) homo   A) nulla
b) carmina   B) malus
c) sacerdotem   C) miseras
d) pacem   D) laeta
e) fratres   E) iniquam
f) vis   F) clarum
g) verbum   G) probi
h) voces   H) bonum

4 Übersetze die Präpositionalausdrücke und zeichne jeweils eine kleine Skizze dazu.

in campum – per turbam – ad imperatorem – ex *arena* – in campo – cum fratre

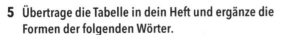

5 Übertrage die Tabelle in dein Heft und ergänze die Formen der folgenden Wörter.

Nom. Sg.	Nom. Pl.	Abl. Sg.	Abl. Pl.
puella	puellae	puella	puellis

a) signum – b) gladius – c) corpus – d) vox –
e) frater – f) adversarius miser – g) uxor proba

6 Welche Form passt nicht? Begründe deine Auswahl.

a) tu – nos – me – vos
b) de – ex – per – cum
c) arma – corpora – hostia – signa
d) populis – gladiis – corporibus – vis
e) homo – silentio – domino – marito

7 Und nun Verben: Welche Form passt nicht? Begründe deine Auswahl.

   a) timere – parere – cupere – placere
   b) incipere – dicere – trahere – gaudere
   c) habito – curro – canto – tolero
   d) vendo – peto – erro – amitto

8 Konjugiere folgende Verben im Indikativ Präsens Aktiv.

   a) esse – b) habitare – c) delectare – d) timere – e) invenire – f) resistere – g) accipere

9 Übersetze und gib an, wie jeweils nach dem Ablativ gefragt wird.

   a) Liberi patrem *magna voce* salutant.
   b) Filia *donis pulchris* gaudet.
   c) Gladiatores *armis* pugnare debent.
   d) Gaia *toto corpore* trepidare[1] incipit.
   1 trepidare: zittern

10 Ergänze die passenden Fragewörter (cur, nonne, num, ubi, -ne) und übersetze.

   a) Sextus: »Cupitis ? ? ? pugnas videre, liberi?
   b) Sed ? ? ? est filia?
   c) ? ? ? non venit?
   d) ? ? ? ludos spectare cupit?
   e) ? ? ? puerum pulchrum exspectat?«

11 | 1 Die Zwölfzahl der olympischen Götter ist kein Zufall. Überlege, in welchen anderen Zusammenhängen die Zahl »12« sonst noch eine wichtige Rolle spielt.

   2 Stelle alle Veranstaltungen zusammen, von denen du im Zusammenhang mit den »ludi saeculares« gehört hast.

   3 Gib an, welche dieser Veranstaltungen du gerne besuchen würdest und welche nicht, und begründe deine Entscheidung.

   4 Beschreibe das Bild: Benenne aufgrund deiner Kenntnis des Lektionstextes 5 die Personen und die abgebildeten Gegenstände.

römisches Mosaik

Schönes Landleben?

Leere Straßen, die Hitze steht in den verwinkelten Gassen – so sieht in Rom der Sommer aus. Wer an Ferragosto (Feriae Augusti am 15. August) in Rom ist, kann nur Tourist sein – oder arm. Reiche Römer zogen sich aus der Gluthitze aufs Land *(rus)* zurück, um dem drückenden Klima (und den gesellschaftlichen Pflichten) der Stadt *(urbs)* zu entgehen. Doch nicht alle Landbewohner konnten das *otium* genießen: Die Bauern mussten in mühsamer Arbeit Felder bestellen und konnten sich davon oft nur ein bescheidenes Auskommen erwirtschaften. Noch härter war das Los der Landsklaven, etwa auf den Großbetrieben (Latifundien), auf denen im großen Stil Viehzucht sowie Wein- und Olivenanbau betrieben wurde.

1 Fußfessel aus der römischen Villa Liestal Munzach (Schweiz)

1 Das Foto stammt von der rekonstruierten »villa rustica« im saarländischen Borg. Recherchiere, was man unter einer »villa rustica« versteht, und wähle ein Beispiel (aus deiner Nähe?) aus, das du deinen Klassenkameraden vorstellst.

2 Typisch für das Landleben ist einfache Kost: Aus Schafskäse, Knoblauch, Kräutern und Öl stellte man eine Käsepaste, das *Moretum*, fürs Frühstück her. Suche im Internet ein Rezept. Würde es dir schmecken?

2, 3 Ausschnitte aus Fußbodenmosaik in Tunesien

4 Archäologiepark Römische Villa Borg

In der Subura

Gallus war mit Marcus auf dem Markt einkaufen und soll dann noch Kleidung bei einem Schneider abholen. Der Schneider wohnt in der Subura, einem berüchtigten Stadtviertel Roms, wo es noch lauter, heißer und stickiger ist als im Rest der Stadt. Auf dem Weg werden die beiden aufgehalten …

Subitō turbam hominum vident. Clāmōrem virōrum et mulierum audiunt: »Flammae! Flammae! Taberna mercātōris ārdet!« Vigilēs[1] iam adsunt. Iterum atque iterum hamīs[2] aquam apportant et in flammās fundunt. Auxilium vigilum[1] magnum est, sed vīs flammārum
5 vincit: Incendium tōtam tabernam dēlet.

Mercātor clāmat: »Mē miserum[3]! Mercēs meae, lucrum meum, taberna mea! Lucrum quīnque annōrum[4] ārdet!« Uxor mercātōris magnā vōce deōs implōrat: »Vidēte miseriam nostram. Flammae bona nostra dēlent. Date fortūnam bonam!« Līberī flent.

10 Miseria familiae Mārcum movet. Fīlium mercātōris vocat: »Dēsine flēre! Salūs vestra māiōris mōmentī est quam[5] taberna et mercēs vestrae. Gaudē salūte tuā, gaudē salūte patris et mātris et sorōrum!«

Puer autem flet: »Miseria nostra tam magna est.« Subitō Mārcus: »Fīlius Sextī Seliciī sum. Pater meus vir probus est. Certē familiam tuam iuvāre
15 potest[6]. Venīte et petite auxilium ā patre meō!« Tandem puer flēre dēsinit et ad patrem suum currit. Mercātor verba puerī accipit et auxiliō gaudet.

1 vigilēs: *hier:* Feuerwehrleute

2 hama, ae: Eimer

3 Mē miserum!: Ich Elender!

4 quīnque: fünf

5 māiōris mōmentī quam: wichtiger als

6 potest: er kann

1 Beschreibe das Bild und äußere erste Vermutungen über den Inhalt des Textes.

2 Stelle eine Liste zusammen mit allen im Text genannten Personen und Personengruppen. Gib auch den Nominativ an.

3 Versetze dich in Marcus oder Gallus und gib die Eindrücke in der Subura wieder.

4 Erkläre, wie Sextus Selicius dem Kaufmann helfen könnte. Arbeite heraus, inwiefern es ihm auch selbst nützt, wenn er dem Kaufmann hilft.

Grundwissen: Die sieben Hügel Roms

Bis heute ist Rom berühmt als die Stadt auf den sieben Hügeln. Da sind zunächst *Palatin* und *Aventin*. Von hier aus beobachteten Romulus und Remus den Flug der Adler, um zu erfahren, wer von ihnen die neue Stadt bauen durfte. Im Norden erhebt sich der *Quirinal,* einst Wohnort der Sabiner, deren Frauen Romulus entführen ließ. Südlich davon liegt der *Esquilin,* ursprünglich Ärmstenfriedhof, später durch den Bau der Gärten des Maecenas erste Adresse Roms. Zwischen *Quirinal* und *Esquilin* befindet sich der *Viminal* mit den engen Gassen der Subura. Südlich vom *Esquilin* sehen wir den *Caelius.* An seinem Fuß liegen die Überreste der gigantischen Caracalla-Thermen. Und schließlich folgt das Herz der Stadt, das *Kapitol,* mit den beiden Tempeln der kapitolinischen Trias (Jupiter, Juno, Minerva) und der Juno Moneta.

Nur ein Traum?

In der Nacht nach den aufregenden Ereignissen um den Brand liegt Marcus noch lange wach, ehe er einschlafen kann. Schließlich fallen ihm doch die Augen zu …

Ad tabernam stō et mātrem et patrem exspectō. Tum carrum mercātōris spectō. Iuxtā¹ tabernam est. Videō nōn sōlum multās herbās siccās², sed etiam frūmentum et … flammās? Ecce parvum³ incendium! Subitō ventī⁴ incendium incitant – iam tōta taberna ārdet!

5 Etiamsī adesse dēbeō, resistō. Timeō et trepidō⁵. Sed quid⁶ est? Nōnne vōcem mercātōris audiō? Iterum atque iterum auxilium petit. Nunc tandem aquam apportō, in tabernam currō, aquam in flammās fundō. Hīc corpora iacent – tōta familia mercātōris! Corpus ancillae ē tabernā trahō. Quod magnā vōce clāmō et sīgna dō, turba hominum

10 ad tabernam venit …

Posteā⁷ clāmōrem populī audiō: »Mārcus est salūs mercātōris et familiae! Mārcus vērē probus est! Salūtāmus tē, Mārce.«

1 Erschließe, was wohl vor dem Schlusssatz noch geschehen ist.

1 iuxtā + *Akk.:* neben
2 siccus, a, um: trocken
3 parvus, a, um: klein
4 ventus, ī: Wind
5 trepidāre: zittern
6 quid?: was?
7 posteā: später

1 Feier auf dem Kapitol
Übersetze und beschreibe dann die neuen Erscheinungen.

Gaia: »Video et audio
– magnam turbam hominum,
– carmen liberorum et Horatii poetae,
– vocem sacerdotis,
– sacrificium hostiarum,
– signa deorum,
– uxorem imperatoris Augusti …
– … etiam puerum pulchrum!«

2 Marcus streitet sich mit dem Sohn des Nachbarn, welche Familie besser ist. Übersetze und beschreibe dann die neuen Erscheinungen.

Marcus: »Familia nostra magna est. Tu es filius servi, sed pater meus Sextus Selicius est. Nomen[1] matris meae est Aurelia ab Aurelio avo meo. Quod est nomen avi tui?
Ibi sorores meas vides. Per campos nostros currunt. Etiam servi nostri in campis sunt. Ubi sunt servi vestri? Certe probi non sunt!«
1 nomen, nominis n.: Name

3 Ein Wort – viele Sinnrichtungen
Wähle die jeweils passende Übersetzung.

a) aquam fundere – adversarios fundere – turbam hominum fundere – vinum[1] in aram fundere
b) Gallus caprum movet. – Caper se[2] movet. – Miseria Marcum movet.

1 vinum, i: Wein – **2 se:** sich

4 Für Sprachforscher
Was bedeuten wohl folgende Wörter? Nenne das lateinische Ursprungswort.

Englisch: to delete – tavern
Spanisch: mujer – año – bueno
Italienisch: moglie – anno – bene
Französisch: incendie – an – bon

5 Eselsbrücken
Lies dir den Text »In der Subura« durch und notiere alle Vokabeln, die du nicht mehr weißt.
Ermittle die Grundform und frage deinen Partner nach der Bedeutung oder schlage nach. Überlegt euch gemeinsam Eselsbrücken für diese Wörter.

6 Gegensätze
Finde das passende Gegenstück. Übersetze dann die Wortpaare.

uxor – maritus

vir – ? ? ?	silentium – ? ? ?
gaudere – ? ? ?	movere – ? ? ?
meus – ? ? ?	bonus – ? ? ?
emere – ? ? ?	salus – ? ? ?

7 | 1 Brand in Rom! Stelle alle lateinischen Wörter zusammen, die du brauchst, um dieses Bild zu beschreiben. Gliedere die Wörter nach Sachfeldern (Besitz, Feuer, Gefühle …).
2 Bilde kurze lateinische Sätze und lass deinen Nachbarn übersetzen.

8 Deklinieren mit System
Übertrage die Tabelle in dein Heft und ergänze die fehlenden Begriffe und Formen.

Dekl.	Nominativ		Genitiv	
? ?	Sg.	Pl.	Sg.	Pl.
? ?	flamma	? ? ?	? ? ?	? ? ?
? ?	? ? ?	pueri	? ? ?	? ? ?
? ?	? ? ?	? ? ?	doni	? ? ?
? ?	mulier	? ? ?	? ? ?	? ? ?
? ?	? ? ?	? ? ?	? ? ?	carminum

9 | 1 Gleiche Endung! Welche Form ist kein Genitiv?

a) sacerdotis – pueris – matris – hominis
b) puellarum – lucrum – poetarum
c) magnum – mercatorum – hominum
d) mariti – veni – mei – populi

2 Welche Form ist kein Ablativ?

a) domino – dico – meo – campo
b) trahe – uxore – fratre – carmine
c) servis – puellis – invenis – pulchris
d) sororibus – viribus – cibus – vocibus

10 Genitiv oder nicht?
Bestimme die unterstrichenen Formen und übersetze den Ausdruck.

taberna mercatoris – mercatores relinquere – multae familiae adsunt – miseria familiae – vis flammarum – flammas vi vincere – clamorem viri audire

11 Wessen Sachen sind das?
Ergänze die Endung (in manchen Fällen gibt es mehrere Möglichkeiten). Übersetze.

arma *gladiator*▪ – gladius adversari▪ – ara de▪ – negotium mercator▪ – carrus serv▪ – cibus besti▪

12 Glück im Unglück?! Ergänze die passende Form des Pronomens. Übersetze.

Mercator: »Taberna (meus) ardet. Incendium merces (meus), lucrum (meus), bona (noster) delet. Ubi est auxilium (vester)? Nonne miseria (noster) vos movet?«
Selicius: »Sed vide familiam (tuus)! Gaude salute uxoris (tuus) et liberorum (tuus). Auxilio (meus) vos iuvare cupio. Fortuna (vester) magna est, quod tota familia (vester) vivit[1].«
1 vivere: leben

13 | 1 Grenze die Satzbausteine ab und bestimme sie.
2 Übersetze.

a) Filiae aulam[1] patris petunt.
b) Clamor liberorum patrem non delectat.
c) Aurelia turbam puellarum in aula[1] videt.
d) Mercator merces pulchras in aulam[1] apportat.
e) Merces mercatoris Aureliam delectant.
1 aula, ae: Hof

14 In der Subura: Ergänze die Endungen und übersetze.

Turba homin▪ magn▪ est. Tabern▪ mercator▪ ardet. Iam multi homin▪ aqu▪ apport▪. Sed vis flamm▪ totam tabern▪ del▪.
Marcus filium mercator▪ voc▪: »Pater me▪ vos iuvare cup▪. Vir prob▪ est.«
Puer cum patr▪ su▪ auxilium Selici▪ accipit.

Ein feines Kräutchen

In der Stadt wird es langsam unerträglich: Die Sonne brennt, die Hitze steht in den Straßen. Ein Glück, dass Gaia, Marcus und Paulla einen Großvater auf dem Land haben, der sich immer über einen Besuch freut! Aurelius Fortunatus ist ein tüchtiger Mann, der Felder, einige Tiere und einen schönen Garten in Kampanien besitzt. Ein Pflänzchen aus seinem Garten liegt ihm besonders am Herzen …

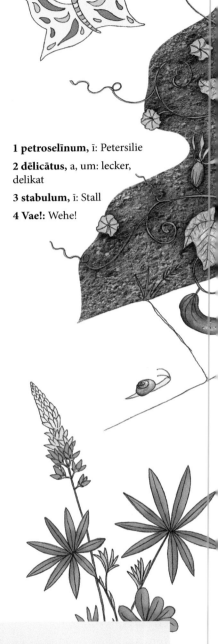

Avus: »Vidēte petroselīnum[1] meum! Petroselīnum maximē mihī placet, quia herba bona et dēlicāta[2] est!«

Līberīs magis placet bēstiās cūrāre: »Licetne nōbīs frūmentum equō praebēre?«, Gāia et Paulla rogant. »Certē vōbīs licet«, avus puellīs
5 respondet. »Venīte mēcum! Et tū, Mārce, pecoribus herbās dā!« Gāia »Asinus« inquit »aquam nōn iam habet.« Avus respondet: »Asinō aquam apportāre dēbeō. Līberī, hīc exspectāte!«

Sed Paulla exspectāre nōn potest. Itaque frātrem incitat: »Cape mē, cape mē, capere mē nōn potes!« Statim currere incipit. »Tibī dīcō: Certē tē
10 capere possum!« Mārcus Paullam comprehendere cupit.

Gāiae autem lūdus nōn placet: »Venīte! Avus auxilium petit ā nōbīs.« Sed Paulla et Mārcus sorōrī nōn pārent.

Während Gaia versucht, ihre Geschwister wieder einzufangen, achtet keiner mehr auf den Esel. Bald kommt Aurelius mit frischem Wasser zurück, doch der Esel ist verschwunden.

Avus līberōs reprehendit: »Cūr mihī pārēre nōn potestis? Nunc asinum quaerere dēbēmus!« Sed asinum invenīre nōn possunt: Neque in stabulō[3]
15 neque in campīs est. Dēnique ad hortum properant et – līberī tacent, avus autem clāmat: »Vae[4] mihī! Petroselīnum[1] meum!!!«

1 petroselīnum, ī: Petersilie
2 dēlicātus, a, um: lecker, delikat
3 stabulum, ī: Stall
4 Vae!: Wehe!

1 Wähle alle Begriffe aus dem Text aus, die zum Sachfeld »Landleben« gehören.

2 Gliedere den Text und gib den Abschnitten Überschriften.

3 Stelle möglichst viele Informationen über das antike »Kräutchen« zusammen, das nicht nur der Großvater so gerne mag. Woher stammt es, welche Bezeichnungen dafür gibt es, wie wurde es verwendet?

Grundwissen: Kampanien

Campania felix nannten die Römer die Gegend südlich von Latium um den Golf von Neapel, die griechische Siedler früh zum Teil der Magna Graecia gemacht hatten. *Felix* war die Region u. a. deshalb, weil der fruchtbare Ackerboden ertragreiche Landwirtschaft ermöglichte. Im 1. Jh. v. Chr. bekamen die Bewohner Kampaniens das römische Bürgerrecht. Jede bessere römische Familie hatte in Städten wie Cumae, Herculaneum, Pompeji und Stabiae einen Landsitz, auf dem man die heißen Sommermonate verbrachte. Dass wir heute noch so viel vom antiken Leben in Kampanien wissen, verdanken wir einer schrecklichen Naturkatastrophe: Im Jahr 79 n. Chr. brach der Vesuv aus und begrub die umliegenden Städte so schnell unter Asche, Staub und Lava, dass viele Bewohner nicht mehr fliehen konnten. Diese Momentaufnahme römischen Lebens können wir heute in den Ausgrabungsstätten rund um den Vesuv besichtigen.

Wo ist Paulla?

Am Nachmittag gehen die Kinder dem Großvater lieber aus dem Weg und vergnügen sich auf den Wiesen am Waldrand.

Paullae pāpiliōnēs¹ maximē placent. Itaque per prāta² currit et pāpiliōnēs¹ capit. Subitō Gāia sorōrem vidēre nōn potest. »Mārce« inquit »ubī est Paulla?« Mārcus autem neque audit neque sorōrī respondet. Pecora et equum spectat.

5 Gāia: »Mēne audīs!? Paulla ab-est! Num tū sorōrem vidēre potes? Ubī est? Respondē mihī!«

Mārcus: »Āh, equī mihī placent. Gladium bonum habeō, nūllus adversārius mihī, magnō imperātōrī, resistere potest, egō semper vinc…«

Gāia: »Sānus«³ inquit »nōn es! Tuae sorōris salūtem cūrāre dēbēs! Neque
10 equī neque gladiī nōbīs Paullam dant! Properā! Quaere Paullam!«

Mārcus: »Tū nōn es sāna³! Ecce! In asinō sedet⁴ et ›bēstiās‹ capit.« Tum Paullam vocat: »Venī! Gāia timet dē tē! Fortasse pāpiliōnēs ferī⁵ et malī tē capiunt.«

1 **pāpiliō,** pāpiliōnis *m.*: Schmetterling

2 **prātum,** ī: Wiese

3 **sānus,** a, um: vernünftig; bei Verstand

4 **sedēre:** sitzen

5 **ferus,** a, um: wild

1 Begründe, warum Gaias Angst um Paulla nicht völlig unbegründet ist.
2 Entwickle Marcus' Tagtraum weiter.

1 Auf dem Markt
Übersetze und beschreibe dann die neuen Erscheinungen.

Mercator ancillae herbas dat. Domino frumentum vendit.
Sextus filiis dona pulchra emit. Sed uxori merces non placent. Etiam hominibus miseris cibum emere cupit.

2 Keine Tiere!
Übersetze und beschreibe dann die neuen Erscheinungen.

Paulla: »Pater, eme mihi bestiam!« Sextus: »Certe tibi bestiam emere non cupio.« Gaia: »Licetne nobis capram[1] emere?« Sextus: »Silentium a vobis peto. Vobis dona, non bestias emere cupio.«
1 capra: *Femininum* zu caper

3 Verbfix - Nenne zu jedem Bild das entsprechende Verb.

4 Ein Verb - mehrere Sinnrichtungen
Übersetze zum Zusammenhang passend.

Paulla verba avi non comprehendit.
Marcus Paullam comprehendit.
Vigiles[1] virum comprehendunt.
1 vigil, is *m.:* Wache

5 Pantomime
Notiere fünf Verben aus Lektion 8. Spiele sie der Klasse vor, die Mitschüler notieren ihre Lösung. Wer errät alle?

6 Formen über Formen …
Bilde die Grundform und gib die Bedeutung an.

a) puerum – liberorum – fratris – bestiae – signo – uxoribus – voci – puellis – sacrificiis
b) habent – reprehenditis – possunt – praebemus – potes – respondeo – capiunt

7 | 1 Der Opa und das liebe Vieh. Notiere alle Substantive, die Tiere bezeichnen (auch allgemeine Ausdrücke) und dekliniere sie im Singular und Plural.

2 Ergänze jeweils ein Adjektiv. Dekliniere den ganzen Ausdruck.

8 Bestimme die unterstrichenen Formen und übersetze die Sätze. Achte genau auf den Zusammenhang.

a) Avus cum <u>servis</u> aquam apportat.
Avus <u>servis</u> cibum praebet.

b) Liberi <u>ancillae</u> non parent.
Negotia <u>ancillae</u> multa sunt.
<u>Ancillae</u> familiam cibo delectant.

c) Marcus <u>avo</u> respondet.
Marcus cum <u>avo</u> pecus curat.

d) Paulla <u>dona</u> patris comprehendit.
<u>Dona</u> patris pulchra sunt.

9 Für alle Fälle …
Du hast jetzt alle Kasus kennengelernt. Stelle in einer Tabelle die Fragen nach den Satzgliedern und die Funktion im Satz zusammen.

Kasus	Frage	Funktion
Nominativ	Wer/was?	Subjekt
Genitiv	? ? ?	? ? ?
Dativ	? ? ?	? ? ?
Akkusativ	? ? ?	? ? ?
Ablativ	? ? ?	? ? ?

10 Deklinieren – liegt auf der Hand!
Zeichne die Umrisse deiner Hände auf ein Blatt und schneide sie aus.
Trage jetzt zunächst die Endungen der o-Dekl. ein, dann – in unterschiedlichen Farben – die der anderen Deklinationen sowie die Pronomina.
Jetzt übe das Deklinieren mit den Händen!

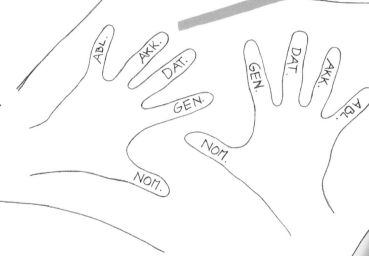

11 | 1 Die Geschmäcker sind verschieden! Ergänze das Dativ-Objekt in der richtigen Form und übersetze.

a) *Petroselinum* (avus) placet.
b) Ludus (liberi) placet.
c) (Paulla) placet Marcum capere.
d) Ancilla pulchra (pater) placet.
e) Herbae (pecora) placent.
f) Ludi *gladiatorum* (homines) placent.
g) Equi (filiae) placent.

2 Was ändert sich, wenn du statt »placere« das Verb »delectare« einsetzt? Forme die Sätze entsprechend um.

12 *esse*: ein Verb, viele Gesichter!
Ebenso wie *adesse* ist auch *posse* mit *esse* verwandt. Bilde die fehlenden Formen und übersetze:

esse	adesse	posse
est	? ? ?	? ? ?
? ? ?	adsumus	? ? ?
? ? ?	? ? ?	potestis
sum	? ? ?	? ? ?
? ? ?	adsunt	? ? ?
? ? ?	? ? ?	potes

Großvaters Lektion

Großvater Aurelius ist sehr verärgert, weil seine Enkel nicht auf ihn gehört und auf den Esel aufgepasst haben.

Avus: »Līberī, venīte et audīte! Sī dīcō ›cūrāte asinum‹, vōs pārēre dēbētis! Sed videō vōs nōn pārēre!«

Paulla: »Sed … «

Avus: »Tacē! Līberī semper pārēre dēbent! Etiam Catō cēnset līberōs
5 semper pārēre dēbēre.«

Gāia: »Nōnne iam diū mortuus est?«

Avus: »Tacē et tū! Catōnem iam diū mortuum esse nōn īgnōrō. Tamen līberī probī verbīs Catōnis pārent. Itaque putō līberōs bonōs semper pārēre et labōrāre.«

10 Subitō Mārcus: »Sed pater iterum atque iterum dīcit līberōs laetōs esse et lūdere dēbēre.«

Avus: »Silentium! Necesse est līberōs quoque officium facere. Nam officium virtūs vērē Rōmāna est. Itaque Catō iubet līberōs lūdōs dēsinere.«

15 Mārcus: »Cōnstat Catōnem tuum līberōs nōn amāre. Pater libenter videt līberōs gaudēre. Sed nūllum gaudium est in verbīs Catōnis. Num tū cupis miseriam nostram?«

Avus magnā vōce clāmat: »Iam tē verberō, male puer!!!«

Tum Gāia: »Nōnne Catōnī placet īram plācāre?«

---

1 Erschließe Gründe, weshalb der Großvater Aurelius sich in Erziehungsfragen gerne auf den »alten Cato« beruft.

2 Die Sätze »Liberi semper parere debent.« (Z. 4) und »Nonne iam diu mortuus est?« (Z. 6) werden jeweils im Text noch einmal in veränderter Form aufgegriffen. Beschreibe, was sich geändert hat.

3 Wie könnte der Großvater auf Gaias letzten Satz reagieren? Entwickle die Unterhaltung auf Deutsch fort.

4 Gestalte aus Gaias Sicht einen Tagebucheintrag über die Ereignisse mit dem Esel und die anschließende Unterhaltung.

Grundwissen: Römische Werte

Erziehung soll jungen Menschen helfen, erstrebenswerte Haltungen und Eigenschaften zu entwickeln. Auch die Römer brachten ihren Kindern früh wichtige Werte der Gesellschaft bei. Jede Form des Handelns, die die Römer als positiv bewerteten, z. B. Tapferkeit im Krieg oder Tüchtigkeit im Beruf, bezeichneten sie als *virtus* (abgeleitet von *vir*). Wichtig war den Römern z. B. die *pietas,* das Pflichtgefühl, das sich auf das Verhältnis zur Familie, zum Staat und zu den Göttern erstreckt. Vor-

bild ist der *pius Aeneas*, der dem Auftrag der Götter folgte und seine eigenen Wünsche dafür zurückstellte. Ebenso wichtig war die *fides*, das wechselseitige Treueverhältnis zwischen einem *patronus* aus der Oberschicht, der seinen Klienten mit Beistand vor Gericht und mit Geschenken half, und dessen Anhängern, die ihn bei öffentlichen Auftritten und Wahlen unterstützten. Da Vokabeln wie *virtus, pietas* oder *fides* unterschiedliche Bedeutungen haben, ist ihre Übersetzung nicht immer einfach.

Herkules am Scheideweg

*Am Abend erzählt Aurelius seinen Enkeln als Wiedergutmachung
für die harschen Töne am Vormittag eine Geschichte von Herkules.
Als der Held über den richtigen Lebensweg nachdenkt, erscheinen
ihm zwei Frauen, die ihn für ihre Lebensweise gewinnen wollen:*

»Hercle, salvē! Gaudeō tē vidēre. Nōn īgnōrō tē viam[1] vītae quaerere. Sum
Voluptās. Iubeō tē mēcum venīre! Nam multa gaudia tibī praebēre possum.«

Herculēs verba mulieris audit. Placent. Tamen putat necesse esse etiam
alteram[2] mulierem interrogāre[3]: »Dīc mihī: Quid[4] tū mihī dāre potes?«

5 »Sī credis verba Voluptātis bona esse, reprehendere dēbeō. Nōn credō tē
verba mea libenter audīre. Sum Virtūs. In viā meā tu multum labōrāre
et officia praestāre[5] dēbēs. Via autem mala nōn est, etiamsī tē in multōs
adversāriōs arma capere et multīs resistere dēbēre cōnstat. Nōnne tibī
placet et in vitā et mortuum clārum esse?«

10 Herculēs, quamquam labōrāre nōn amat, tamen virtūtibus studet[6],
lucrum Virtūtis māgnum putat. Itaque respondet: »Libenter tēcum,
ō Virtūs, salūtem petere cupiō.«

1 **via,** ae: Weg

2 **alter,** altera, alterum:
der andere; der zweite

3 **interrogāre:** fragen

4 **quid:** was?

5 **praestāre:** erfüllen; leisten

6 **studēre** (+ *Dat.*): sich bemühen
um; streben *nach*

1 Arbeite aus dem Text Herkules' Charakter heraus.
2 Begründe, welchen Weg du einschlagen würdest.

3.

1 Auf dem Landgut
Übersetze und beschreibe dann die neuen Erscheinungen.

Paulla videt
– equos per campos currere.
– Marcum cum Gaia venire.

Paulla dicit
– avum exspectare.
– etiam asinum per campos errare.

2 Pantomime
Notiere fünf Verben. Spiele sie der Klasse vor, die Mitschüler notieren ihre Lösung. Wer errät alle?

3 Rap – Vokabeln mit Pepp!
Bringe mindestens fünf neue und fünf bereits bekannte Vokabeln in einem Rap unter. Trage diesen der Klasse vor.

4 Kleine Wörter – Gib die Bedeutung an. Wähle drei Wörter aus und finde Eselsbrücken.

diu – nam – etiam – tam – tamen – tandem – quoque – atque – itaque – ita – iam – ibi – libenter – certe – vere – hic – hodie – magis – maxime

5 Komposita – Finde entsprechende Bedeutungen.
ad-venire = herbei-kommen
ad-vocare – ad-movere – ad-vertere – ac-currere – ac-clamare

6 | 1 Stelle alle lateinischen Wörter zusammen, die du brauchst, um das Bild zu beschreiben.
2 Bilde kurze lateinische Sätze und lass deinen Nachbarn übersetzen.

7 Bestimme den Kasus der unterstrichenen Substantive und übersetze den Ausdruck.

caprum <u>familiae</u> quaerere – <u>signum</u> dare – <u>dominae</u> parere – verbis <u>avi</u> parere – <u>uxori</u> dona praebere – <u>avo</u> respondere – <u>officia</u> facere

8 | 1 Bestimme die Formen und übersetze.

2 Gib die Grundform an.

amittunt – cupis – venite – dicit – puto – datis – tace – salutant – amamus – censet – possumus – habitatis

9 | 1 Nominativ und Akkusativ. Gib die Bedeutung an und bilde dann den Akkusativ Singular und Plural.

gaudium – puer – miseria – ludus – corpus – verbum – pater – virtus – soror – puella

2 Bilde die Grundform und gib die Bedeutung an.

gladios – equum – salutem – sacrificia – mercatores – dominos – dona – merces – ancillas – iram

10 »Kinderarbeit«
AcI – ja oder nein: Entscheide und übersetze.

a) Liberi ludere cupiunt.
b) Sed avus liberos laborare cupit.
c) Nam necesse est liberos officium facere.
d) Itaque liberi ludere non possunt.
e) Liberi laborare debent.
f) Sed constat avum liberos tamen amare.

11 | 1 Es brennt! Übersetze.

Marcus tabernam ardere <u>videt</u>. Homines aquam apportare <u>necesse est</u>. Marcus vigiles[1] currere iam <u>audit</u>. Subito vir servos aquam in flammas fundere <u>iubet</u>.
Tandem mercator flammas tota bona delere <u>dicit</u>. Sed Marcus patrem suum auxilium praebere <u>cupit</u>.

1 vigil, is *m.: hier:* Feuerwehrmann

2 Die unterstrichenen Verben können einen AcI einleiten. Finde übergeordnete Begriffe, die ihre Funktion erläutern.

12 Markiere in deinem Heft den AcI mit einer Klammer. Unterstreiche Subjektsakkusativ und Infinitiv. Übersetze dann.

Aurelius dicit duas[1] feminas pulchras subito Herculem salutare. Mulieres Herculem sua verba audire cupiunt. Voluptas incipit: »Te mihi parere necesse est, nam constat me multa gaudia praebere posse.« Sed Virtus respondet: »Puto verba mala tibi placere non posse. Nonne homines te carminibus celebrare[2] cupis? Itaque veni mecum!«.

1 duas: zwei – **2 celebrare:** feiern, rühmen

13 AcI-Auslöser
Forme die wörtliche Rede jeweils in einen AcI um und übersetze dann.

a) Avus dicit: »Cato vir magnus est.«
b) Marcus putat: »Cato liberos non amat.«
c) Marcus dolet[1]: »Liberi laborare debent.«
d) Pater gaudet: »Puellae in horto ludunt.«
e) Avus gaudet: »Turba tandem tacet.«
f) Paulla cupit: »Avus liberos non verberat.«

1 dolere: betrübt sein, bedauern

1 Peristyl eines Hauses in Pompeji

2 Möbel aus Pompeji

Rom

Leben in der Großstadt Rom

Rom, schon in der Antike eine Millionenmetropole, war eine Stadt mit zwei Gesichtern. Wir bestaunen heute die Überreste römischer Prachtbauten. Ein zuverlässiges Wasserversorgungssystem sorgte überall in der Stadt für frisches Wasser. Großzügige Sport- und Freizeitanlagen boten vielfache Zerstreuung. Wunderschöne, komfortable *domus* (Stadthäuser) zogen sich die Hänge der Hügel hinauf. Eine solche *domus* war für das Klima in Italien ideal. Sie bestand in der Regel aus zwei Gebäudeteilen. Durch die *fauces* (Haustür) betrat man den Eingangsbereich mit dem *atrium* (Innenhof). Von hier aus gelangte man in die vorderen Wohn- und Arbeitsräume. Die Mitte des Atriums bildete das *impluvium,* in dem sich das Regenwasser sammelte. Der wichtigste Raum war das *tablinum,* der Empfangs- und Arbeitsraum des Hausherrn. Das *tablinum* trennte den öffentlich zugänglichen Teil des Hauses von den Privaträumen der Familie. Diese waren mit aufwändigen Wandgemälden geschmückt und hatten alle Zugang zum *peristylium,* einem sonnendurchfluteten Innengarten mit Grünanlage, Ruheplätzen, Statuen, Brunnen und einem Säulengang.

Das war freilich nur die eine Seite der Medaille Rom. Auf der anderen Seite zwangen unbezahlbare Grundstückspreise und Mietwucher viele Einwohner zu einem armseligen Leben in den *insulae,* den Mietskasernen der *Subura.* Lärm, Gestank, Dreck, Sommerhitze, Winterkälte, dazu Häusereinstürze, weil man beim Bau der Häuser minderwertiges Baumaterial verwendet hatte, und die allgegenwärtige Brandgefahr machten den Bewohnern das Leben hier bisweilen zur Hölle. Tagsüber war es verboten, mit einem Wagen durch die überfüllten Straßen zu fahren. Der gesamte Warenverkehr musste daher nachts abgewickelt werden. Schlaf war bei dem Lärm nur schwer zu finden.

Das Forum Romanum

Das Zentrum des religiösen und politischen Lebens in Rom war das Forum Romanum. Hier stand die *curia,* in der der Senat tagte, hier fanden die *comitia* statt, bei denen die großen Redner Roms wie Cicero von der *rostra* (Rednertribüne) zu den Bürgern sprachen, hier hielten die *praetores* Gericht. In der Kaiserzeit wurden auf dem Forum auch immer wieder Gebäude errichtet, mit denen große Herrscher geehrt wurden: Berühmt sind die Triumphbögen der Kaiser Titus und Septimius Severus aus dem 1. bzw. 3. Jh. n. Chr., die heute noch stehen. Oberhalb des Forums stand das *tabularium,* in dem das Staatsarchiv untergebracht war, und im Tempel der Juno Moneta auf dem Kapitol wurde der Staatsschatz aufbewahrt. Zahlreiche Tempel und Heiligtümer hatten ihren Standort ebenfalls auf dem Forum. Viele dieser Stätten gehen nach der Sage schon auf die römische Frühzeit zurück. Der kleine Tempel *umbilicus urbis* galt nicht nur als Mittelpunkt der Stadt, sondern auch als Nabel des römischen Reiches und damit der ganzen Welt. Von ihm aus erfolgte auch die Meilenzählung der römischen Straßen. Der *pontifex maximus* als höchster Priester hatte seinen Amtssitz in der *regia* ganz im Süden des Forums. Seitdem Augustus für seinen Adoptivvater Caesar den Tempel des *divus Iulius* hatte errichten lassen, war es auch üblich, für Kaiser nach deren Tod Heiligtümer auf dem Forum zu bauen.

1 Zwei Gesichter einer Stadt – Erläutere diese Aussage aus dem Textzusammenhang.

2 Beschreibe das Foto (Abb. 1) und nenne auch die lateinischen Begriffe. Gib an, um welchen Gebäudetyp es sich handelt.

3 Versuche, einige der im Text benannten Gebäude in der Abbildung zu identifizieren.

4 Recherchiert über einzelne Gebäude des Forums und erläutert eure Ergebnisse der Klasse.

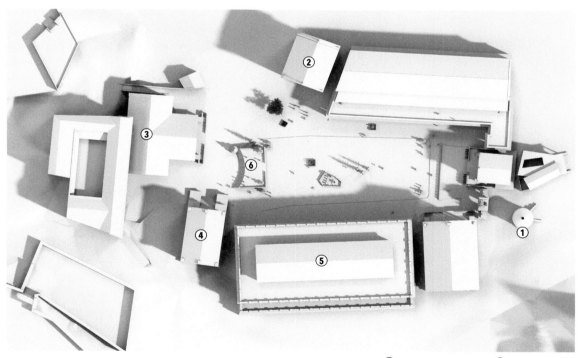

3 Rekonstruktion des Forum Romanum unter Augustus

① Vesta-Tempel ④ Saturn-Tempel
② Curia ⑤ Basilica Iuliae
③ Concordia-Tempel ⑥ Rostra

Detektivarbeit

Kennst du Sherlock Holmes, den berühmten englischen Detektiv? Seine Spezialität ist die Spurensuche. Zahlreiche Verbrechen hat er auf diese Weise aufgedeckt.

Recherche

Eine seiner Arbeitsmethoden war das *Recherchieren*. Dieser Begriff stammt aus dem Französischen und bedeutet »gezieltes Suchen«. Das funktioniert natürlich auch im Lateinunterricht. Wichtig ist, dass du schon vor einer Recherche eine gewisse Vorstellung von dem hast, was du suchst. Das kann eine historische Person sein, ein Ereignis der Geschichte, ein Fachbegriff, ein Fremdwort oder ein ganz alltäglicher Gegenstand.

Ist dir ein Suchbegriff im Lateinischen völlig fremd, dann schau zunächst in dein Lateinbuch. Meistens findest du hier schon einen wichtigen Hinweis. Für eine detaillierte Suche solltest du *Medien* (Hilfsmittel) verwenden, mit denen du gut arbeiten kannst. Du kannst Lexika, Bild- und Filmmaterial benutzen; du kannst dich in Museen und Ausstellungen informieren und selbstverständlich kannst du auch im Internet recherchieren. Dazu gibst du deinen Suchbegriff in eine der Suchmaschinen ein. In der Regel bekommst du hier schon etliche Hinweise. Am hilfreichsten ist es dann, mit der Internetplattform *Wikipedia* zu beginnen. Neben wichtigen Informationen hält *Wikipedia* nämlich auch nützliche Links bereit. Aber Vorsicht! Verlasse dich nie nur auf *Wikipedia* oder eine andere Internetseite alleine. Informationen solltest du immer auch durch mindestens eine weitere Internetseite absichern.

Bisweilen muss man im Internet weitere Begriffe zum eigentlichen Suchbegriff mit eingeben, um wirklich aussagekräftige Informationen zu erhalten. Am Beispiel des Suchbegriffs »Petersilie« siehst du, wie das funktioniert: Wenn du bei Google den Suchbegriff »Petersilie« eingibst, findest du als ersten Eintrag die Seite von *Wikipedia*. Hier erhältst du wichtige allgemeinbiologische Informationen zur Petersilie; über die historische Bedeutung erfährst du dagegen nur wenig. Fügst du nun bei Google zu dem Begriff »Petersilie« den Begriff »Antike« hinzu, dann triffst du auf Seiten, die die Petersilie auch als Gewürz- und Heilpflanze der Antike im Blick haben, und kannst so deine Kenntnisse zur Petersilie abrunden.

Kleiner Tipp: Es gibt spezielle Schülerseiten, die sehr hilfreich sind. Du findest sie unter dem Begriff »Kinderseiten« in deiner Suchmaschine. Meistens bieten diese Kinderseiten auch wertvolle und informative Links. Aber natürlich gilt hier ebenfalls die Devise: »Vertrauen ist gut, Kontrolle ist besser«, also lieber Informationen durch andere Internetseiten nochmals absichern!

Vorerschließung

Wäre Sherlock Holmes ein Schüler wie du, würde er vielleicht nach Spuren im lateinischen Text suchen, die ihm die Übersetzung erleichtern.

Mach's wie er und geh ebenfalls auf Spurensuche. Das heißt dann aber nicht Spurensuche, sondern Textvorerschließung.

Die Textvorerschließung ist eine feine Sache. Man kann vor der Übersetzung nach ganz verschiedenen Spuren suchen. Beispielsweise kannst du im lateinischen Text nach Konnektoren fahnden oder nach Sachfeldern, Personen, Eigennamen, Ortsangaben, besonderen Vokabeln oder Konjugations- bzw. Deklinationsformen, Satzelementen und sogar nach Satzzeichen … Die Möglichkeiten sind schier unbegrenzt. Sie haben allerdings eines gemeinsam: Sie erleichtern dir das Übersetzen.

Meistens kannst du übrigens schon aus der Textüberschrift und dem Einleitungstext erschließen, worum es in der Übersetzung gehen wird. Lass deine Fantasie ein bisschen spielen, überlege, wie die Geschichte verlaufen könnte, und geh anschließend auf die Suche nach Begriffen, die deine Vermutung untermauern können.

Das funktioniert natürlich auch mit einer Bildanalyse. Bilder haben nämlich den großen Vorteil, dass sie auf einen Blick zeigen, was man mit Worten erst umständlich erklären müsste. Auf Bildern gibt es viel zu entdecken. Du kannst eine Handlung herauslesen, du kannst Sachkenntnisse erwerben, du kannst dich in bestimmte Situationen versetzen. Auch hier ist wieder Fantasie gefragt. Wichtig ist allerdings, dass du, was du dir mit Hilfe eines Bildes überlegt hast, durch Begriffe oder entsprechende Vokabeln aus dem Übersetzungstext belegen musst.

1 Beschreibe das Bild und versuche zu erschließen, worum es in einer Geschichte dazu gehen könnte.

Das habe ich schon gelernt:

Unter einer Recherche versteht man die gezielte Suche nach Personen, Ereignissen, Sachbegriffen u.ä.; die Textvorerschließung bereitet die Übersetzung eines lateinischen Textes vor.

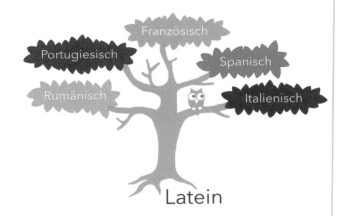

Latein

1 | 1 Mutter Latein und ihre Töchter – Italienisch: Nenne die lateinischen Ursprungswörter und ihre deutsche Bedeutung.

2 Lass dir die Wörter von jemandem vorlesen, der Italienisch spricht. Formuliere Ausspracheregeln.

clamore – acqua – merce – ira – taverna – ausilio – incendio – salute – asino – orto – pecora – virtù – gaudio – moglie – buono – morto

2 Bestimme die unterstrichenen Formen und übersetze den Ausdruck.

verba <u>viri boni</u> – <u>servos malos</u> reprehendere – clamor <u>magnarum vocum</u> – <u>officio meo</u> gaudeo – <u>puellis probis</u> dona dare

3 Verwandle in den Singular bzw. Plural.

virtutis Romanae – flammis malis (!) – corpori pulchro – hortorum nostrorum – puero laeto – mulieribus probis (!) – tabernarum suarum – patris vestri – filiis vestris (!)

4 Ordne jedem Substantiv das passende Pronomen zu.

mulierem – merces – miseriae – salute – pecoribus – asini – virtutis – mercatori

vestro – vestri – suam – suas – meae – nostrae – tua – meis

5 Ergänze das in Klammern angegebene Possessivpronomen in der passenden lateinischen Form. Manchmal gibt es zwei Lösungen.

virtutes (mein) – ira (sein) – clamoris (euer) – equis (dein) – equorum (unser) – miseria (euer) – mulieris (dein) – pecora (unser) – saluti (sein)

6 Welche Form passt nicht? Begründe deine Auswahl.

a) pecoris – horti – gladio – flammae
b) salutem – miseriae – bono – mulieri
c) miseriae – horti – mercis – pecori
d) fundis – quaeris – clamoris – dicis
e) respondeo – horto – vinco – iuvo
f) vocas – miserias – laboras – rogas

7 Bilde die Formenschlangen.

a) tabernarum → Sg. → Akk. → Pl.
b) lucri → Dat. → Pl. → Abl.
c) merx → Pl. → Dat. → Sg.
d) imperatorem Romanum → Pl. → Gen. → Sg.
e) viros mortuos → Gen. → Sg. → Dat.
f) officiis meis → Akk. → Sg. → Gen.

8 | 1 Singular oder Plural? Bestimme die Formen und übersetze.

debet – habitamus – parent – audi – cupis – habeo – capiunt – potestis – venite

2 Wandle den Numerus um

9 Bilde die Formenschlangen.

a) potest → Pl. → 1. P. → Sg.
b) relinquimus → 2. P. → Sg. → 3. P.
c) respondeo → Pl. → 3. P. → Sg.
d) rogant → 1. P. → Sg. → 2. P.
e) capimus → Sg. → 3. P. → Pl.

10 Kombiniere beide Teile zu logischen Sätzen und übersetze.

a) Avus putat liberos   A) diu mortuum esse.
b) Necesse est servos   B) asinum non curare.
c) Pater gaudet liberos   C) libenter currere.
d) Constat equos   D) parere debere.
e) Cato censet liberos   E) laetos esse.
f) Non ignoramus   F) dominis parere.
   Catonem

11 Bilde die AcIs und übersetze.

Avus dicit …

a) »Liberi semper parere debent.«
b) »Virtus Romana clara est.«
c) »Vir bonus officia sua non ignorat.«
d) »Viri probi libenter laborant.«
e) »Pueri in ludo gaudium petere non possunt.«
f) »Mercatores mali maxime suum lucrum quaerunt.«

12 Ergänze die passenden Endungen und übersetze.

a) Liberi Selici▨ cibum asin▨ praebere cup▨.
b) Av▨ fratri et soror▨ respondet:
c) »Non asino, sed equ▨ cib▨ apportare debetis!«
d) Gaia et Marcus pare▨, Paulla autem verb▨ av▨ non audit.
e) Itaque avus Paull▨ reprehend▨.
f) Sed gaudi▨ asin▨ magnum est.

13 Wahr oder falsch? - Stelle falsche Aussagen richtig.

a) Kampanien wird *felix* genannt, weil es den Vesuvausbruch ohne große Schäden überstand.
b) Römische Kinder wurden von Anfang an zu *virtus* und *pietas* erzogen.
c) Die meisten Römer wohnten in der Antike in schönen Stadthäusern.
d) Das Forum Romanum diente nur wirtschaftlichen Zwecken.
e) Der Staatsschatz wurde im Tempel der Juno Moneta aufbewahrt; deswegen sprechen wir heute noch von »Moneten«.

14 Suche dir eine der beiden Rechercheaufgaben aus und fasse deine Ergebnisse für deine Mitschüler zusammen.

a) Herkules ist berühmt für die zwölf Aufgaben, die er im Auftrag des Königs Eurystheus ausführte. Informiere dich über diese zwölf Taten.

b) Cato ist bekannt für den Satz »Ceterum censeo Carthaginem esse delendam!«. Informiere dich über diesen Satz und die drei »Punischen Kriege«.

Neben seiner religiösen und politischen Funktion war das Forum Romanum in erster Linie ein gewöhnlicher Marktplatz. Die *basilicae* am Rande des Forums wurden zwar gelegentlich als Gerichtssäle genutzt, waren aber eigentlich große Markthallen, in denen man verschiedenste Güter kaufen konnte. Rings um das Forum baute man später weitere Foren, die sogenannten Kaiserforen. Berühmt ist das Trajansforum mit seinen zahlreichen Geschäften, sozusagen das erste Kaufhaus der Welt. Aber auch in den übrigen Straßen der Stadt gab es unzählige Handwerksbetriebe mit ihren kleinen Läden, so wie es auch heute noch in Rom vielerorts üblich ist.

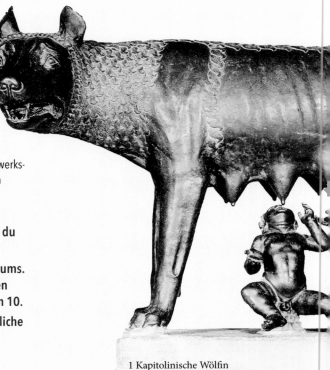

1 Kapitolinische Wölfin

1 Beschreibe das Forum Romanum (Abb. 3). Wo findest du noch Hinweise auf die große Vergangenheit Roms?

2 Auf Abb. 2 siehst du die Einkaufsstraße des Trajansforums. Erschließe, wie es hier in der Antike ausgesehen haben könnte. Vergleiche dazu auch die Zeichnung zu Lektion 10.

3 Oberhalb des Forum Romanum steht eine ungewöhnliche Figur (Abb. 1). Erkläre ihre Bedeutung für Rom.

3 Forum Romanum heute

2 Die Via Biberatica in den Trajansmärkten

Wehe den Besiegten!

Zurück in Rom: Am frühen Morgen machen sich die Selicii auf den Weg zum Forum – die Kinder müssen in die Schule, und Sextus braucht dringend eine ordentliche Toga.

Aurēlia: »Sexte, venī ad eam tabernam! Videō mercātōrēs ibī vestēs variās vēndere. Quid cēnsēs dē eā togā?«

Sextus: »Uxor cāra, mihī iam toga est. Et ea mihī minimē placet.«

Aurēlia: »Nōnne intellegis? Eques es. Equitibus necesse est vestēs novās
5 habēre.«

Sextus: »Nōnne tū intellegis eam togam mihī minimē placēre?«

Aurēlia marītum ad aliam tabernam trahit: »… Et quid cēnsēs dē eā togā?«

Sed Sextus verba uxōris neglegit, aliās rēs[1] in forō petit: »Ecce pānis
10 bonus! Eum pānem cupiō. Nam meus venter[2] nōn exspectat libenter.«

Aurēlia: »Tibī profectō venter[2] cupidus est! Sed moneō tē: Resiste ei cupiditātī! Ergō: Quid cēnsēs dē eā togā? Vērē idōnea tēque digna est.«

Sextus: »Nōnne vidēs pretium eārum togārum? Eō pretiō vestem emere nōn cupiō. Numquam!«

15 Aurēlia: »Vincere nōn potes. Sī eam togam emere nōn cupis, aliam emere dēbēs. Asia, dā mihī pecūniam! Accipe vestēs et apportā domum[3]! Et ea ōrnāmenta …«

Sextus: »Vae victīs![4]«

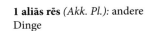

1 aliās rēs *(Akk. Pl.):* andere Dinge

2 venter, ventris *m.:* Bauch

3 domum: nach Hause

4 Vae victīs!: Wehe den Besiegten!

1 Arbeite den Aufbau des Textes heraus und weise den einzelnen Abschnitten Überschriften zu.

2 Beschreibe die Haltung Aurelias auf dem Bild. Nenne den Satz im Text, der zu ihrer Geste passt. Gib an, welches Wort ihre Geste unterstreicht.

3 Arbeite aus dem Text den Charakter von Sextus und Aurelia heraus. Belege deine Beobachtungen am Text.

4 Spielt die Szene möglichst ausdrucksstark in der Klasse nach.

Grundwissen: Kleidung

Das beliebteste Kleidungsstück in Rom war die Tunika, ein schlichtes Woll- oder Leinenhemd, das an den Hüften gegürtet war und bei Männern bis zu den Knien, bei Frauen bis zu den Knöcheln reichte. Im Winter legte man mehrere Tuniken übereinander an. Darunter trug man einen Lendenschurz und die Frauen eine Brustbinde.

Nur den römischen Bürgern war es erlaubt, eine Toga zu tragen. Eine Toga bestand aus etwa sechs Metern Wollstoff und konnte nur mit Hilfe von Sklaven angelegt werden. Sie verlieh ihrem Träger Ansehen, war aber recht unpraktisch: Sie schränkte die Bewegungsfreiheit ein, musste stets sauber sein und war sehr teuer. So wurde sie nur bei wichtigen, offiziellen Anlässen getragen. Als Alternative zur Toga (und die Stola der vornehmen Frauen) wurde ein *pallium* oder *palla* genannter Mantel getragen. Statt mit Knöpfen oder Reißverschlüssen wurde die Kleidung durch Gewandspangen, sogenannte *fibulae*, zusammengehalten, die zahlreich erhalten sind und in Museen ausgestellt werden.

Haltet den Dieb!

Auf dem Rückweg von der Schule kommen die Kinder an einer Gaststätte vorbei …

Mārcus videt virum quendam¹ ē tabernā ad forum Rōmānum currere. Sorōrēs vocat: »Vidēte eum virum!« Gāia respondet: »Ei certē magnum negōtium est.« Paulla: »Putō eum hominem templum² Vestae petere.«

5 Subitō caupō³ ē tabernā properat. Līberī clāmōrem eius audiunt: »Quid spectātis tamquam⁴ pecora? Comprehendite eum! Is fūr⁵ est! Tōtam pecūniam meam habet.«

Īra clāmorque caupōnis³ līberōs incitant: Mārcus statim currere incipit; iam cūriam⁶ videt, tum templum Concordiae et templum Sāturnī; dēnique fūrem⁵ ad basilicam Iūliam⁷ capere potest. Nunc etiam caupō³
10 adest, fūrem⁵ in rōstra⁸ Augusti trahit et verberat; nōn dēsinit eum verberāre! Līberī intellegunt fūrem id tolerāre nōn posse.

Fūr⁵ nōn sōlum dē salūte, sed etiam dē vītā timet. Ecce! Iam magnā vōce pācem petit et caupōnī³ pecūniam dat.

1 **quendam:** *hier:* einen

2 **templum, ī:** Tempel

3 **caupō, ōnis** *m.:* Wirt

4 **tamquam:** so wie

5 **fūr, fūris** *m.:* Dieb

6 **cūria, ae:** Kurie (Versammlungsort des Senats)

7 **basilica Iūlia:** julische Gerichtshalle

8 **rōstra, ōrum:** Rednerbühne

1 Weise die im Text angegebenen Orte der Karte des Forum Romanum (S. 63) zu und beschreibe den Fluchtweg des Diebes mit eigenen Worten.

2 Beschreibe das Verhalten des Wirts und bewerte es.

is, ea, id; Dativ des Besitzes | 71

1 Grün und gesund – Großvaters Kräuter
Übersetze und beschreibe dann die neuen
Erscheinungen.

Avus: »Id est petroselinum[1]. Ea herba vere
bona est. Eius vires magnae sunt. Semper
eis herbis gaudeo. Spectate eum hortum, eos
campos, ea pecora! Aspectus[2] eorum mihi
maxime placet. Ecce, servus cum capro venit.
Nonne ei petroselinum apportare cupitis,
liberi?«
Gaia: »Ei – servo aut[3] capro?«

1 petroselinum, i: Petersilie – **2 aspectus:** Anblick –
3 aut: oder

3 | 1 Stelle alle lateinischen Wörter zusammen, die
du brauchst, um dieses Bild zu beschreiben.

2 Bilde kurze lateinische Sätze und lass deinen
Nachbarn übersetzen.

2 Stolze Besitzer
Übersetze und beschreibe dann die neuen
Erscheinungen.

a) Sexto Selicio multa bona sunt.
b) Aureliae uxori hortus pulcher est.
c) Aurelio asinus est.
d) Servis multa negotia sunt.
e) Et liberis … caper est!

4 | 1 Toga oder Brot? Aurelia möchte Kleidung
kaufen, Sextus etwas zu essen. Ordne die neuen
Vokabeln einem von beiden zu.

2 Ergänze passende ältere Begriffe.

5 | 1 Ordne den Substantiven inhaltlich passende
Adjektive zu.

2 Passe die Adjektive in KNG an und übersetze die
Ausdrücke.

toga – vestis –	dignus – idoneus
equites – panis –	– cupidus – varius
ornamentum –	– novus – alius –
asinus – pretium	carus

6 | 1 Für Sprachforscher: Nenne die lateinischen
Ursprungswörter und gib die Bedeutung an.

2 Erkläre die Bedeutung der Begriffe.

Weste – Preziose – variabel – intelligent –
pekuniär – alias

7 | 1 Bestimme die Form und übersetze.

2 Bilde den Infinitiv und ordne nach
Konjugationen.

facit – moneo – cupis – habetis – placet –
censes – accipe – vertitis – intellegunt –
delemus – trahunt

8 | 1 Ordne den Substantiven jeweils eine passende Form von »is, ea, id« zu und bestimme die Form.

> uxoris – ad tabernam – cupiditati – corpus – ornamenta – togarum – homines
>
> eos – id – ea – eam – ei – earum – eius

2 Bilde jeweils den anderen Numerus.

9 Auf frischer Tat ertappt
Ergänze die passende Form von »is, ea, id« und übersetze.

Marcus: »Ecce, ex ▌ taberna vir currit. ▌ virum furem[1] esse puto.«
Caupo[2]: »▌ pecunia mea est! Comprehendite ▌ furem[1]!«
Paulla: »Fortuna ▌ hominis me movet.«

1 fur, furis *m.*: Dieb – **2 caupo,** onis *m.*: Gastwirt

10 Auf Einkaufstour
Markiere in deinem Heft den AcI mit einer Klammer. Übersetze dann.

a) Aureliam cum Asia vestes emere videtis.
b) Subito Asia mercatorem clamare audit.
c) Dominae dicit furem[1] e taberna currere.
d) Mercator homines furem[1] comprehendere debere clamat.
e) Vigiles[2] furem[1] capiunt. Asia mercatorem furem[1] verberare gaudet.

1 fur, furis *m.*: Dieb – **2 vigil,** is *m.*: Wache

11 | 1 Formen-Detektor: Suche alle Dativ-Formen heraus.

2 Bestimme auch die anderen Formen.

uxori – tibi – vertitis – signo – irae – vestibus – officia – paci – corporibus – gaudetis – ei – sacrificiis – magis – vocis – ornamentis

12 Ergänze in deinem Heft die fehlenden Formen.

Nom. Sg.	Dat. Sg.	Dat. Pl.
? ? ?	pecori	? ? ?
? ? ?	? ? ?	togis
pretium	? ? ?	? ? ?
? ? ?	? ? ?	mercibus
gladius	? ? ?	? ? ?

13 Bestimme die Satzglieder (Subjekt, Prädikat, Akk.-Objekt, Dat.-Objekt) und übersetze.

a) Hercules duas mulieres videt et earum verba audit.
b) Voluptas ei multa dona dare cupit.
c) Sed Virtus Voluptati resistit et eum monet.
d) Virtus viro multas labores, sed magnam gloriam[1] promittit[2].
e) Profecto Hercules eius verbis paret.

1 gloria, ae: Ruhm; Ehre – **2 promittere:** versprechen

14 Dativus possessivus: Übersetze.

a) Virtus tua magna est.
   Tibi magna virtus est.
b) Servi Selicii boni sunt.
   Selicio servi boni sunt.
c) Mea toga pulchra est.
   Mihi toga pulchra est.

Romulus und Remus

Paulla hat heute in der Schule die Sage über den Stadtgründer Romulus und seinen Zwillingsbruder Remus gehört. Jetzt will sie diese mit Gaia nachspielen, die zunächst recht gutmütig mitmacht. Da kommt auch der große Bruder hinzu.

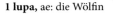

Paulla: »Salvē, Mārce! Īmus in hortum et agimus fābulam Rōmulī et Remī. Gāia est Remus, egō Rōmulus sum – et tū, Mārce, rēx malus es.«

Mārcus: »Aha – et caper noster est lupa[1] …?!«

Paulla: »Vōbīs fābulam nārrō: Rhēa Silvia, quamquam virgō Vestālis
5   est, geminōs[2] fīliōs parit, Rōmulum et Remum. Pater eōrum Mārs est. Sed rēx, avunculus[3] mātris, dē rēgnō suō timet. Hominēs nārrant eum servum fīdum habēre. Itaque rēx servum vocat: ›Tē iubeō abīre et puerōs in flūmine necāre. Mārs, sī rē vērā pater puerōrum est, eōs servāre potest.‹ Tum – tum – …« Paulla haeret.

10   Mārcus: »*Mihī* autem fābula nōta est: Līvius scrīptor[4] trādit servum rēgis haud libenter pārēre.«

Gāia: »Itaque servus ›Abeō‹ dīcit. Rē vērā simulat sē puerōs necāre: Flūmen adit, eōs in alveum[5] pōnit, alveum[5] aquae trādit. Bēstiae ad aquam eunt, puerōs capiunt, necant …«

15   Paulla: »Stulta nārrās! Nōn īgnōrō lupam[1] puerōs invenīre. Quia flūmen altum nōn est, eōs servat. Sīc Mārs dēmōnstrat sē patrem puerōrum esse. – Īte tandem in hortum!«

1 lupa, ae: die Wölfin
2 geminus, a, um: Zwillings-
3 avunculus, ī: Onkel
4 scrīptor, scrīptōris *m.*: Schriftsteller
5 alveus, ī: Trog, Wanne

1 Stelle aus dem Text erste Informationen über Romulus und Remus zusammen. Arbeite aus Paullas Erzählung (Z. 4–9) heraus, welche Personen noch eine Rolle spielen.

2 | **1** Gib die Geschichte von Romulus und Remus in eigenen Worten wieder.

　　2 Erschließe mögliche Gründe für das Handeln des Königs und seines Dieners und nimm Stellung dazu.

3 | **1** Arbeite heraus, wie Gaia und Marcus ihre kleine Schwester behandeln. Belege deine Beobachtungen am Text.

　　2 Spielt die Szene in der Klasse nach.

4 Gestalte ein Poster / eine Collage zu Romulus und Remus.

Grundwissen: Priester und Vestalinnen

In der römischen Religion war es sehr wichtig, dass Opfer und andere Kulthandlungen genau nach Vorschrift ausgeführt wurden. Daher gab es – unter der Oberaufsicht des *pontifex maximus* (wörtlich: der wichtigste Brückenbauer zwischen den Menschen und den Göttern) – verschiedene Priester, die auf einzelne Aufgaben spezialisiert waren. So waren die *augures* für die Opferschau zuständig, während den *flamines* die Verehrung je eines Gottes übertragen war. Eine besondere Rolle spielten die Vestalinnen. Sie wachten über das heilige Feuer im Tempel der Göttin Vesta, das niemals ausgehen durfte. Bereits im Mädchenalter wurden sie für 30 Jahre in das Haus der Vestalinnen auf dem Forum Romanum aufgenommen. Sie lebten ehelos und gehörten zu den wenigen Frauen, die nicht unter männlicher Vormundschaft standen.

Und so geht es weiter

Inzwischen ist das Theaterstück voll im Gange: Nach ihrer Rettung durch die Wölfin wachsen Romulus (Paulla) und Remus (Gaia) bei einem Hirten auf. Schließlich wollen sie eine neue Stadt gründen. Doch wer soll sie regieren? Ein Götterspruch soll entscheiden …

›Remus‹: »Nunc abīre et ā dīs ōrāculum[1] petere dēbēmus.«

Itaque ›Rōmulus‹ et ›Remus‹ abeunt et caelum[2] spectant, quia ōrāculum[1] deōrum exspectant. Iam ›Remus‹ dīcit sē multās avēs[3] vidēre: »Ecce! Ibī sunt sex[4] avēs[3] – dī fīdī sunt! Mihī rēgnum dant!«

5 ›Rōmulus‹: »Ah! Egō duodecim[5] avēs[3] videō! Sīc dī dēmōnstrant sē mē rēgem idōneum putāre. Eōs tē nōn amāre cēnseō!«

Tum ›Rōmulus‹ lapillōs[6] aliōs super aliōs[7] pōnit: »Reme, spectā mūrum[8] meum!«

›Remus‹: »Haha! Cōnstat mūrum[8] Rōmulī altum nōn esse. Sed mūrus[8]
10 *tuus* – nūllus est, Rōmule!!«

›Rōmulus‹: »Stulta es, Gāia! Nunc vērē tēcum pūgnō!«

Subitō māter in hortum venit: »Quid agitis? Dēsinite pūgnāre, puellae!«

Paulla: »Sed Rōmulus sum! Gāiam – ah – Remum necāre dēbeō!«

1 ōrāculum, ī: Orakel, Entscheidung

2 caelum, ī: Himmel

3 avis, is *f.*: Vogel

4 sex: sechs

5 duodecim: zwölf

6 lapillus, ī: Steinchen

7 aliōs super aliōs: übereinander

8 mūrus, ī: Mauer

1 Erkläre, weshalb Paulla plötzlich aus ihrer Rolle fällt.

1 Wo ist die Toga?
Übersetze und beschreibe dann die neuen Erscheinungen.

a) Sextus vestem suam quaerit. Dicit se vestem suam quaerere.
b) Aurelia eum vestem quaerere videt. Gallum vocat. Neque Gallus togam eius invenit.
c) Tandem Sextus se vestem suam videre dicit.
d) Caper vestem eius apportat ... Aurelia Gallum eum verberare iubet.

2 Verloren - gefunden
Übersetze und beschreibe dann die neuen Erscheinungen.

Pater caprum quaerit. In hortum it. »Marce, mecumne is? Puellae, nonne in hortum imus?« Liberi in hortum eunt. Sed Asia: »Vos certe itis, ego numquam in hortum eo!« Tandem Sextus: »Aurelia, in tabernam ire cupio. Ibi silentium est.« Aurelia: »Te novam togam emere necesse est ...«

3 Ein Wort - viele Bedeutungen
Wähle die jeweils passende Übersetzung.

a) pecora per campum agere – liberos agere – negotia agere – de pace agere
b) ad aram adire – regem adire – adversarios adire

4 »Verwandte« Wörter: Führe auf ein bekanntes Wort zurück und erschließe die Bedeutung. Achte auf die Wortart.

gaudium → gaudere → Freude
timor – regere – fides – regius, a, um – narratio – altitudo – simulator – nex

5 | 1 Stelle alle lateinischen Wörter zusammen, die du brauchst, um dieses Bild zu beschreiben.
2 Bilde kurze lateinische Sätze und lass deinen Nachbarn übersetzen.

6 Eselsbrücken
Lies dir den Text »Romulus und Remus« durch und notiere alle Vokabeln, die du nicht mehr weißt. Ermittle die Grundform und frage deinen Partner nach der Bedeutung oder schlage nach. Überlegt euch gemeinsam Eselsbrücken für diese Wörter.

7 Begriffe verbinden
Verbinde passende Wörter und übersetze die Begriffe.

liberos – regem – flumen – fabulam – adversarium – servus – regnum – fabula

necare – narrare – nota – altum – tradere – parere – adire – fidus

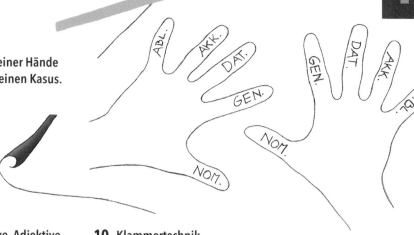

8 Deklinieren – liegt auf der Hand!
Zeichne noch einmal die Umrisse deiner Hände
auf ein Blatt. Jeder Finger steht für einen Kasus.
Dekliniere »is, ea, id«.

9 | 1 Ordne nach Wortarten (Substantive, Adjektive,
Verben).

2 Bilde die Grundform und gib die Bedeutung an.

a) demonstro – abitis – rege – fide – haere –
fluminis – mortuis – habemus – notus – facitis
b) officio – varii – pariunt – pani – pono –
monetis – merce – digno – salutate – salute –
neglego

10 Klammertechnik
Markiere in deinem Heft den AcI mit einer
Klammer. Übersetze dann.

a) Paulla Rheae Silviae geminos[1] esse narrat.
b) Martem patrem geminorum[1] esse constat.
c) Sed avunculus[2] se pueros timere dicit.
d) Ad servum se vertit: »Te liberos necare
iubeo.«
e) Is autem se pueros necare simulat.

1 geminus, i: Zwilling – **2 avunculus,** i: Onkel

11 | 1 Wer ist gemeint? Übersetze.

2 Nenne jeweils das Bezugswort für »se« bzw.
»eum / eam«.

a) Sextus dicit se togam non invenire. Servum
vocat. Iubet eum togam quaerere.
b) Aurelia dicit se cibum cupere. Asiam vocat.
Iubet eam cibum in foro emere.
c) Avus dicit se aquam apportare non posse.
Marcum vocat. Iubet eum sibi adesse.

12 AcIs bilden
Mache die Aussagesätze abhängig von:

a) Dico …
– Tu puella pulchra es.
– Pueri semper pugnant.
– Ego libenter per campos curro.
– Nos libenter ludos spectamus.
b) Paulla dicit …
– (Ego) soror Gaiae sum.
– Dona pulchra cupio.
– In hortum non eo.

13 Welche Form passt? Wähle aus und übersetze.

Romulus et Remus (abeant, abeunt, abint).
Romulus: »Oraculum[1] (adeo, adeunt, aditis).
Ecce, turba iam in campum (is, it, imus).«
Remus: »(i, eo, it) tu! Necesse est me aram
(adimus, adire, aditis). Viri, (ite, itis, ita)
mecum!«

1 oraculum, i: Orakel

Der Raub der Sabinerinnen

Heute erwarten die Selicii die Familie der Sabinii als Gäste zum Essen. Schließlich ist Gaia schon im heiratsfähigen Alter. Gaia will sich dafür besonders hübsch machen, doch die Sklavin Asia lässt auf sich warten.

Gāia: »Tē iam diū exspectāvī! Ubī fuistī, Asia?!«

Asia: »Adsum, domina, multa agere dēbuī. Cūr tam excitāta[1] es?«

Gāia: »Sabīniōs exspectāmus, gentem clāram atque antīquam.«

Asia: »Gentem antīquam? Quid sīgnificās[2]? Nārrā, quaesō[3]!«

5 Gāia: »Postquam Rōmulus urbem Rōmam cum amīcīs aedificāvit, ūnus ex eīs ›Multum‹ inquit ›labōrāvimus. Nōbīs urbs pulchra et multa bona sunt – neque uxōrēs. Num putāvistī nōs sine iīs per multōs annōs vīvere posse?‹ – Rōmulus nōn diū dēlīberāvit: ›Certē audīvistis Sabīnōrum mulierēs esse fōrmōsās[4]. Sabīnī autem minimē salūtem nostram cūrant.

10 Itaque mulierēs eōrum dolō in mātrimōnium[5] dūcere dēbēmus!‹

Rōmānī lūdōs parāvērunt et Sabīnōs invītāvērunt. Sed nōn licuit lūdum diū spectāre. Nam subitō Rōmānī equīs ad-volāvērunt et fīliās Sabīnōrum rapuērunt.

Tum Sabīnī bellum contrā Rōmānōs parāvērunt. Sed mulierēs Sabīnae 15 Rōmānōs ad-amāvērunt[6] et fīnem bellī petīvērunt. Sīc Rōmānī sōlī nōn iam fuērunt.«

Asia: »Intellegō. Tē iam cōmpsī[7] – fōrmōsa[4] es tamquam virgō Sabīna!«

1 excitātus, a, um: aufgeregt

2 sīgnificāre: *hier:* sagen wollen

3 quaesō: (ich) bitte

4 fōrmōsus, a, um: hübsch, schick

5 mātrimōnium, ī: Ehe

6 ad-amāre: sich verlieben

7 tē cōmpsī: ich habe dich frisiert

1 Beschreibe die Situation auf dem Bild und äußere Vermutungen über den Inhalt des Textes. Benenne das zentrale Sachfeld und das Thema.

2 Arbeite den Aufbau von Gaias Erzählung heraus und weise den einzelnen Abschnitten Überschriften zu.

3 Untersuche das Verhalten der Römer und belege deine Aussagen am Text.

Grundwissen: Livius

Es war eine ungeheure Aufgabe, die sich der römische Geschichtsschreiber Livius (59 v. – 17. n. Chr.) selbst gestellt hatte. Er wollte die römische Geschichte von den Anfängen der Stadt *(ab urbe condita)* bis in die eigene Gegenwart, die Herrschaftszeit des Augustus, darstellen. 142 Bücher hat er vollendet, wahrscheinlich sollten es 150 werden, aber nur 35 davon sind uns vollständig erhalten. Für jedes Jahr hat Livius zusammengetragen, was er bei älteren Schriftstellern und in den amtlichen römischen Jahrbüchern an Berichtenswertem vorfand. Nicht immer dürfen wir Livius blind vertrauen, hat er doch vor allem für die Frühzeit geschichtliche Erinnerungen mit sagenhaften Erzählungen vermischt. Zu diesen gehört auch die Geschichte vom Raub der Sabinerinnen. Besonders interessant für uns sind Geschichten, in denen er beispielhafte Taten einzelner Helden (und sogar Heldinnen!) überliefert. An diesen *exempla* (= Beispielen) kann man nämlich gut erkennen, welches Verhalten die Römer für vorbildlich hielten und wie sie sich selbst gerne sahen.

Der letzte König

Auf Romulus folgten noch sechs Könige, ehe Rom zur Republik und dann zum Kaiserreich wurde. Obwohl der letzte römische König mit allen Mitteln versuchte, seine Macht zu sichern, hatten die Götter einen anderen Plan.

Tarquinius Superbus rēx malus fuit. Multīs gentibus bella parāvit et eārum fīnēs rapuit. Etiam fīlium sorōris necāvit. L. Iūnius, frāter mortuī, rēgem timuit atque dolō vītam suam servāre studuit[1]: Simulāvit sē stultum esse. Itaque cōgnōmen eius fuit Brūtus.

5 Aliquandō[2] cum fīliīs rēgis Delphōs petīvit[3]. Nam ex ōrāculō (!) Apollinis nōmen proximī prīncipis[4] quaerere studuērunt[1]. Ōrāculum (!) respondit: »Is sōlus prīnceps erit[5], quī[6] prīmus mātrī ōsculum dederit.«

Diū dēlīberavērunt, postquam verba audivērunt. Tum fīliī rēgis Rōmam ›volāre‹ parant, sed L. Iūnius Brūtus comprehendit aliam esse mātrem.

10 Statim terrae[7] ōsculum dat, nam ea māter hominum est. Sīc Brūtus rēgnō Tarquiniī Superbī tandem fīnem fēcit et prīnceps[4] fuit.

1 **studuit/studuērunt:** Perf. von studēre

2 **aliquandō** (Adv.): eines Tages

3 **petīvit:** Perf. von petere

4 **proximus prīnceps** (Gen. proximī prīncipis): der nächste Herrscher

5 **erit:** er wird sein

6 **quī prīmus … ōsculum dederit:** der als Erster … einen Kuss gegeben hat

7 **terra,** ae: Erde

1 Erkläre die Klugheit des »dummen« Brutus.

2 Recherchiere das weitere Schicksal des Brutus und die Tat seines Namensvetters aus dem 1. Jh. v. Chr.

1 Ein Gespräch unter Sklaven
Übersetze und erstelle danach ein Konjugationsschema für »esse« bzw. »laborare« im Perfekt. Erschließe die fehlenden Formen.

Gallus: »Hodie omnino[1] non laboravi. Fortasse servus bonus non fui, sed negotia non multa fuerunt. Num tu laboravisti?«
Asia: »Ego pecora curavi, etiam aquam apportare debui.«
Servus alius: »Stulti fuistis, dominus non adfuit.«
Gallus: »Nonne nos spectavit? Re vera stultus fui. Cur non in horto iacuimus?«
1 omnino: *hier:* überhaupt

2 Mit einem Wort
Übersetze mit einem Begriff. Gehe dabei von unseren heutigen Vorstellungen aus.

finis belli – negotia servorum – ludus amicorum (Fußball?!) – aqua fluminis – amicus hominum

3 Komposita
Erschließe die Bedeutung.

ad-venire = herbei-kommen; ab-ire = weg-gehen
a) advolare – adire – adducere – apponere – adhaerere
b) abducere – abripere

4 | 1 Stelle alle Wörter zusammen, die zum Sachfeld »Krieg« passen.
2 Bilde kurze Sätze. Lass deinen Nachbarn übersetzen.

5 Pantomime
Notiere fünf Verben. Spiele sie der Klasse vor, die Mitschüler notieren ihre Lösung. Wer errät alle?

6 Wortfix – Nenne zu jedem Bild das entsprechende lateinische Wort.

7 Kauderwelsch
Wähle zehn lateinische Wörter aus. Dein Nachbar muss eine Geschichte erfinden, in der alle vorkommen (auf Deutsch oder Latein).

8 | 1 Präsens oder Perfekt?
Ordne die Verbformen nach Präsens / Perfekt und übersetze sie.

potes – parant – putavimus – sunt – deliberavi – fuisti – paretis – fuerunt – licet – debuisti – spectamus – potuistis – monuit – placuistis – laboro – possumus

2 Bilde zu den einzelnen Formen jeweils auch das andere Tempus.

9 Präsens und Perfekt!
Bilde die entsprechenden Präsens- bzw. Perfektformen und übersetze sie.

demonstras – ? ? ?
? ? ? – aedificavit
praebemus – ? ? ?
? ? ? – fuerunt
delibero – ? ? ?
? ? ? – audivistis

10 | 1 Das dicke Ende: Ordne die Personalendungen den Pronomina zu.

ego – tu– is – nos – vos – ii	-s – -tis – -t – -o – -nt – -mus	-imus – -it – -isti – -i – -istis – erunt

2 Konjugiere *monere, servare* **und** *audire* **im Präsens und Perfekt. Setze die Pronomina zu den Formen hinzu.**

11 Asias Arbeitstag: Bilde die passende Perfektform und übersetze.

a) Asia: »Multa negotia curavi:
– cibum (apportare),
– alios servos (incitare).«
b) Gallus: »Non multum laboravisti:
– caper tibi non (parere),
– servi te non (timere),
– tandem tu dominam vocare (debere).«

12 | 1 Ein Treffen im Garten: Markiere in deinem Heft den AcI mit einer Klammer und übersetze.

Sabinius hortum Seliciorum intrat. Gaia statim videt eum virum pulchrum esse. Et non ignorat etiam se Sabinio placere.
Itaque Sabinium se adire cupit. Sed videt Sabinium resistere. Gaia deliberat: »Sabinium patrem meum timere puto.«

2 Schreibe einen Schluss für die Geschichte.

13 Keine Ruhe für Sextus: Bilde die passenden Perfektformen und übersetze.

Sextus multum (laborare). Postquam cibo bono se (delectare), paulum dormivit[1]. Sed subito Aurelia (intrare): »Nonne me (audire)? Te (vocare). Stulta (esse)! Numquam mihi (parere).«
1 paulum dormire: ein wenig schlafen

1 etruskische Statuette
eines Kriegers

2 etruskischer Ehegatten-Sarkophag

3 Hannibal, Porträtbüste

Vom Dorf zur Welthauptstadt

Die Königszeit

»753 – Rom sprang aus dem Ei« lautet ein Merkvers für das Gründungs-
jahr Roms, das die Römer ihrem Kalender zugrunde legten. Mit dem Jahr
753 v. Chr. lassen die Römer die Königszeit beginnen, die nach sieben
Königen mit der Vertreibung von Tarquinius Superbus – er hatte durch
seine Willkürherrschaft die Bevölkerung gegen sich aufgebracht – ein
Ende findet (509 v. Chr.). In Wirklichkeit ist Rom aber ein ganzes Stück
älter: In einer großen Einwanderungswelle kommen italische Stämme ab
1200 v. Chr. auf der Apenninhalbinsel an und gründen auf dem Palatin
um 1000 v. Chr. eine Siedlung. Dieses Dorf gerät dann in den Machtbereich der kulturell weit überlegenen Etrusker, die es zur Stadt ausbauen
und ihm wohl nach dem etruskischen Geschlecht der Ruma auch seinen
Namen geben.

Die Herrschaft über das frühere Stadtgebiet Roms liegt bis um 500 v. Chr.
tatsächlich bei (etruskischen) Königen, die ihren Machtbereich immer
weiter nach Süden ausdehnen. In Süditalien stoßen die Etrusker auf die
Griechen der Magna Graecia. Doch ihr Versuch, die griechische Kolonie
Cumae einzunehmen, endet in einer katastrophalen Niederlage. Diese
Schwächung der etruskischen Herrschaft nutzen zahlreiche Städte, um
ihre Selbständigkeit zu gewinnen – darunter auch Rom.

Die römische Republik

Rom ist nun eine Republik, in der sich Volksversammlung, Senat und
Beamte die Macht teilen und an deren Spitze zwei Konsuln stehen. Der
kleine Stadtstaat verbündet sich im Kampf gegen die umliegenden Berg-
völker mit seinen latinischen Nachbarstädten (»Latinischer Bund«) und
übernimmt nach dem Sieg über die naheliegende Etruskerstadt Veji (396)
die Führungsrolle im Gebiet zwischen Etrurien und Kampanien.

Den latinischen Stämmen steht der Samnitische Bund im Süden entgegen, mit dem Rom über 50 Jahre ringen muss, bis es sich die Herrschaft
über Mittelitalien sichern kann. Durch einen Sieg über die nördlichen
Grenznachbarn, die Sabiner, kann Rom Anfang des 3. Jahrhunderts v. Chr.
seine Grenzen weit vorschieben, stößt dabei im Süden aber (wie einige
Zeit zuvor die Etrusker) auf die Griechen. In schweren Auseinandersetzungen breitet sich Rom bis 272 v. Chr. nach Süditalien aus, nur um auf
den nächsten großen Gegner zu stoßen: die Karthager. Drei Kriege und
zahlreiche, für die Römer teils enorm verlustreiche Schlachten später (z. B.
bei Cannae gegen Hannibal 216 v. Chr.) ist Rom unbestrittene Vormacht
im gesamten westlichen Mittelmeerraum und hat sich mit Provinzen wie
Sizilien, Spanien und Nordafrika als Seemacht etabliert.

Nachdem die Kelten in Oberitalien bezwungen und ins römische
Reich eingegliedert worden sind *(Gallia cisalpina)*, richtet sich Roms
Blick auf den östlichen Mittelmeerraum. Schrittweise und mit oft bru-
talen Mitteln (z. B. durch die Zerstörung von Korinth 146 v. Chr.) gelingt

den Römern schließlich die Ausbreitung ihres Reiches über Griechenland bis nach Kleinasien, die heutige Türkei (133 v. Chr.).

Die Kaiserzeit

Im 1. Jh. v. Chr. lähmt sich Rom durch innenpolitische Auseinandersetzungen zwischen ehrgeizigen Militärs und Politikern weitgehend selbst, bis C. Iulius Caesar, der sich durch die Eroberung Galliens (58–51 v. Chr.) eine starke Machtbasis verschafft hat, den Bürgerkrieg für sich entscheiden kann (45 v. Chr.). Die römische Republik besteht nur noch dem Namen nach und geht in den Wirren nach Caesars Ermordung 44 v. Chr. gänzlich unter. Caesars Großneffe und Adoptivsohn C. Octavianus errichtet den Prinzipat und trägt ab 27 v. Chr. den Beinamen »Augustus«. Mit ihm beginnt die Kaiserzeit, die in der westlichen Reichshälfte bis 476 n. Chr., im Osten sogar bis 1453 dauern wird.

Während Augustus' langer Herrschaft (27 v. Chr. – 14 n. Chr.) soll das Reich befriedet und in eine geschlossene, gut zu verteidigende Form gebracht werden. Zunächst wird Ägypten eingegliedert, dann der Bereich südlich der Donau von den Quellen im Schwarzwald bis zur Mündung ins Schwarze Meer – darunter auch weite Teile des südlichen Bayern (Provinzen Rätien und Norikum). Ähnlich erfolgreich beginnt die Eroberung von Germanien: 12 v. Chr. überschreiten die Römer den Rhein und gelangen bis zur Elbe. Die katastrophale Niederlage im Teutoburger Wald (Varusschlacht 9 n. Chr.) setzt dem römischen Expansionsstreben aber ein Ende, so dass Germanien aufgegeben wird, um stattdessen die vorhandenen Grenzen effektiver schützen zu können.

4 Karl Theodor von Piloty, Caesars Ermordung, 1865

1 Recherchiere, was der Ehrentitel »Augustus« bedeutet und wo er heute noch gebraucht wird.

2 Vergleiche die Karte mit einer politischen Karte aus deinem Atlas und gib an, in welchen heutigen Ländern die Grenzen des Römischen Reiches liegen.

Das Römische Reich am Ende der republikanischen Zeit — Zur Zeit des Augustus — Zwischen Augustus und Trajan (14–117 n. Chr.) hinzugewonnene Gebiete — Reichsgrenze unter Trajan (117 n. Chr.) — Provinzgrenzen — Germanischer Limes

5 Die Ausdehnung des römischen Reiches

Wir bauen weiter …

Wie du weißt, waren die Römer große Meister im Bauen. Aber sie bauten nicht nur Gebäude, sondern auch Sätze und Wörter.

Wortbildung

Wie im Deutschen kannst du auch im Lateinischen aus zwei Wörtern ein neues zusammensetzen. Diese zusammengesetzten Wörter heißen Komposita (*componere* = zusammensetzen).
Die Römer verbinden sehr oft eine Präposition mit einem Verb:
ab-ire = weg-gehen

So kannst du aus etlichen schon gelernten Wörtern viele neue Wörter bilden. Und das Beste ist: Du weißt oft schon, was sie bedeuten – ohne dass du sie mit viel Aufwand lernen musst!

Manchmal passt sich allerdings die Vorsilbe (= Präfix) lautlich an: Wir sprechen dann von Assimilierung. Auch der Vokal kann sich ändern oder, wie es in der Fachsprache heißt, abschwächen, sodass das Wort etwas anders klingt.
ap-portare < ad-portare
ac-cipere < ad-capere

1 Versuche, die fehlenden Bedeutungen zu erschließen:

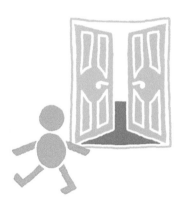

ire =	gehen	ad-ire =	?
		in-ire =	?
		ex-ire =	?
esse =	sein	ad-esse =	?
		in-esse =	?
portare =	?	ap-portare =	herbeitragen
		im-portare =	?
		ex-portare =	?
fundere =	gießen	ef-fundere =	?

Einrückmethode

Du hast schon zwei Methoden kennengelernt, die dir bei der Übersetzung eines lateinischen Satzes helfen.

Nun kommt als dritte Methode die Einrückmethode hinzu. Sie hilft dir, bei hypotaktisch gebauten Sätzen (also bei Sätzen, die aus einem Haupt- und einem oder mehreren Nebensätzen bestehen) die Übersicht zu behalten.

Bei der Einrückmethode wird der lateinische Satz grafisch in Hauptsatz (HS) und Nebensätze (NS) unterteilt. Weil der Nebensatz dem Hauptsatz untergeordnet ist, wird er eingerückt.

(HS) <u>Mars</u>,

(NS 1) <u>si</u> re vera est pater puerorum,

(HS) eos servare potest.

Natürlich kann von diesem Nebensatz auch wieder ein Nebensatz abhängig sein – wir sprechen dann von Nebensätzen erster, zweiter, dritter Ordnung. Diese werden dann entsprechend jeweils etwas weiter eingerückt.

So erkennst du Haupt- und Nebensätze
Den Hauptsatz erkennst du daran, dass er alleine stehen kann – bei einem Nebensatz geht das nicht. Wo ein Nebensatz beginnt, erkennst du jeweils am Einleitungswort (z.B. *si, quamquam, quod, quia …*).

Darauf musst du bei der Übersetzung achten
Natürlich kannst du den grafisch aufbereiteten Satz erst einmal wörtlich der Reihe nach wiedergeben:

(HS) <u>Mars</u>,

(NS 1) <u>wenn</u> er wirklich der Vater der Jungen ist,

(HS) kann sie retten.

Allerdings merkst du sicher, dass das auf Deutsch komisch klingt. Das liegt daran, dass die Sprachen Deutsch und Latein manchmal in ihrer Struktur unterschiedlich sind. Für eine gute Übersetzung musst du diesen Unterschied so auflösen, dass es im Deutschen ein richtiger Satz wird. So ziehen wir im Deutschen das Subjekt des Hauptsatzes in den Nebensatz mit hinein:

Wenn <u>Mars</u> wirklich der Vater der Jungen ist, kann er sie retten.

2 **Probiere die Einrückmethode einmal selber aus und übersetze den Beispielsatz:**

Rhea Silvia, quamquam virgo Vestalis est, geminos filios parit.

Das habe ich schon gelernt:
Ein Kompositum besteht oft aus einer Präposition als Präfix (Vorsilbe) und einem Verb – dieses Wissen hilft mir, die Bedeutung zu erschließen. Die Einrückmethode hilft beim Erkennen von übergeordneten und untergeordneten Sätzen.

1 | 1 Mutter Latein und ihre Töchter – Rumänisch:
Nenne die lateinischen Ursprungswörter und ihre
deutsche Bedeutung.

    2 Lass dir die Begriffe von jemandem
vorlesen, der Rumänisch kann. Formuliere
Ausspracheregeln.

    a) ornament – rege – virgină – fluviu – gen –
amic – final – pāine

    b) a înțelege – a neglija – a simula – a pune –
a invita – a răpi – a demonstra

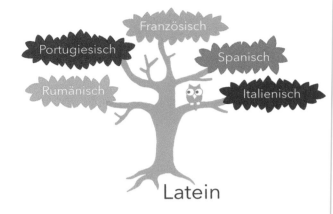

2 | 1 Sprachlabor: Nenne die lateinischen
Ursprungswörter und ihre Bedeutung.

    2 Erkläre, was die Wörter bedeuten.

    a) Novelle, Variante, Monitor, ornamental,
Ko-härenz, Simulator, Asservat, volatil

    b) Englisch: virgin, notorious, altitude, edifice,
deliberately, parents

    c) Italienisch: il panificio, idoneo, il fiume,
dimostrare

3 Sapientia Romanorum – Übersetze die
lateinischen Spruchweisheiten und erkläre sie.

    a) Multum, non multa.

    b) Vox populi, vox dei.

    c) Errare humanum[1] est.

    d) Et tu, mi fili!

    e) Homo homini lupus[2].

    1 humanus, a, um: *Adj. zu* homo – **2 lupus,** i: Wolf

4 | 1 Ordne den Substantiven jeweils die passende
Form von »is, ea, id« zu.

    2 Setze anschließend die Singularformen in den
Plural und umgekehrt.

vestibus – togae – corpori – pretia – cupiditatem – fluminum	eius – eorum – eam – eis – ei – ea

5 | 1 Bilde zu den Substantiven die jeweils
passende(n) Form(en) von »is, ea, id«.

    2 Setze anschließend die Singularformen in den
Plural und umgekehrt.

tabernam – ornamenta – regum – gentis –
regno (2) – virgines (2)

6 Ordne die Formen nach Präsens bzw. Perfekt
und übersetze.

timuerunt – aedificamus – paratis –
demonstravi – invitaverunt – audit – potestis
– habuisti – fuistis – simulo – monuit – volant

7 Welche Form passt nicht? Begründe deine
Auswahl.

    a) is – iis – itis – imus

    b) eo – eunt – ei – eius

    c) vocavistis – monuistis – resistis – fuistis

    d) trahitis – venditis – neglegitis – clamavistis

8 Der Raub der Sabinerinnen
Markiere den AcI in deinem Heft mit einer Klammer und übersetze. Achte auf *se* bzw. die Formen von *is, ea, id:* Wer ist jeweils gemeint?

a) Amici Romuli dicunt se uxores quaerere. Romulus intellegit eos sine uxoribus diu vivere non posse.

b) Romani dicunt se mulieres rapere debere. Nam constat eas pulchras esse.

c) Sabini dicunt se bellum contra Romanos parare debere. Etiam mulieres Sabinae non ignorant eos bellum parare. Itaque dicunt se viros Romanos amare.

Kapitolinische Wölfin

9 Rhea Silvia und ihr Onkel: Wandle die direkte Rede jeweils in einen AcI um und übersetze anschließend.

Rhea Silvia dicit:

a) »Romulus et Remus pueri gemini[1] sunt.«

b) »Mars pater Romuli et Remi est.«

c) »Itaque rex de regno timet.«

Rex dicit:

d) »Ego liberos non habeo.«

e) »Timeo de regno meo.«

f) »Regnum meum servare cupio.«

g) »Liberos necare debeo.«

1 geminus, a, um: Zwilling

10 Quis est? – Ergänze die Sätze inhaltlich und grammatikalisch passend und übersetze.

a) Virgo Vestalis ? ? ? Romulum et Remum parit.

b) Pater eorum ? ? ? est.

c) ? ? ? pueros ad flumen invenit et servat.

d) ? ? ? XII aves[1] videt et intellegit deos se iuvare.

e) ? ? ? bellum contra Romanos parant, quod Romani filias eorum rapuerunt[2].

1 avis, is *f.:* Vogel – **2 rapuerunt:** *Perf. zu* rapere

11 Fehlerteufel: In den folgenden Sätzen hat sich jeweils ein Fehler eingeschlichen. Korrigiere.

a) Caesar verschafft sich durch die Eroberung Germaniens eine starke Machtbasis.

b) Rom löst die Etrusker als stärkste Macht im westlichen Mittelmeerraum ab.

c) 700 Jahre lang herrschen Könige über Rom.

d) Die Römer stürzen Tarquinius Superbus nach seiner Niederlage gegen die Griechen in Süditalien.

12 Überblick: Schreibe die Geschichte nach der Einrückmethode in dein Heft. Bestimme dann die Satzbausteine und übersetze.

Romulus: »Quamquam urbem pulchram aedificavimus, uxores non habemus. Sed non ignoramus nos, si liberi nobis non sunt, non per multos annos vivere posse. Itaque a Sabinis, quia eorum mulieres formosae[1] sunt, uxores rapere debemus.«

1 formosus, a, um: schön

Die Römer, auch die aus der Oberschicht, waren ausgesprochene Frühaufsteher. Man nutzte das frühe Tageslicht und die angenehme Vormittagskühle zum Erledigen der *negotia.* Meist warteten bereits *clientes* im *tablinum,* um den *patronus* zu begrüßen und Geld, Nahrungsmittel oder Kleiderspenden entgegenzunehmen. Man pflegte mit ihnen zunächst über das Forum zu gehen und widmete sich anschließend den Pflichten, die einem die gesellschaftliche Position auferlegte. Mit seinen Freunden traf man sich danach: Eine Gelegenheit dazu boten die großen Thermen, aber auch die Barbierstube. Sollte die Atmosphäre vertrauter sein, so lud man am späten Nachmittag zur *cena.* Sie bestand aus mehreren Gängen und konnte sich über etliche Stunden hinziehen. Gewöhnlich nahmen die Römer das Essen im Liegen auf einem *triclinium* ein. Dabei blieb natürlich Zeit für Unterhaltung und Diskussion, aber auch für kulturelle Genüsse wie Dichterlesungen, musikalische Vorträge oder (je nach Geschmack) Tanz- und Akrobatikvorstellungen.

1 Beschreibe die einzelnen Bilder und weise sie den jeweiligen Sachauskünften zu.

2 Recherchiere den Ablauf einer römischen *cena.*

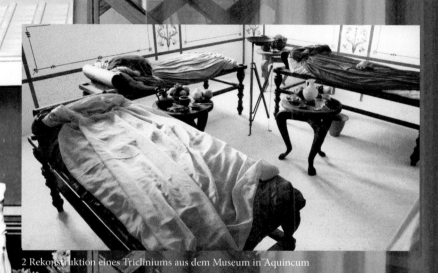

2 Rekonstruktion eines Tricliniums aus dem Museum in Aquincum

3 Rekonstruktion eines zentralen Versammlungsraumes in einer Therme

Der Laden läuft!

Die Selicii bekommen Besuch vom Händler aus der Subura, dessen Geschäft ausgebrannt ist.

Mercātor: »Salvē, Selicī!«

Sextus Selicius: »Salvē! Cūr ad mē vēnistī?«

Mercātor: »Vēnī, quod grātiās tibī agere cupiō. Nūper taberna mea ārsit. Vigilēs[1], quamquam magnā virtūte flammās exstīnxērunt, tamen mercēs
5 meās servāre nōn iam potuērunt. Incendium bona mea dēlēvit, nihil praeter vītam nōbīs remānsit.«

Sextus Selicius: »Mārcus fīlius mē adiit et nārrāvit miseriam tuam magnam esse.«

Mercātor: »Dēspērāvimus dē calamitāte nostrā. Uxor deōs implōrāvit,
10 līberī flēvērunt. Cōnspectum[2] tabernae dēlētae[3] tolerāre nōn potuimus. Tū autem beneficia mihī tribuistī pecūniamque dedistī. Eā pecūniā tabernam nōn restituī, sed nōvam Ōstiae[4] aedificāvī: Laterculōs[5] intāctōs (!) ē Subūrā remōvī et in Ōstiam urbem apportāvī. Ibi tabernam magnis muris reparāvī. Dēnique tabernam mercibus novīs complēvī. Nunc etiam plūs
15 hominum tabernam frequentat[6] quam anteā. Et – lucrum rūrsus faciō.«

Sextus Selicius: »Libenter tibī affuī. Dīc[7] amīcīs tuīs Sextum Selicium virum bonum esse et augē fāmam meam!«

Mercātor: »Familiam meam servāvistī. Itaque dōnum tibī apportāvī: Fortasse tibī opus est veste novā?«

20 Sextus Selicius: »Vae[8] mihī! Vestēs, vestēs, iterum vestēs!«

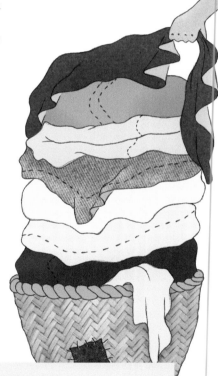

1 **vigilēs:** *hier:* Feuerwehrleute
2 **cōnspectus:** Anblick
3 **dēlētus, a, um:** zerstört
4 **Ostiae:** in Ostia
5 **laterculus, ī:** Ziegelstein
6 **frequentāre:** oft besuchen
7 **dīc:** *Imperativ zu* dīcere
8 **Vae!:** Wehe

1 | **1** Erschließe anhand der Überschrift und des Einleitungstexts den Inhalt des Texts.

2 Benenne die Textsorte. Erläutere, welche typischen sprachlichen Merkmale zu erwarten sind.

2 Beschreibe die Beziehung zwischen Sextus Selicius und dem Händler. Nenne den Schlüsselbegriff.

3 Erörtere, welche Hilfe der Händler heute in Anspruch nehmen könnte.

Grundwissen: Ostia

Eine Metropole wie Rom mit Lebensmitteln zu versorgen, war eine Herausforderung, die auf dem Landweg kaum zu bewältigen war. Doch über den Tiber konnten auf Lastkähnen große Mengen Getreide über das Mittelmeer herangeschafft werden. Der zentrale Umschlagplatz war Ostia an der Tibermündung *(ostium)* mit seinen gewaltigen Getreidespeichern *(horrea)*. Mit dem Aufstieg Roms zur Seemacht wuchs Ostia zu einer bedeutenden Hafenstadt heran, die in der Kaiserzeit

noch durch die Anlage eines größeren Hafenbeckens *(Portus Traiani)* an Attraktivität gewann: Um 160 n. Chr. wird die Einwohnerzahl auf gut 50.000 geschätzt. Mit der Verlandung der Hafenanlagen verlor Ostia im 3. Jahrhundert allmählich seine Bedeutung. In der Spätantike verkam es zu einer Geisterstadt, die erst mit dem 20. Jahrhundert durch systematische Ausgrabungen wieder freigelegt wurde und heute einen faszinierenden Einblick in das Stadtleben der hohen Kaiserzeit gibt.

So eine Schweinerei!

Bei einem Spaziergang durch die Stadt sieht Marcus plötzlich Schreckliches:
Sein Freund Gaius wird von mehreren Jungen erpresst!

»Dā nōbīs pecūniam tuam!« – »Iam nūper vōbīs omnia[1] dedī!«

Statim Mārcus puerōs adiit et magnā vōce clāmāvit: »Ē … Abīte,
latrōnēs[2]!« Puerī abiērunt.

Amīcus remānsit, tacuit, flēvit. Tandem »Grātiās« inquit »tibī agō!«

5 Mārcus amīcum monuit: »Iī puerī nihil nisī[3] mala faciunt. Eīs pecūniam
dare nōn dēbēs!«

Gāius: »Sed eōs timeō. Nihil facere possum. Neque virtūs neque magnae
vīrēs mihī sunt.«

Mārcus diū dēlīberāvit, tacuit, tum ex-clāmāvit: »Opus est nūllam
10 pecūniam, sed dōnum eīs dare! Dōnum idōneum … Vōsne domī[4]
porcum[5] habētis?«

Proximō diē[6] puerī rūrsus vēnērunt, sed pecūniam capere nōn
potuērunt: Nam postquam Gāius sīgnum dedit, Mārcus stercus[7] porcī[5]
dē mūrō iactāvit[8].

1 **omnia** *(Akk. Pl.):* alles
2 **latrō,** latrōnis *m.:* Räuber
3 **nihil nisī:** nur
4 **domī:** zu Hause
5 **porcus,** ī: Schwein
6 **proximō diē:** am nächsten Tag
7 **stercus,** oris *n.:* Kot; Mist
8 **iactāre:** werfen

1 Beschreibe die Reaktion von Gaius (Z. 4–8) und beurteile sie.

2 Diskutiert in der Klasse, was ihr in einer solchen Situation tun könntet.

1 Nach dem Rendezvous
Übersetze und beschreibe dann die neuen
Erscheinungen.

Gaia Paullae sorori de T. Sabinio narrat: »T.
Sabinius in hortum venit, statim arsi. Sed eum
adire non potui. T. Sabinius me adiit, donum
dedit, dixit se familiam nostram amare. Paene
flevi[1]!«

1 paene flevi: fast hätte ich geweint

2 | 1 Stelle alle lateinischen Wörter zusammen, die
du brauchst, um das Bild zu beschreiben.

2 Bilde kurze lateinische Sätze und lass deinen
Nachbarn übersetzen.

3 Eselsbrücken
Überlege dir (mit deinem Nachbarn) Eselsbrücken
zu folgenden Wörtern:

a) virtus   e) negotium
b) beneficium   f) officium
c) calamitas   g) salus
d) cupiditas

4 Für Sprachforscher: Was bedeuten wohl folgende
Wörter? Nenne das lateinische Ursprungswort und
seine Bedeutung.

a) Englisch: to extinguish – to remain – cala-
   mity – tribute – to remove – to complete
b) Französisch: plus que – désespéré (Adj.) –
   mur – bénéfice – éruption – fameux (Adj.)

5 Kleine Wörter - große Wirkung!
Gib die Bedeutung an und finde Eselsbrücken.

a) quam – quia – quid
b) aqua – antea – atque – autem
c) praeter – per – pater – ergo – ego
d) nunc – nuper – numquam – nihil – mihi
e) cum – tum – num – vis – vir – virtus

6 Welche Form passt nicht?
Begründe deine Auswahl.

a) fama – antea – gratia – fabula
b) rupi – exstinxi – arsi – beneficii
c) calamitatis – cupitis – petitis

7 Sortiere die Formen und übersetze sie.

Präsens	Perfekt
? ? ?	? ? ?

servavisti – possumus – habeo – exstinxit – imploravit – remansistis – rumpit – ago – tribuitis – facimus – fleverunt – dixistis – potuerunt – opus est – completis – desperat

8 Welches Verb steckt dahinter?
Bilde den Infinitiv und die fehlenden Stammformen.

compleo – do – tribui – rumpo – delevi – dixi – facio – auxi – adeo – removi

9 Abgebrannt! Übersetze.

a) Incendium tabernam delevit.
b) Mercator flevit.
c) Multi homines venerunt.
d) Turba bona deleta[1] removit.
e) Sextus Selicius mercatori pecuniam tribuit.
f) Mercator tabernam restituit.
g) Tabernam mercibus novis complevit.
1 deletus, a, um: zerstört

10 Wie du mir, so ich dir
Bilde Sätze, in denen Sextus Selicius und der Händler berichten, was sie getan haben. Ergänze Adjektive oder Adverbien. Übersetze.

Sextus: beneficium tribuere – pecuniam dare – familiam servare
Mercator: murum reparare – tabernam mercibus complere – gratias agere

11 | 1 Marcus in der Klemme! Markiere in deinem Heft die AcIs mit einer Klammer und übersetze.

Marcus cum filio mercatoris ludere cupivit. Mater pueros Gallo servo adesse putavit. Re vera autem Marcus amicusque muro deleto[1] appropinquaverunt[2].
Subito murus rumpit. Amicus Marcum sub laterculis[3] iacere videt. Constat Marcum se movere non posse. Quid nunc?
1 deletus, a, um: zerstört – **2 appropinquare** + *Dat.:* sich nähern – **3 sub laterculis:** unter den Steinen

2 Erkläre den auffälligen Tempuswechsel.
3 Erzähle die Geschichte auf Deutsch zu Ende.

Gerüchte am Badetag

Marcus und sein Vater gehen einem typisch römischen Zeitvertreib nach:
Sie besuchen die Thermen. Im Warmwasserbad trifft Marcus seinen Freund
Publius, der neue Gerüchte aus der Provinz Gallien zu berichten hat.

Pūblius: »Iamne audīvistī dē clāde Lolliī?«

Mārcus: »Minimē. Nārrā!«

Pūblius: »Trēs[1] nātiōnēs Germānōrum Rhēnum[2] trānsiērunt et in Galliā[3]
mīlitēs Rōmānōs petīvērunt. Mārcus Lollius imperātor Germānōs
5 repellere nōn potuit. Mīlitēs nostrī, quamquam magnā virtūte
contendērunt, dēnique sē recēpērunt.«

Mārcus: »Vae! Ea patrī nārrāre dēbeō!«

Mārcus patrem in tepidāriō[4] invenit, ubī servus tergum eius
oleō perungit[5]. »Pater«, eum adit, »modo comperī trēs[1] nātiōnēs
10 Germānōrum Rhēnum[2] trānsīsse et mīlitēs Rōmānōs petīvisse. Pūblius
dīxit Germānōs cōpiās nostrās vīcisse.«

Sextus »Vix« inquit »crēdere possum. Mārcus Lollius imperātor
praeclārus est.« Rūrsus voluptātī sē dat.

Sed servus dēsinit tergum fricāre[6]: »Egō quoque eam fāmam accēpī.
15 C. Calvīsius Sabīnus senātor modo nārrāvit Germānōs legiōnem
Rōmānam fūdisse. Contendit eōs etiam aquilam[7] nostrīs ēripuisse.«

Mārcus clāmat: »Aquilamne[7] nōbīs ēripuērunt? Indignum est mīlitēs
Rōmānōs tantam clādem accēpisse!«

Sextus: »Nōn oportet Augustum eam calamitātem tolerāre. Spērō
20 imperātōrem aquilam[7] recuperāre[8] posse! Perge, serve!«

1 **trēs:** drei

2 **Rhēnus, ī:** Rhein

3 **Gallia,** ae: Gallien *(in etwa heutiges Frankreich)*

4 **tepidārium,** ī: *Raum in den Thermen mit Warmwasserbad und Massage*

5 **oleō perungere:** mit Öl einreiben

6 **fricāre:** massieren

7 **aquila,** ae: Legionsadler

8 **recuperāre:** wiedergewinnen

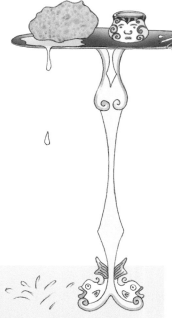

1 Erschließe den Inhalt des Gerüchts (Z. 3–6): Beziehe die darin enthaltenen
Informationen ein und beachte das Sachfeld des Textes.

2 Vergleiche die Zeilen 3 ff. und 9 ff. Belege, was sich geändert hat.

3 Benenne, was Sextus Selicius von Kaiser Augustus erwartet. Erläutere, was
du daraus über das römische Selbstverständnis erfährst.

4 Beschreibe, welche Funktion Thermen im Leben eines Römers hatten.
Nutze dazu Informationen aus dem Bild und den Text auf S. 102 f.

Grundwissen: Wasserversorgung

Statistisch verbraucht jeder Deutsche pro Tag gut 120 Liter
Wasser – doch diesen Bedarf hätte die Wasserversorgung des
antiken Rom mit Leichtigkeit gedeckt. Bis zu elf große Fernwas-
serleitungen (Aquädukte) von insgesamt über 500 km Länge
brachten Wasser aus teils mehr als 90 km entfernten Bergquel-
len nach Rom, wobei das natürliche Gefälle ausgenutzt wurde.
Soweit möglich, erfolgte der Wassertransport unterirdisch; bei
Taleinschnitten wurden die Leitungen über mehrstöckige, in
Bogentechnik errichtete
Brückengebäude geführt
(z. B. der Pont du Gard in Südfrankreich). In Rom wurde das
Wasser in großen Auffangbecken gesammelt und von dort in die
Thermenanlagen und in weit über 1.000 öffentliche Brunnen
geleitet, wo die Mehrzahl der Einwohner ihren täglichen Wasser-
bedarf deckte. Ein privater Wasseranschluss dagegen war teuer
und nur als persönliche Vergünstigung des Kaisers möglich.

Wer was erlebt, hat viel zu erzählen

Nach der Schule trifft sich Marcus gerne mit seinem Freund in den Thermen. Nach dem Warmwasserbad lassen sich die beiden Jungen erst einmal auf Liegen nieder und sind gerade eingeschlafen.

Subitō vōx patris procul[1] sonuit[2] et Mārcum ē somnō[3] ēripuit: »Mārce, ubī es? Tē quaerō!«

Mārcus patrī nōn respondit[4]. Ad amīcum autem: »Hodiē magister[5] mē verberāvit. Nam multa nārrāvit dē gentibus Germānōrum, sed egō nōn
5   audīvī … Abeō in caldārium[6], dum[7] pater adest.«

Ibī servus Mārcum adiit: Dīxit sē omnia[8] audīvisse. Tum »Audī« inquit. »Germānus sum. Itaque tibī multa nārrāre possum, sī id cupis.«

Et servus puerō nārrāvit dē nātiōnibus Germānōrum et dē vītā suā. Etiam nārrāvit dē mīlitibus legiōnibusque Rōmānīs, dē bellō, dē
10   miseriā Germānōrum. Nārrāvit mīlitēs Rōmānōs vīcum[9] suum adiisse multōsque necāvisse: »Magnā virtūte pūgnāvimus, sed vincere nōn potuimus. Rōmānī nōs cēpērunt[10]. Itaque nunc servī sumus.«

1 **procul:** in der Ferne

2 **sonāre,** sonuī: (er)tönen

3 **somnus,** ī: Schlaf

4 **respondit:** *Perfekt von* respondēre

5 **magister,** magistrī: Lehrer

6 **caldārium,** ī: Warmwasserbad

7 **dum:** während

8 **omnia** *(Akk. Pl. n.):* alles

9 **vīcus,** ī: Dorf

10 **cēpērunt:** *Perfekt zu* capere

1 Erläutere, warum Marcus nicht auf seinen Vater treffen möchte.

2 Spielt das Gespräch zwischen Marcus und dem Sklaven nach. Stellt euch vor, wie das Leben in Germanien gewesen sein könnte.

1 Eine hoffnungslose Situation?
Marcus ist vom Spielen nicht nach Hause gekommen. Die Familie macht sich Sorgen. Übersetze und beschreibe dann die neuen Erscheinungen.

Subito amicus venit, narrat …
- Marcum sub[1] muro iacere et auxilium exspectare.
- Marcum tabernam mercatoris petivisse.
- murum rupisse.
- nunc Marcum se movere non posse.
- se ei auxilium praebuisse.
- vires suas parvas[2] fuisse.

1 sub *(+ Abl.):* unter – **2 parvus,** a, um: (zu) klein

2 Sachfeld: Soldatenleben
Stelle alle Wörter zusammen, die das Leben und die Aufgaben von Soldaten beschreiben. Erstelle eine Mindmap.

3 Rap – Vokabeln mit Pepp!
Bringe mindestens fünf neue und fünf bereits bekannte Vokabeln in einem Rap unter. Trage diesen der Klasse vor.

4 Ein Wort – viele Bedeutungen
Wähle die jeweils passende Übersetzung.

- Gallus magna vi cum capro contendit.
- Gallus caprum movere contendit.
- Avus semper liberos parere debere contendit.
- Liberi se caprum curavisse contendunt.
- Sextus in forum contendit.

5 Eselsbrücken
Lies dir den Text »Gerüchte am Badetag« durch und notiere alle Vokabeln, die du nicht mehr weißt. Ermittle die Grundform und frage deinen Partner nach der Bedeutung oder schlage nach. Überlegt euch gemeinsam Eselsbrücken für alle Wörter.

6 Wortfix: Nenne zu jedem Bild das entsprechende lateinische Wort.

7 Grundform gesucht!
Nenne den Infinitiv Präsens und seine Bedeutung.

audivisse – dedisse – accepisse – petivisse
– transisse – vicisse – fudisse – toleravisse –
recepisse – perrexisse – desiisse – fuisse

8 Infinitiv Perfekt
Nenne die Bedeutung und den Infinitiv Perfekt.

narrare – eripere – comperire – contendere –
credere – repellere

9 Die Kasus-Connection
**Nenne zu den Substantiven die Grundform und
die Deklination. Bestimme Kasus, Numerus und
Genus.**

cladem – copiarum – nationes repellere –
cum militibus – imperatori – legionis – vis –
verba audire – calamitas – amicis dicere

10 Tabu! – Infinitive und AcI
**Bildet Zweierteams. Immer abwechselnd
erklärt einer von euch seinem Partner einen
grammatischen Begriff, ohne diesen zu nennen.
Für jeden erratenen Begriff gibt es einen Punkt.
Welches Team gewinnt?**

11 Zeitverhältnis I – die lieben Schwestern
Bestimme das Zeitverhältnis und übersetze.

Marcus narrat …
– sorores stultas esse.
– eas nuper ludum Romuli non
comprehendisse.
– eas etiam ›murum‹ silicibus[1] aedificavisse.
– tandem Paullam Gaiam stultam vocavisse.
– nunc se silentium cupere.
1 silex, silicis *m.:* Kieselstein

12 Zeitverhältnis II – eine neue Freundin
Bestimme das Zeitverhältnis und übersetze.

Paulla se cum avo forum adiisse narrat. Etiam
aliam puellam affuisse dicit. Mater Paullam
amicam novam invenisse comprehendit.
Sed nunc Paullam frumentum apportare
iubet. Nam liberos sibi adesse exspectat. Puellas probas negotia semper curare dicit.

13 Marcus Lollius und die Germanen
Ergänze den passenden Infinitiv und übersetze.

accepisse – esse – quaerere – pugnavisse –
vicisse

Marcus Paullae fabulam Lollii narrat. Dicit …
– M. Lollium imperatorem Romanorum
? ? ?
– legionem eius cladem malam ? ? ?.
– milites Romanos magna virtute ? ? ?.
– tamen Germanos ? ? ?.
– nunc Augustum imperatorem novum
? ? ?.

Ruhe in Frieden?

Die politischen Ereignisse sind Gesprächsthema Nummer eins. Auch der Großvater diskutiert mit seinen Nachbarn immer wieder über Politik. Diese hatten noch ganz andere Zeiten erlebt.

Safinius: »Meministisne temporum antīquōrum? Tum cīvitās nostra flōruit[1].«

Licinius: »Nam concordia ōrdinum fuit ubīque.«

Avus: »Cūr vērum[2] dīcere nōn vultis? Num crēditis *tum* semper alterum
5 alterī affuisse – senātōrēs plēbī? Nōlīte crēdere! Multa fuērunt bella cīvīlia[3]. Dēnique potestās ūnīus virī iīs fīnem fēcit.«

Safinius: »Fuērunt bella. Sed tunc nōn sōlum paucī virī velut Augustus in rē pūblicā versābantur[4]. Tōtī populō licuit prīncipēs creāre, etiam virīs plēbēiīs. Atque senātōrēs, postquam dē lēge novā in cūriā disputāvērunt,
10 in comitiīs lēgem rogāre dēbuērunt. Et tribūnī plēbis ›Vetāmus!‹ dīcere potuērunt, sī nōluērunt senātōrēs populō lēgēs inīquās impōnere[5].«

Licinius: »Quotannīs Rōmānī cōnsulēs et tribūnōs creāvērunt. Sī iī nihil bonī fēcērunt, nēmō eōs posteā[6] creāre voluit.«

Avus: »Neque hodiē senātōrēs lēgēs malās nōbis impōnere volumus.
15 Hominēs autem pāce magis gaudent et bella nova tolerāre nōlunt.«

Safinius: »Vāh[7]! Nōlō semper ūnum virum cīvitātem regere!«

Avus: »Ego pācem mālō. Et tū, Licinī: Num bellum laudās atque māvis?«
Sed Licinius disputāre nōn iam potest, quia dormit.

1 **flōrēre:** blühen
2 **vērum, ī:** Wahrheit
3 **bella cīvīlia** (= Nom. Pl. n.): Bürgerkriege
4 **in rē pūblicā versābantur:** (sie) waren politisch tätig
5 **impōnere,** pōnō, posuī: auferlegen
6 **posteā** (Adv.): später
7 **Vāh!:** Ach!

1 Erschließe anhand des Einleitungstextes und häufig verwendeter Begriffe das Thema des Textes.

2 | **1** Stelle Vor- und Nachteile der alten Zeit vor Augustus in einer Tabelle zusammen.

    2 Licinius ist wieder erwacht. Nimm seine Rolle ein und erläutere seine Haltung zu den derzeitigen politischen Verhältnissen.

3 Erkläre die Überschrift.

Grundwissen: Ämterlaufbahn

Nach dem Militärdienst hofften viele adelige, junge Römer auf einen Sitz im Senat: Dieses beratende Gremium verfügte über ein enormes Ansehen *(auctoritas)*. Voraussetzung für einen Senatssitz war die Wahl zur Quästur, die unterste Stufe der Ämterlaufbahn *(cursus honorum)*, die man mit 25 Jahren erreichen konnte. Die Quästoren überwachten die Staatskasse und kümmerten sich um die Finanzverwaltung in den Provinzen. Danach konnte man als Ädil Polizeiaufgaben übernehmen und für die Ausrichtung der öffentlichen Spiele sorgen. Die

Prätoren waren oberste Richter und Militärs und gleichzeitig Stellvertreter der beiden Konsuln, der höchsten Beamten, die den Staat gemeinsam leiteten. Das Amt des Konsuls, für das man sich erst mit 43 Jahren wählen lassen konnte, erreichten nur wenige – zu stark waren dafür die Konkurrenz und die finanziellen Anforderungen: Kein römischer Beamter *(magistratus)* wurde für seine Amtsausübung entlohnt und das Geld für die Amtsausübung musste aus den eigenen Ersparnissen aufgebracht werden.

Berühmte Brüder

Auch Leute der Oberschicht konnten in das Amt des Volkstribunen gewählt werden. Dass sie dann voll und ganz auf Seiten der plebs *standen, zeigt das Beispiel der Gracchen, die durch ihre Agrarreformen im 2. Jh. v. Chr. das Leben der ärmeren Bürger verbessern wollten.*

Hodiē quoque meminimus Gracchōrum, frātrum clārōrum. Tribūnī plēbis Tiberius et Gāius cīvitātem reformāre (!) voluērunt.

Eō tempore paucīs dīvitibus[1] multī agrī fuērunt. Aliī agrōs cūrāre nōn potuērunt, quia diū in bellīs contendērunt, quamquam suīs adesse
5 māluērunt.

Concordia ōrdinum nōn iam fuit. Nam plēbs cōnsulēs et prīncipēs cīvitātem lēgibus inīquīs regere nōluit.

Itaque Ti. Gracchus, tribūnus plēbis, in comitiīs dīxit: »Nōn sum vir plēbēius, sed scītis[2] mē vōbīs semper amīcum bonum esse velle. Nōlō
10 cīvitātem clādem accipere dēbēre. Ūnum vōs rogō: Dāte mihī potestātem iterum et mē creāte tribūnum! Nova lēx agrāria[3] etiam vōbīs, plēbēiī, māgnōs agrōs parāre potest.«

Dēnique plēbēiī Ti. Gracchum iterum tribūnum creāvērunt. Sed tunc alius tribūnus plēbis lēgem agrāriam vetāre voluit. Tumultus (!) fuit
15 ubīque et senātōrēs vītae Tiberiī fīnem fēcērunt.

Etiam fortūna alterīus frātris fuit misera …

1 dīvitibus (= Dat. Pl.): reichen Leuten

2 scīre: wissen

3 lēx agrāria: Ackergesetz

1 Benenne die Zustände, die zu den Agrarreformen geführt haben.

2 Untersuche, worin das Revolutionäre in den Worten des Ti. Gracchus liegt.

3 Recherchiere das Schicksal des jüngeren Bruders C. Gracchus.

1 | 1 Soldatenleben – Übersetze und beschreibe dann die neuen Erscheinungen. Achte besonders auf die Personalendungen der Prädikate.

Milites in Germaniam transire volunt[1], sed Germani eos venire nolunt[2].
Itaque legio Romana multa comperire vult[1] et speculatorem[3] mittit.
Tum milites eum rogant: »Visne[1] narrare?« – »Vultisne[1] audire? …« – »Nolumus[2] audire nos copias nostras recipere debere. Audire malumus[4] nostros vincere posse.« – »Fortasse nolo[2] narrare, tacere malo[4].«

2 Germani ex speculatoribus captivis[5] quaesiverunt: »Quid voluisti comperire?« – »Nihil volui … Romani voluerunt me vos petere.«

1 velle: wollen – **2 nölle:** nicht wollen – **3 speculator:** Spion – **4 mälle:** lieber wollen – **5 captivis:** gefangenen

2 | 1 Für Sprachforscher
Nenne die lateinischen Ursprungswörter und ihre Bedeutung.
2 Erkläre die Bedeutung der Fremdwörter.

Alternative – kreativ – Disput – Prinz – legal – Veto – Regent

3 | 1 Bilde die entsprechenden Formen von velle.

cupit – cupivistis – cupio – cupiunt – cupivisse – cupimus – cupis – cupivi

2 Bilde zu jeder Form von cupere auch die Formen von malle und nolle.

4 Ergänze die Sätze sinnvoll und übersetze. Verwende die lateinische Entsprechung der Begriffe aus dem Wortfeld »Staat« und achte auf Kasus und Numerus.

Kurie, Konsul, Kaiser, Tribun (2x), Gesetz, Staat, Stand, Volkstribun, Volksversammlung

Augustus ??? est. Romani quotannis ??? et ??? creaverunt. Concordia ??? non paucis placuit.
In ??? homines plebeii ??? ??? ??? creaverunt.
??? ??? ??? rogare potuerunt. Senatores in ??? con-veniunt. Imperatores atque consules ??? regunt.

5 Verb oder Substantiv? Sortiere nach Wortarten und bestimme die Formen.

regi – vetamus – consulis – regis – malle – dormis – consule – curas – curias – vis

6 | 1 Setze die entsprechenden Formen von alter dazu und übersetze.

temporis – legem – potestati – agro

2 Ergänze die Formen von unus und totus und übersetze.

ordini – plebem – tempore – agri

7 Welche Form passt nicht? Begründe deine Auswahl.

a) civitati – ordo – tribuno – potestati
b) noluisse – disputavisse – meminisse – dormivisse
c) dormitis – regitis – civitatis – transitis
d) senatoris – comitiis – plebis – ordinis

8 *cursus honorum*
Gestalte eine Mindmap zum Thema »honores = (Ehren-)ämter«. Verwende bekannte und neue Vokabeln und informiere dich über die Aufgaben der Beamten.

9 Setze die in Klammern angegebenen Wörter so ein, dass korrekte lateinische Sätze entstehen. Übersetze dann.

Romani clades (praeclarus) acceperunt. Constat (alter) fuisse Lollii, (alter) Vari. Fortuna (nemo) eorum famam bonam tribuit. (alter) mortuus est gladio suo, (alter) non multi hodie meminerunt.

10 etwas erfahren – sich erinnern: Bilde die entsprechenden Formen.

comperire → ? ? ?
? ? ? → meministi
? ? ? → memini
comperiunt → ? ? ?
comperitis → ? ? ?

11 Kleine Wörter – große Wirkung: Gib zu folgenden Wörtern die deutsche Bedeutung an.

vix – modo – tandem – autem – aut – neque – ita – iam – etiam – tum – tam – tamen – itaque – nam – sic

12 Verben mit Präfixen – keine Hexerei! Erschließe die Bedeutung der Verben und übersetze die angegebene Form.

a) ire: exeunt – redis – coeo – transit
b) esse: adsum – desunt – inest – abes
c) ponere: imponunt – expono – deponit – reponitis

13 Dekliniere im Singular und Plural.

ager noster – lex bona – altera civitas – id tempus novum

14 Besitz auf zweierlei Weise
Ergänze die fehlenden Pronomina und übersetze beide Sätze.

a) <u>Mihi</u> multae servae sunt. Servae ? ? ? multum laborant.
b) ? ? ? legiones bonae sunt. Legiones <u>nostrae</u> hostes[1] vincunt.
c) <u>Romanis</u> fines magni erant. In finibus ? ? ? multae gentes habitant.
d) Nonne ? ? ? copia pecuniae est? Copia <u>vestra/tua</u> magna est.
e) <u>Romulo</u> regnum parvum[2] fuit. Regnum ? ? ? parvum fuit. Romulus maestus est, quia regnum ? ? ? parvum esse videt.

1 hostis, is m: Feind – **2 parvus,** a, um: klein

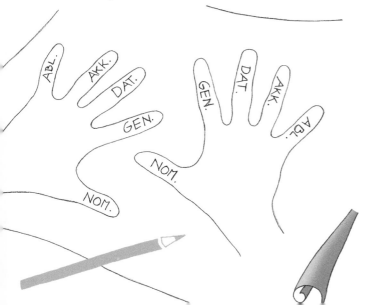

Heimliche Leidenschaft

1 Hypokausten

Marcus Vipsanius Agrippa (64–12 v. Chr.): Feldherr, engster Vertrauter und Schwiegersohn des Augustus – und genialer Architekt. Er hat sich viele Verdienste erworben, aber seine größte Leidenschaft galt dem Bauen. Die Stadt Rom hat ihm unendlich viel zu verdanken. Noch heute wird der bekannteste Brunnen Roms, die *Fontana di Trevi* (das ist der Brunnen, in den man die Münzen wirft), von einer Wasserleitung gespeist, die Agrippa konstruiert hat. Sie heißt *Aqua Virgo* (Jungfrau), weil durch sie reinstes Quellwasser fließt. Zwar gab es schon vorher Wasserleitungen in Rom, aber mit der *Virgo* kam so viel sauberes Wasser nach Rom, dass Agrippa nun ganz neuartige *thermae* bauen konnte. Sie sollten nicht nur der Körperreinigung, sondern auch der Freizeitgestaltung dienen. Zwar gab es schon vorher zahlreiche Badeanstalten in Rom, aber deren Ausstattung war noch meilenweit von dem entfernt, was wir mit römischer Badekultur verbinden.

Der Name *thermae* stammt aus dem Griechischen und bedeutet Warmbad. Wenn man Glück hatte, konnte man dazu warmes Wasser aus Thermalquellen (wie beispielsweise in Weißenburg) gewinnen. Ansonsten musste das Wasser vor Ort aufwändig mit Holzkohle erhitzt werden. Diese Hitze nutzte man gleichzeitig für die sogenannte Hypokaustenheizung, bei der heiße Luft durch einen Zwischenraum zwischen Fußboden und Fundament und teilweise über Wandröhren in die Höhe geleitet wurde. Auf diese Weise konnte man die Räume so erwärmen, dass sie auch für Dampfbäder und Saunen genutzt werden konnten. Nicht ohne Grund nannte Agrippa daher seine ersten großen *thermae* auch *laconicum* (Warmluftsauna).

Nun hat der Name *laconicum* eigentlich überhaupt nichts mit Sauna zu tun, aber Agrippa wählte ihn, um an die Badekultur der Spartaner (= Lakonier) zu erinnern. Seiner Meinung nach betrieben sie die kultivierteste Form der Körperpflege, weil sie nach dem Dampfbad mit Hilfe eines Striegels zusammen mit dem Schweiß auch Verunreinigungen der Haut abschabten. Dieser Bezug war Agrippa so wichtig, dass er im Eingangsbereich sogar die berühmte Statue des »Schabers« (griech. *apoxyomenos*) von dem spartanischen Bildhauer Lysipp aufstellen ließ.

Das *laconicum* war Teil einer groß angelegten Tempel- und Sportanlage auf dem *Campus Martius*, zu der auch das berühmte *Pantheon* gehörte. Zu Baubeginn war der *Campus Martius* ein sumpfiges Gelände, das erst noch trockengelegt werden musste. Heute befinden sich hier weite Teile der römischen Altstadt.

Zu gut ausgestatteten Thermen gehörten ein *frigidarium* (Kaltwasserbad), ein *caldarium* (Heißwasserbad), ein *tepidarium* (Wärmeraum) und das *laconicum*. Dazu konnte man sich massieren lassen, in der *palaestra* Sport treiben, essen, Kontakte knüpfen, Gespräche führen und (dabei) die wasserbespülten – ein Luxus! – Toilettenanlagen nutzen. Es gab übrigens auch die Möglichkeit, sich rasieren oder die Körperhaare epilieren zu las-

2 »Der Schaber von Lysipp«

sen (sehr unangenehm!). Ein unrasierter und behaarter Körper war für Römer nämlich absolut untragbar.

Im Eingangsbereich befand sich das *apodyterium.* Hier legte man seine Kleidung ab und zog sich wegen des heißen Fußbodens Holzpantinen an. Da Kleidung sehr wertvoll war und immer wieder gestohlen wurde, ließ man sie entweder durch einen mitgebrachten Sklaven oder einen angestellten *capsarius* bewachen.

Das Baden in Thermen war für die Römer das Freizeitvergnügen schlechthin. Die Eintrittspreise waren für jeden erschwinglich. Oft wurden die Thermen von reichen Römern finanziert. Dann brauchte man gar nichts zu bezahlen. Das galt auch für das Agrippa-Bad. Agrippa hatte darüber hinaus verfügt, dass nach seinem Tod die laufenden Kosten für das Bad aus seinem Nachlass finanziert werden sollten und der Eintritt auch weiterhin frei bleiben solle.

1 *Aqua Virgo – laconicum – thermae:* **Erläutere diese Begriffe aus dem Textzusammenhang.**

2 **Recherchiere über das Pantheon und stelle deine Erkenntnisse der Klasse vor.**

3 Ölfläschchen und Striegel

6 Römische Thermen, Bath in Südengland

4 Holzpantoffeln

5 Frauen bei gymnastischen Übungen

Die Gerüchteküche kocht ...

Textvorerschließung

Auf den Methodenseiten 7–9 hast du schon einiges über Textvorerschließung erfahren. Jetzt wollen wir dir am Beispiel des Lektionstextes 14 nochmal etwas ausführlicher zeigen, wie hilfreich eine Textvorerschließung sein kann:

Marcus und sein Vater gehen einem typisch römischen Zeitvertreib nach: Sie besuchen die Thermen. Im Warmwasserbad trifft Marcus seinen Freund Publius, der neue Gerüchte aus der Provinz Gallien zu berichten hat.

Publius: »Iamne audivisti de clade Lollii?«
Marcus: »Minime. Narra!«
Publius: »Tres nationes Germanorum Rhenum transierunt et in Gallia milites Romanos petiverunt. Marcus Lollius imperator Germanos repel-
5 lere non potuit. Milites nostri, quamquam magna virtute contenderunt, denique se receperunt.«
Marcus: »Vae! Ea patri narrare debeo!«
Marcus patrem in tepidario invenit, ubi servus tergum eius oleo perunguit. »Pater«, eum adit, »modo <u>comperi</u> tres nationes Germanorum Rhe-
10 num transisse (…). Publius dixit Germanos copias nostras vicisse.«

Indem du dein Augenmerk auf bestimmte sprachliche Erscheinungen richtest, gewinnst du eine erste Vorstellung vom Inhalt des Textes – und erleichterst dir damit die Übersetzung. In diesem Textabschnitt kannst du vor der Übersetzung bereits Folgendes erschließen:

1) **Situation:** Die erste Frage, die man an einen Text stellen sollte, ist die nach dem Ort des Geschehens. Hier erfährst du bereits aus dem Einleitungstext, dass sich Marcus und sein Vater in den Thermen befinden.

2) **Textsorte:** Du erkennst auf den ersten Blick, dass sich mehrere Personen im Text unterhalten. Es handelt sich folglich um eine Unterhaltung, einen Dialog in den Thermen. Dieser Dialog ist Teil einer Rahmenhandlung (ab Z. 8). Seinen Inhalt kennst du allerdings noch nicht.

3) **Gesprächsinhalt:** Einen ersten Anhaltspunkt, worum es in einem Text geht, geben dir die genannten Personen. In diesem Fall sind es der *Imperator Marcus Lollius,* drei Germanenstämme *(tres nationes Germanorum)* und römische Soldaten *(milites Romanos).*

Der Ausdruck *milites Romanos* lässt vermuten, dass von einer Schlacht erzählt wird. Dies wird durch das Schlüsselwort des Textes *de clade* (Z. 1) untermauert. Die Vermutung bestätigt sich, wenn du dir die Prädikate des zentralen Sachfeldes ansiehst, die alle mit Kriegführung zu tun haben.

Das ist aber noch nicht alles: Es gibt nämlich auch andere Übersetzungshilfen in diesem Text. Wenn du ihn noch einmal durchsiehst, findest du weitere Hinweise:

- Einzelne Informationen eines Textes sind in der Regel logisch miteinander verbunden; diese Verbindungen nennt man Konnektoren – das sind kleine Wörter im Text, die dir Informationen über diese Beziehung geben. Du erfährst beispielsweise, ob etwas sofort, später oder deswegen passiert, wie z. B. in Z. 5 f.: Obwohl *(quamquam)* die Soldaten irgendetwas tun, müssen sie schließlich doch *(denique)* …

- Marcus will seinem Vater erzählen, was er erfahren hat *(modo comperi)*. Wenn du mehrere solche Verben des Sagens / Meinens findest, solltest du verstärkt auf AcI-Konstruktionen achten.

1 Suche im Lektionstext weitere Verben des Sagens / Meinens und nach AcI-Konstruktionen. Vielleicht fällt dir dabei sogar auf, dass sich die Wortwahl allmählich verändert: Die Gerüchteküche kocht …

Übersetzungsmethoden: AcI

In den letzten Lektionen hast du den AcI als typisch lateinische Konstruktion kennengelernt und deine Kenntnisse nach und nach vertieft. Diese Zusammenfassung kann dir helfen, bei der Übersetzung systematisch vorzugehen.

1. **Erkennen:** Ein erster Anhaltspunkt, dass du mit einem AcI rechnen und danach schauen solltest, sind die AcI-Auslöser (Verben der Wahrnehmung, des Sagens und Meinens und unpersönliche Ausdrücke).

2. **Analysieren:** Um den Überblick zu behalten, setzt du Klammern um den AcI und unterstreichst den Subjektsakkusativ und den Infinitiv. Als zusätzliche Hilfe kannst du auch für die Satzanalyse im AcI die gewohnten Farben benutzen.

<u>Publius</u> <u>dixit</u> [<u>Germanos</u> <u>copias nostras</u> <u>vicisse</u>].
- Sieh dir nun den Infinitiv genauer an: Infinitiv Präsens oder Infinitiv Perfekt? Hier steht ein Infinitiv Perfekt, die Handlung im AcI ist also vorzeitig, d. h. sie ist passiert, bevor Publius davon erzählt.
- Zusätzlich solltest du darauf achten, ob im AcI ein reflexives Pronomen vorkommt (z. B. se, sibi, secum, suus …). Falls ja, musst du besonders aufpassen (s. Grammatik, S. 206).

3. **Übersetzen:** Na, das geht doch jetzt von selbst …

Das habe ich schon gelernt:

Durch die Textvorerschließung kann ich einen Übersetzungstext grammatisch und inhaltlich vorentlasten.

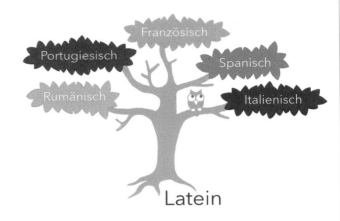

1 | 1 Mutter Latein und ihre Töchter – Spanisch: Nenne die lateinischen Ursprungswörter und ihre deutsche Bedeutung.

2 Lass dir die Wörter von jemandem vorlesen, der Spanisch kann. Formuliere Ausspracheregeln.

a) la gracia – la nación – la legión – el muro – la calamidad – la beneficencia

b) esperar – repeler – completar – recibir

2 | 1 Fremdwortspezialist: Nenne die lateinischen Ursprungswörter und ihre Bedeutung.

a) in <u>Kalamitäten</u> kommen

b) das Quartett <u>komplettieren</u>

c) eine <u>Transit</u>gebühr bezahlen

d) bei jemandem <u>Kredit</u> haben

2 Erschließe, was das Fremdwort in den Wendungen bedeutet.

3 Sapientia Romanorum – Übersetze die lateinischen Spruchweisheiten und erkläre sie.

a) Credo, quia absurdum[1] (est).

b) Sine ira et studio[2].

c) Veni, vidi[3], vici.

d) Ubi periculum[4], ibi lucrum.

e) Nolens, volens.

1 absurdus, a, um: *vgl. dt. Fremdwort –* **2 studium,** i: Eifer – **3 vidi:** *Perf. zu* videre – **4 periculum,** i: Gefahr

4 | 1 Bilde die Stammformen zu folgenden lateinischen Verben:

adire – vocare – augere – recipere – comperire – pergere – credere – eripere – adesse – malle

2 Bilde auch die deutschen Stammformen.

adire: herangehen – (ich) gehe heran – (ich) ging heran

5 Welche Form passt nicht? Begründe deine Auswahl.

a) contendit – reppulit – eripit – mavult

b) rupistis – tribuitis – dicitis – exstinguitis

c) dedimus – petimus – recepimus – voluimus

d) repellunt – fleverunt – fecerunt – venerunt

e) arsit – fecit – cupit – auxit

6 Bestimme die Perfektformen und übersetze sie. Ordne ihnen die entsprechenden Präsensformen zu.

adisti – voluit – contenderunt – credidi – maluisti – deliberavimus – exstinxit – monuistis – voluimus	credo – monetis – adis – contendunt – deliberamus – mavis – exstinguit – non vult – volumus

7 | 1 Bilde zu den Präsensformen die entsprechenden Perfektformen und übersetze diese.

2 Bilde zu den Verbformen den Infinitiv Präsens und den Infinitiv Perfekt.

remanes – restituunt – nolunt – desperat – sum – malo – rumpitis – tribuimus – vis

8 Welche Form passt nicht? Begründe deine Auswahl.

a) terga – gratia – fama – copia
b) calamitatis – beneficii – muri – legioni
c) Germanis – copiis – equitis – nostris
d) clades – miles – nationes – voluptates
e) famas – amicas – calamitas – gratias

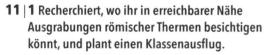

9 Nenne für folgende Grammatikbegriffe lateinische Beispiele, bis dein Nachbar den Begriff erraten hat. Erweitere die Übung um eigene Grammatikbegriffe.

Präposition – i-Konjugation – Ablativ – Infinitiv Perfekt – Personalpronomen

10 Entscheide, ob die Sätze den Infinitiv Präsens oder Perfekt verlangen, und ergänze sie. Übersetze.

Marcus narrat …
a) … milites Romanos nuper magnam cladem ? ? ? .
b) … Lollium imperatorem Germanos repellere non ? ? ? .
c) … Augustum eam famam ? ? ? .
d) … novum imperatorem autem in Germania ? ? ? .
e) … nunc copias magna virtute ? ? ? .
f) … Germanos se ? ? ? .
g) … Romam tandem tutam[1] ? ? ? .
1 tutus, a, um: sicher

tolerare non posse – accepisse – esse – potuisse – pugnare – contendere – recipere

11 | 1 Recherchiert, wo ihr in erreichbarer Nähe Ausgrabungen römischer Thermen besichtigen könnt, und plant einen Klassenausflug.

2 Bereitet ein kurzes Referat vor, in dem ihr folgende Begriffe verwendet und erklärt:

Apodyterium – Caldarium – Frigidarium – Hypokaustenheizung – Palaestra – Striegel – Tepidarium – Toiletten

3 Informiert euch über die Bedeutung der Begriffe »Aristokratie«, »Demokratie« und »Monarchie« und ordnet ihnen folgende Definitionen zu:

a) Unus vir imperator vel rex est.
b) Pauci viri boni civitatem regunt.
c) Totus populus salutem civitatis curat.

12 Wende die Methode der Textvorerschließung auf den Lektionstext 13 an. Versuche dabei folgende Sachverhalte zu klären:

Situation – Textart – beteiligte Personen – zentraler Inhalt – Konnektoren – AcI-Signalwörter

1 römisches Fresko aus augusteischer Zeit, sog. aldobrandinische Hochzeit

Römer schmückten ihre Häuser gerne mit Wandmalereien. Diese wurden direkt auf den feuchten Putz aufgetragen. Die Farbpigmente verbanden sich mit dem Kalkputz und erreichten so eine hohe Farbintensität und extrem lange Haltbarkeit – bis heute. Beliebt waren neben architektonischen und floralen (von *flos* – die Blume) auch Szenen des Alltagslebens und besondere Anlässe, wie hier eine Hochzeit. So können wir heute noch Zeugen werden, wie eine Braut geschmückt wird und wie die Ehepartner sich die Hände reichen und die Verbindung somit besiegeln. Auf der sogenannten »aldobrandinischen Hochzeit«, die aus der Zeit des Kaisers Augustus stammt, erkennen wir sogar wie in einem Comic mehrere Szenen: Auf diesem Ausschnitt siehst du die Vorbereitung des Brautgemachs und die Braut mit Brautmutter und Freundin mit einem Salbgefäß.

2 römisches Fresko, Frisierszene, 1. Jh. v. Chr.

1   Stelle anhand der Abbildungen alle an der Hochzeit beteiligten Personen zusammen.

2   Vergleiche mit heutigen Hochzeitsfesten. Nenne Gemeinsamkeiten und Unterschiede.

3 Darstellung einer römischen Eheschließung auf einer Urne, 1. Jh. n. Chr.

Vollendete Tatsachen

Während politische Fragen viele in Atem halten, geht das »normale« Leben der Selicii in den nächsten Wochen seinen gewohnten Gang. Gaia und Titus Sabinius sitzen im Garten und lernen sich näher kennen.

T. Sabīnius: »Quōmodo audīvistī patrēs nūptiās parāre?«

Gāia: »Cum patrēs convēnērunt, egō cum mātre in *thermīs* eram. Postquam domum vēnimus, Mārcus et Paulla nārrāvērunt hospitem affuisse et multa cum patre ēgisse. Iterum atque iterum dīcēbant: ›Nōs
5 iam scīmus, sed tū nescīs.‹ Et semper rīdēbant. Tum intellēxī … – Et tū, quandō accēpistī?«

T. Sabīnius: »In hortō litterīs Graecīs studēbam, cum subitō pater vēnit. ›Quid agis, Tite?‹ ex mē quaesīvit. – Respondī: ›Legēbam fābulam amōris: Daphnē virgō Apollinī nūbere nōn vult, sed deō puellam in
10 mātrimōnium[1] dūcere placet …‹

Alia nārrāre voluī, sed pater ›Optimē[2]!‹ inquit. ›Tū quoque mox uxōrem conveniēs[3]! Herī tuā causā[4] Rōmae[5] fuī. Sextum Selicium amīcum, virum honestum, convēnī. Dōtem amplam prōmīsit et Gāia, fīlia eius, vērē est pulchra.‹«

15 Gāia: »Ō! Tāliane[6] dīxit!?«

T. Sabīnius: »Egō dīxī. – Ah, et pater mē iussit tibī dōnum dare …«

1 **mātrimōnium, ī:** Ehe
2 **optimē:** prima, sehr gut
3 **conveniēs:** du wirst treffen
4 **tuā causā:** deinetwegen
5 **Rōmae:** in Rom
6 **tālia:** so etwas

1 │**1** Übersetze den ersten Satz und versuche, den Inhalt des Textes zu erschließen.

2 Lies den Informationstext und vergleiche die römischen Sitten mit unseren modernen.

2 Gib in eigenen Worten den Bericht von Gaia und Titus Sabinius wieder. Beschreibe die Situation, in der Gaia und Titus Sabinius jeweils die Neuigkeit erfuhren, und belege deine Aussagen am lateinischen Text.

Grundwissen: Eheschließung

Eine Ehe begann in Rom meist nicht als Liebesbeziehung: Oft einigten sich die Väter schon viele Jahre im Voraus auf eine Heirat ihrer Kinder – ganz über deren Köpfe hinweg. Dabei konnte die Frau aus der väterlichen Gewalt in die Hand *(manus)* ihres Mannes überwechseln oder – was in der Kaiserzeit zur Regel wurde – in der sogenannten »manus-freien Ehe« ihren Familiennamen und ihr eigenes Vermögen behalten: So konnte sie eigene Geschäfte tätigen und sich scheiden lassen. Die Hochzeit war ein großes Familienfest,

bei dem in Gegenwart von Zeugen der Hochzeitsvertrag unterschrieben wurde. Danach wurden die rechten Hände der Eheleute ineinander gelegt *(dextrarum iunctio)*, was die Eintracht von Mann und Frau symbolisierte. Im Haus ihres Mannes genoss die Ehefrau als *matrona* und *mater familias* hohes Ansehen. Dennoch waren Frauen von der Politik ausgeschlossen. Den römischen Bürgerinnen war es weder erlaubt zu wählen, noch sich selbst in ein politisches Amt wählen zu lassen.

Ehekrach bei Jupiter und Juno

Verheiratet zu sein, ist nicht immer einfach – jedenfalls nicht für das mächtigste Götterpaar Jupiter und Juno.

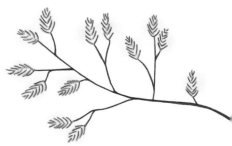

Iūnō, Iovis uxōr, cum marītō lītigābat[1]. Eum māgnā vōce vituperābat[2]: »Cūr tibī nūpsī? Nesciō! Bona tibī sum uxor, sed tū mē neglegis. Comperī tē aliās mulierēs convēnisse! Meminī multōrum amōrum tuōrum! Iōnī[3] studuistī, sed voluptātī tuae fīnem fēcī. Ea pulchra nōn
5 iam est! Quis amat bovem[4]?« – »Nōlī gaudēre! Iō dea est et –« »Indīgna verba! Tunc Callisto et Semelam et Alcmēnam abduxistī.
Quis tē herī in domicilium recēpit? Cui[5] nūptiās parāvistī? Nēmō mē deam esse scit, quod tantam clādem accipiēbam et tū mē repellis!

Tē vetō aliīs mulieribus studēre. Nōlī crēdere concordiam iam esse inter
10 nōs. Oportet mē Bacchō atque Herculī, filiīs tuīs, bellum parāre. Et volō aliōs amōrēs, sint[6] puellae, sint[6] puerī, īram Iūnōnis timēre!«

1 **lītigāre:** streiten
2 **vituperāre:** schelten
3 **Īo, Īōnis:** Io
4 **bōs,** bovis f.: Kuh
5 **cui:** wem?
6 **sint:** mögen es … sein

1 Beschreibe und nimm Stellung zu Junos Vorwürfen und Absichten.
2 Recherchiert die genannten Geliebten Jupiters und seine weiteren Liebschaften und stellt eure Ergebnisse der Klasse vor.

1 Aufregung in den Thermen
Übersetze und beschreibe dann die neuen Erscheinungen.

Marcus: »Nuper ego cum patre in *thermis* eram. Maxime gaudebam, quod amici mei ad-erant. Pila[1] ludebant, sed ego et Publius nos aqua delectabamus.
Subito clamorem audivi et famam de clade Lollii accepi.«

1 pila *(hier Abl.):* mit dem Ball

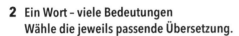

2 Ein Wort – viele Bedeutungen
Wähle die jeweils passende Übersetzung.

a) Marcus amicum convenit. – Patres de dote conveniunt.
b) Avo campi ampli sunt. – Mercator lucrum amplum sibi paravit.
c) T. Sabinius litteras Graecas legit. – Puellae herbas legunt.
d) Patres de nuptiis agunt. – Liberi fabulam agunt. – Mercator Sexto Selicio gratias agit.

3 | 1 Für Sprachforscher: Nenne die lateinischen Ursprungswörter und ihre Bedeutung.

2 Erkläre die Bedeutung der Fremdwörter.

Auf der inter*nationalen* Konferenz der *Lektoren* für Unterhaltungs*literatur* wurde folgende *Konvention* verabschiedet: *Studenten* sollen künftig Romane aus der Sparte *Science*-Fiction lesen. Außerdem sollen *Gratifikationen* verteilt werden.

4 Komposita
Erschließe die Bedeutung der unbekannten Wörter und gib die Stammformen an.

a) con-venire, con-ducere, con-vocare
b) re-pellere, re-ducere, re-vocare, re-venire, red-ire, red-dere
c) e-ripere, e-ducere, e-ligere, ex-ire

5 Pantomime
Notiere fünf Verben. Spiele sie der Klasse vor. Die Mitschüler notieren ihre Lösung. Wer errät alle?

6 Wortfix: Nenne zu jedem Bild das entsprechende lateinische Wort.

7 Vergangenheit – und auf Deutsch? Übersetze sowohl mit Perfekt als auch mit Präteritum.

a) veniebant – ibat – dicebam – eramus – dabant – sciebamus – eripiebat – videbant – legebat – repellebat – rogabam

b) remanebas – abibatis – ducebas – iubebat – quaerebatis – videbatis – promittebas – ridebas – nolebamus

8 | 1 Präsens – Imperfekt – Perfekt: Sortiere die Formen nach Tempus und bestimme sie.

dixi – sumus – credidit – dicebant – affuit – nescivisti – rides – iussit – ducebam – agunt – respondebatis – voluit

2 Bilde zu den einzelnen Formen jeweils die beiden anderen Tempora.

9 Formengenerator
Bilde aus den Bestandteilen grammatisch korrekte Formen und übersetze sie.

promitt – cred – iuva – vide – viv – inveni – verbera – tace	ba – eba	m – s – t – mus – tis – nt

10 Wollen oder nicht wollen?
Bilde die entsprechende Form von *velle* bzw. *nolle*.

a) cupit – cupio – cupiverunt – cupiebamus

b) cupiebat – cupivisti – non cupiunt – non cupiebas

c) non cupis – cupiebatis – non cupitis – non cupivit

11 Eine heiße Schlacht: Übersetze und erkläre den Tempusgebrauch.

Germani iterum atque iterum copias Romanorum petebant et magna vi pugnabant. Multi Romani iam mortui iacebant, sed ceteri[1] magna virtute resistere pergebant. Subito Germani magno cum clamore impetum[2] novum fecerunt et Romanis aquilam[3] eripuerunt.

1 ceteri: die Übrigen – **2 impetus:** Angriff – **3 aquila,** ae: Adler

12 Kleine Schwestern stören! Bilde die passende Form im Perfekt oder Imperfekt und übersetze.

T. Sabinius litteris (studere). Subito Gaia ei librum[1] novum (apportare). T. Sabinius ei diu fabulam (legere), cum Paulla (venire). »Abi!«, Gaia iterum atque iterum (dicere), sed Paulla non (parere). Nam cum sorore fabulam audire (velle).

1 liber, libri: Buch

13 Apoll und Daphne
Übersetze und erkläre den Tempusgebrauch.

a) Apollo deus Daphnen[1] iam diu amabat, cum eam in silva[2] convenit.

b) Deus puellam per silvam[2] agebat, cum ea patrem vocavit:

c) »Pater, semper Apollinem timebam. Iuva me!«

d) Pater miseriam filiae videbat; tandem ei affuit: Virginem in arborem[3] vertit[4].

1 Daphnen: = *Akk.* – **2 silva,** ae: Wald – **3 arbor,** arboris *f.:* Baum – **4 vertit:** *Perfekt zu* vertere; *hier:* verwandeln in

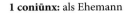

Zukunftsträume

Morgen findet die Hochzeit statt, die Vorbereitungen sind in vollem Gange. Doch die Geschwister sehen mit unterschiedlichen Gefühlen der Hochzeit entgegen.

Paulla: »Ah, mihī quoque T. Sabīnius coniūnx[1] imprīmīs propter ōs et oculōs placēret[2]. Etiam vōx et fōrma sunt iūcundae.«

Gāia: »Sīc est. Laeta sum eumque tōtō corde dīligō. Dī mē iūvērunt! Iam crās uxor[3] domō exībō. T. Sabīnius mihī vītam optimam praebēbit.«

5 Paulla: »In vīllā marītī cum quīnque equīs et septem canibus[4] et novem caprīs habitābitis, mox etiam habēbitis multōs līberōs, fortasse trēs filiōs et duās filiās …«

Mārcus: »Dēsine! Prīmum Gāia ūnum puerum aut ūnam puellam parere dēbēbit. Sciō multās mulierēs parturientēs[5] līberōs et vītam
10 āmīsisse …«

Gāia: »Vērum est. Sed nōs semper Iūnōnem deam colēbāmus et egō quoque eam multīs verbīs ōrābō. Iam tamquam Rōmulus duodecim avēs vīdī. Fortūnae[6] est! Itaque deōrum auxiliō trēs vel quattuor vel plūrēs[7] līberī nōs dēlectābunt. Nihil metuō. T. Sabīnius opēs et bona augēbit. –
15 Vōs autem saepe vīllam nostram adībitis līberōsque cūrābitis.«

Mārcus: »Et tū ōtiō tē dabis … Errās! Invītā nōs: Vīllam vestram rē vērā intrābimus, sed numquam ibī labōrābimus!«

1 coniūnx: als Ehemann	
2 placēret: er würde gefallen	
3 uxor: als Ehefrau	
4 canis, is *m:* Hund	
5 parturientēs: bei der Geburt	
6 fortunae: Zeichen von Glück	
7 plūrēs: mehr	

1 Beschreibe die Gefühle der drei Geschwister in Bezug auf die bevorstehende Hochzeit und belege deine Aussagen am Text.

2 Erläutere Gaias Haltung und nenne typisch römische Aspekte.

3 Schreibe einen Tagebucheintrag aus Paullas oder Marcus' Sicht.

Grundwissen: Volljährigkeit

Heute wird man in Deutschland mit 18 Jahren volljährig. Bis 1975 musste man sogar das 21. Lebensjahr vollendet haben. Bei den Römern gab es keine solche Altersgrenze: Entscheidend war die körperliche und geistige Reife – und die wurde von den Erziehungsberechtigten festgestellt. Meist im 15. oder 16. Lebensjahr legten Jungen ihre Kinderkleider ab und die schmucklose weiße *toga virilis* (»Männertoga«) an. Die Mädchen opferten ab dem 12. Lebensjahr ihre Puppen den Hausgöttern (Laren) oder der Venus. Ab diesem Zeit-

punkt konnten Jungen und Mädchen heiraten. Dass man in Rom schon sehr früh volljährig war, erklärt sich u. a. aus der kürzeren Lebenserwartung in der Antike: Fast die Hälfte der Neugeborenen starb innerhalb des ersten Lebensjahres. Wer es bis zur Volljährigkeit brachte, wurde durchschnittlich etwa 50 Jahre alt. Nicht einmal 6 % der Bevölkerung waren damals 60 Jahre oder älter – heute stellt diese Bevölkerungsgruppe der Menschen über 60 Jahren in Deutschland gut 27 % der Gesamtbevölkerung.

Nach der Feier

*Die Hochzeitsfeierlichkeiten bei den Sabinii sind vorbei; die Selicii sind wieder
zu Hause.*

Sextus: »Ah, nūptiae erant iūcundae, sed fatīgātus[1] sum. Multī hospitēs
affuērunt. Itaque nunc ōtiō mē dabō.«

Paulla: »Vestēs coniugum variae mihī maximē placuērunt.«

Mārcus: »Mihī cibī optimī maximē placuērunt; et tū, māter, quid dīcis?«

5 Aurēlia: »Verba ›ubī tū Gāius, egō Gāia‹ herī mē vehementer[2] mōvērunt.«

Paulla: »Nōn intellēxī: Praenōmen[3] Sabīniī est Titus, haud Gāius … Et
cūr Gāia oblectāmenta[4] dīs immolāvit neque mihī dedit?«

Mārcus: »Stulta es, Paulla. Mōs[5] est.«

Paulla: »Et quandō nūptiās tuās vidēbimus, Mārce vel – ›Gāī‹?«

10 Sextus: »Tacē tandem, Paulla! Ecce, māter maesta[6] est. Es laeta, Aurēlia!
Amor Titī Sabīniī vērus est; officia sua nōn īgnōrat. Certē Sabīniī nōs
mox invītābunt et nōs eōs adībimus.«

1 fatīgātus, a, um: müde

2 vehementer: stark, heftig

3 praenōmen, minis *n.:* Vorname

4 oblectāmentum, ī: Spielzeug

5 mōs, mōris *m.:* Brauch;
Tradition

6 maestus, a, um: traurig

---

1 Stelle aus dem Text Informationen über römische Hochzeitstraditionen
zusammen. Nutze zur Ergänzung deines Wissens auch den Informationstext.

2 Vergleiche die römischen mit unseren modernen Traditionen.

1 Marcus' Verabredung
Übersetze den Text und beschreibe dann die neuen Erscheinungen.

Marcus gaudet:
- Hodie amicum novum videbo.
- Is me visitabit[1].
- In *circum* ibimus et equos spectabimus.
- Ludi ei placebunt.

1 visitare: besuchen

2 Montagsmaler
Bildet Zweierteams. Immer abwechselnd zeichnet einer von euch ein lateinisches Wort aus Lektion 16 in sein Heft, der andere muss es erraten. Welches Team kennt die meisten Wörter?

3 Sachfeld: Familienfeste
Stelle alle lateinischen Wörter zum Sachfeld »Verlobung und Hochzeit« in einer Mindmap zusammen. Berücksichtige Aspekte wie: Menschen, Gefühle, Wohnen, Arbeiten …

4 Ein Wort - viele Bedeutungen
Wähle die jeweils passende Übersetzung.
a) liberos colere – campos colere – deos colere
b) imperator opes Romanas instruit[1] – mercator opibus gaudet
c) Gallus copiam frumenti apportat – copiae Romanorum Germanos vincunt
d) finis ludorum – fines horti

1 instruere: aufstellen

5 Verwechslungsgefahr!
Nenne die Bedeutung und überlege dir Eselsbrücken.
a) propter – properare – probus
b) pārēre – parāre – parere
c) diligere – delere – deliberare
d) oculus – optimus – officium
e) os – ops – opus est – oportet

6 Rechenmaschine
Ergänze die Lücken und schreibe die Rechnung in Worten auf.

Beispiel: *I + III = IV: unus et tres sunt quattuor*

a) V + ▮ = XI
b) ▮ + VI = IX
c) II + IV = ▮
d) VIII + ▮ = XII
e) VI + I = ▮

7 Gut geordnet!
Übersetze ins Lateinische.
a) der dritte Stand
b) der sechste Anführer
c) der erste Krieg
d) das zehnte Gesetz
e) der fünfte Tribun
f) die vierte Legion
g) der zweite Konsul

8 Verb – ja oder nein?
Sortiere nach Wortarten und bestimme die Verbformen.

otio – corde – curare – diligebam – dabis – metuo – opes – exspecto – auxilio – curavit – vitam – invita – formas – peperit – augebam – oras – oris – timebunt – optimi – paruistis

9 Formengenerator
Bilde aus den Bestandteilen grammatisch korrekte Formen und übersetze diese.

stude – iuva – pugna – vide – invita – time – tace – verbera	b – bi – bu – ba	o – m – s – t – mus – tis – nt

10 | 1 Imperfekt oder Futur? Sortiere die Verbformen in die passende Spalte.

2 Bilde auch das jeweils andere Tempus.

Imperfekt	Futur
? ? ?	? ? ?

dabis – parabamus – ridebant – remanebis – orabo – adibitis – studebam – exibit – videbas

11 Ein Stamm – viele Tempora
Bilde die Formen entsprechend und übersetze sie.

paret → parebat → parebit
a) censet
b) spectant
c) iubeo
d) rogas

12 Signalwörter
Wähle das passende Tempus und übersetze.

a) Gaia hodie (gaudet, gaudebat, gaudebit).
b) Cras T. Sabinium (videt, videbat, videbit).
c) Coniugem iam diu (amavit, amabat, amabit).
d) Mox in villa pulchra (habitat, habitabat, habitabit).
e) Nunc Iunonem deam (orat, orabat, orabit).

13 Übersetzungstechnik: Markiere in deinem Heft die AcIs mit einer Klammer und gib das Zeitverhältnis an. Übersetze.

a) T. Sabinius Gaiam virginem pulchram esse putat. Constat etiam eam T. Sabinium amare.
b) T. Sabinius patres convenisse nesciebat. Gaia a sorore audiebat patrem Sabinii affuisse.
c) Sextum dotem amplam promisisse scimus.

14 Gebet an die Göttin
Grenze die Satzbausteine ab (Subjekt, Prädikat, Objekt, adverbiale Bestimmung) und übersetze.

a) Sorores duae iam semper deas colebant.
b) Hodie sorores in foro sunt. Mox Iunoni deae immolabunt. Pro[1] salute Gaiae orabunt.
c) Ad aram deae adeunt. Gaia dona apportat.
d) Sacerdotes sacrificium iam paraverunt.
e) Liberi Seliciorum orant.
1 pro *(+ Abl.):* für

Manchmal kommt es anders

Gaia wohnt nun bei Titus Sabinius auf einem Landgut außerhalb von Rom. Mittlerweile hat sie sich an ihr neues Leben als Ehefrau gewöhnt. Doch die Politik bringt unerwartete Neuigkeiten.

T. Sabīnius: »Gāia, dēliciae[1] meae, modo nūntium ab imperātōre Augustō accēpī. Cum exercitū[2] in Galliam[3] contendere dēbeō.«

Statim nūntius cor Gāiae magnō dolōre complet: »Ō coniūnx! Num mē nunc post nūptiās neglegēs et relinquēs? Num tē barbarīs trādēs?
5 Imperātorne tē salvum mihī reddet? ... Nōnne vidēs tē et saevum et inīquum esse?«

T. Sabīnius: »Uxor cāra: Audī verba mea, tum comprehendēs!«

Gāia: »...«

T. Sabīnius: »Scīs Germānōs legiōnem Lolliī superāvisse et aquilam[4]
10 rapuisse. Eam prō patriā quaerēmus et capiēmus; mox redībimus. Vidēbis tempus fugere! Post victōriam autem cīvēs Rōmānī mē colent. Eō modō ad honōrēs amplōs perveniam: Imperātor tunicam lāticlāviam[5] senātōris mihī prōmīsit. Fortasse aliquandō praetor vel etiam cōnsul erō.«

15 Verba coniugis animum Gāiae movent: »Tantōsne honōrēs accipiēs? Bene – abī, sī dēbēs!«

T. Sabīnius: »Gāia, es fortis[6] tamquam mīles!«

1 dēliciae, ārum *(Pl.):* Liebling

2 exercitū *(Abl. Sg.):* Heer

3 Gallia, ae: Gallien *(in etwa heutiges Frankreich)*

4 aquila, ae: Legionsadler

5 tunica lāticlāvia: Tunika mit Purpurstreifen

6 fortis: stark; tapfer

1 |**1** Übersetze die ersten beiden Sätze (Z. 1–2) und erschließe das Thema des Textes.

    2 Entwickle Vermutungen, wie das Gespräch weiter verlaufen könnte.

2 |**1** Beschreibe die Stimmung zwischen Gaia und Sabinius in Z. 1–6.

    2 Erkläre Gaias Reaktion in Z. 15–16 mit dem, was du über sie und über römische Werte weißt.

3 Schreibt Regieanweisungen für den Dialog und stellt ihn szenisch dar.

Grundwissen: Provinzverwaltung

Ein Reich, das so groß ist wie das *Imperium Romanum,* braucht eine gut organisierte Verwaltung, bei der die Fäden zusammenlaufen. Bis in die Spätantike wurden von Rom aus, dem *caput mundi* (Hauptstadt der Welt), alle Statthalter kontrolliert, die in den besiegten Ländern die Aufsicht führten und dafür sorgten, dass die Einwohner der Provinzen *(provinciae)* jährlich ordnungsgemäß ihre Steuern bezahlten. Die Statthalter gewann man aus den Reihen der hohen Beamten, die nach Ablauf ihrer Amtszeit in Rom als Prokonsuln oder Proprätoren die Provinzverwaltung übernahmen – natürlich ohne Be-zahlung. Dass sich viele Statthalter deshalb in den Provinzen finanziell bereicherten, liegt nahe. Zum Glück wurde die oft brutale Ausbeutung im Lauf der Kaiserzeit durch eine strenge Kontrolle gestoppt. Provinzen, die noch nicht als befriedet galten und in denen Soldaten stationiert waren, unterstanden direkt dem Kaiser, der dort selbst seine eigenen Statthalter ernennen konnte. Da viele Provinzen über Jahrhunderte römisch kontrolliert waren, übernahmen die Bewohner mit der Zeit nicht nur die römische Lebensweise, sondern auch die lateinische Sprache.

Nachricht aus der Fremde

Titus Sabinius ist nun schon zwei Monate weg. In einem Brief berichtet er Gaia aus Gallien.

T. Sabīnius Gaiae Seliciae suae salūtem dīcit[1]

Fortasse quaeris: »Quandō Germānōs superābitis et redībitis?« Nesciō, sed sīgnum legiōnis Lolliī, etiamsī nōndum[2] invēnimus, certē mox inveniēmus et barbarīs ēripiēmus.

5 Nam nūper Germānōs pūgnā saevā vīcimus: Diū pūgnābāmus, Germānī vehementer[3] resistēbant. Tandem Germānī sē recēpērunt et in silvās[4] fūgērunt. Iam victōriā gaudēbāmus, cum subitō magnus clāmor fuit. Statim comprehendimus barbarōs clādem simulāvisse et īnsidiās[5] parāvisse. Sed īra vīrēs nostrās auxit et – vīcimus! Fortūna profectō

10 virōs vērē Rōmānōs semper iuvat. Post pūgnam autem nūlla salūs fuit Germānīs: Eōs aut necāvimus aut servōs reddidimus.

Nunc, quamquam laetus sum, et vītam iūcundam et voluptātēs Rōmae et Gāiam meam dēsīderō[6]. Semper tē dīligam et amābō. Valē[7]!

1 **T. Sabīnius Gaiae Seliciae suae salūtem dīcit:** Titus Sabinius grüßt seine Gaia Selicia *(typische Grußformel im Brief)*

2 **nōndum:** noch nicht

3 **vehementer:** *hier:* verbissen

4 **silva, ae:** Wald

5 **īnsidiae, ārum** *(Pl.):* Hinterhalt

6 **dēsīderāre:** vermissen

7 **Valē!:** Lebe wohl!

1 Arbeite den Aufbau des Briefes heraus und weise den einzelnen Abschnitten Überschriften zu.

2 Gib den Ablauf der Schlacht in eigenen Worten wieder.

3 Schreibe einen Antwortbrief aus Gaias Sicht.

1 Titus Sabinius' Pläne
Übersetze und beschreibe dann die neuen Erscheinungen.

Post[1] nuptias T. Sabinius deliberat:
»Primum in villa patris habitabimus. Sed mox aliam ememus. Gaiam in villam novam ducam. Certe multi amici venient, nobiscum laeti erunt. – Gaia, quid cras facies? Villasne mecum spectabis?«

1 post (+Akk.): nach

2 Marcus, was hast du vor?
Übersetze und beschreibe dann die neuen Erscheinungen.

Aurelia: »Marce, quid hodie facies?«
Marcus: »Cum patre in foro ero. Multi alii homines aderunt. Ita nuntios[1] de bello audire poterimus.«
Aurelia: »Sed Paulla sola in villa erit. Cras domi[2] remanere debebis. Ludere poteritis.«

1 nuntius, i: Nachricht – **2 domi:** zu Hause

3 | 1 Stelle alle lateinischen Wörter zusammen, die du brauchst, um das Bild zu beschreiben.

2 Bilde kurze lateinische Sätze und lass deinen Nachbarn übersetzen.

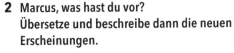

4 Eselsbrücken
Lies dir den Text »Manchmal kommt es anders« durch und notiere alle Vokabeln, die du nicht mehr weißt. Ermittle die Grundform und frage deinen Partner nach der Bedeutung oder schlage nach. Überlegt euch gemeinsam Eselsbrücken für alle Wörter.

5 Sprichwörter
Übersetze.

a) Tempus fugit.
b) O tempora, o mores[1]!
c) Ubi bene, ibi patria.
d) Patria mihi totus mundus[2] est.

1 mores: Sitten – **2 mundus,** i: Welt

6 So sprechen Politiker
Wähle eine passende Übersetzung.

ad honores pervenire – barbaros saevos superare – salvus in patriam redire – nuntius victoriae – Germanos cives reddere

7 »Imperium Romanum«
Gestalte eine Mindmap zum Thema »Rom und seine Provinzen«. Verwende dazu die Informationen des Grundwissenstexts, baue aber auch lateinische Vokabeln ein und informiere dich, welche Aufgaben und Pflichten die Statthalter hatten.

8 | 1 Langes oder kurzes »e«? Sortiere die Verben nach Konjugationen.

2 Bilde die 1. und 2. Person Sg. Futur.

a) tacere – colere – tradere – monere – pergere – vincere – movere – delere

b) fugere – metuere – iubere – legere – ardere – facere – ducere – complere

9 Welche Form passt nicht? Begründe deine Auswahl.

a) monebo – iuvabo – cibo – gaudebo

b) turbis – movebis – curabis – augebis

c) ducam – salvam – agam – perveniam

d) coles – pervenies – reddes – mones

e) intelleges – auges – repelles – facies

f) timetis – tribuetis – ponetis – metuetis

10 Gestern – heute – morgen
Sortiere die Verbformen nach Tempora (Imperfekt, Präsens, Futur) und übersetze.

a) mones – negleges – complebit – movebamus – rapimus – relinquam – tradent – redditis – fugietis – faciebat

b) perveniebas – videbis – accipiunt – superabunt – repellunt – fugiebant – transeunt – vivet – exibit

11 | 1 Jeder würfelt einmal pro Wort und bildet die entsprechenden Formen im Präsens, Futur und Imperfekt. Der Partner übersetzt.

1–3: Personen im Sg. / 4–6: Personen im Pl.
venire – volare – esse – quaerere – ducere – posse – monere – capere – ire

2 Wählt weitere Verben aus und würfelt.

12 Ein Traum: Als Titus Sabinius aufwacht, kann er sich nur noch an einzelne Bilder erinnern. Bilde kurze Sätze zu den Bildern (im Futur) und lass deinen Partner übersetzen.

13 Titus Sabinius' Zukunftspläne: Übersetze.

T. Sabinius gaudet: »Aliquando cum uxore in villa pulchra habitabo. Familia magna erit. Liberis probis gaudebimus. Multi servi mihi aderunt. Ad magnos honores perveniam.«

14 Bilde die passenden Futurformen und übersetze.

Gaia non gaudet: »Cras T. Sabinium non iam (videre). Coniunx imperatori (parere). Post nuptias in Galliam (abire). Sed fortasse brevi tempore[1] (redire)? Certe T. Sabinius senator (esse).«

1 brevi tempore: in kurzer Zeit

1 sumpfiger Wald

2 römischer Helm aus Bronze

3 Münzfund vom Ort der Varusschlacht

Das germanische Abenteuer

Terra incognita – unbekanntes Land. Das war für die Römer das Gebiet östlich des Rheins. Zwar hatte Caesar zweimal den Rhein überquert, um römische Macht zu zeigen, doch erst Augustus plante, das Reich nach Nordosten hin auszudehnen. Deshalb schickte er seine Soldaten von den Militärlagern rechts des Rheines aus Richtung Osten vor.

Zunächst sah es so aus, als sei die Germanenpolitik des Augustus erfolgreich. Mit Quinctilius Varus traf er aber 7 n. Chr. eine außerordentlich unglückliche Wahl für einen neuen Statthalter: Varus, ein Mann mit wenig Einfühlungsvermögen im Umgang mit den neu unterworfenen Stämmen, ging mit der ganzen Härte römischer Gerichtsbarkeit gegen sie vor, bis sich die Germanen zum Aufstand entschlossen. Ihren Anführer fanden sie in dem Cheruskerfürsten Arminius (= dt. Hermann).

Im September des Jahres 9 n. Chr. war Varus mit seinem Tross auf dem Weg ins Winterlager, als Arminius ihm von einem drohenden Aufstand berichtete. Er riet zu einem kleinen Umweg, damit Varus diesen Aufstand niederschlagen könne – und der tappte in die Falle. Denn Arminius führte Varus in ein sumpfiges und hügeliges Gelände, das keinen offenen Feldkampf zuließ. Hier warteten bereits die Germanen, um ihren Angriff zu starten. Am Ende waren drei Legionen vollständig aufgerieben. Als Augustus von der Niederlage erfuhr, soll er sich immer wieder seinen Kopf gegen den Türpfosten gestoßen und dabei ausgerufen haben: »*Quinctili Vare, legiones redde!*«

Vom Rhein zur Donau: Der Limes

Nach der Varusschlacht konzentrierten sich die römischen Kaiser stärker auf die Sicherung und Romanisierung der bereits unterworfenen Gebiete. Kaiser Claudius (41–54 n. Chr.) ließ zu diesem Zweck eine mit starken Kastellen geschützte Militärstraße von der Donaumündung bis nach Regensburg erbauen, die über die Via Claudia auch die Verbindung mit Norditalien ermöglichte. Unter Kaiser Domitian (81–96 n. Chr.) wurde eine massive Grenzbefestigung begonnen: der (obergermanisch-rätische) Limes. Er sollte die Außengrenze nach Norden auf eine Linie etwa von Regensburg (an der Donau) bis Bonn (am Rhein) vorschieben. Während sich die beiden Flüsse gut verteidigen ließen, musste der 550 km lange Limes durch Palisaden und Wachtürme gesichert werden. Auf römischer Seite wurde der Limes von einem Straßennetz und von Militärkastellen begleitet, die etwa im Abstand von zehn Kilometern angelegt wurden. Sie konnten im Ernstfall von den Besatzungen der Wachtürme zur Hilfe gerufen werden und ihrerseits wieder Verstärkung von den Legionslagern der Provinzhauptstädte anfordern. Um diese Kastelle herum ließen sich Händler, Handwerker und Familienangehörige nieder, so dass mit der Zeit eine zivile Siedlung *(vicus)* entstand. Durch die Baumaßnahmen und die Stationierung von (gut besoldeten) Truppen erlebte die Gegend einen raschen Aufschwung.

Der Limes bildete keine hermetisch geschlossene Grenze: Die Römer hatten großen Bedarf an Handelswaren aus Germanien, die von Sklaven über Gänsedaunen bis hin zu Kosmetika und Perücken reichten. Entsprechend erlaubten die zahlreichen Grenzübergänge einen regen Warenaustausch, durch den auch römische Waren weit ins »freie« Germanien gelangten. Die Zolleinnahmen trugen zum Unterhalt der Grenzanlagen bei und gleichzeitig konnte durch die Legionäre verhindert werden, dass Waffen ein- oder ausgeführt wurden.

Von der Teufelsmauer zum Weltkulturerbe

Mit dem Niedergang des Römischen Reiches verfiel ab der Mitte des 3. Jh. auch der Limes. Barbarenstämme überrannten ihn und Anwohner nutzten die Mauerreste als Steinbruch. Den verbliebenen Wall konnte man sich im Mittelalter nur noch als »Teufelsmauer« erklären. Erst ab der zweiten Hälfte des 19. Jahrhunderts begann man, die Anlage wissenschaftlich zu erforschen, den Verlauf zu dokumentieren und Ausgrabungen durchzuführen. Auch einzelne Anlagen wurden rekonstruiert (z. B. das Kastell von Pfünz in der Nähe von Eichstätt, der Wachturm von Erkertshofen oder die Porta decumana des Reiterlagers in Weißenburg).

Heute ist der Limes ein international bedeutendes Bodendenkmal, das auch zu Fuß (Limesweg des Fränkischen Albvereins) oder mit dem Fahrrad (Deutscher Limes-Radweg) erwandert werden kann. 2005 wurde er in die Liste des UNESCO-Weltkulturerbes aufgenommen und repräsentiert mit dem Hadrianswall (England) und dem Antoninus-Pius-Wall (Schottland) die »Grenzanlagen des Römischen Reichs«. Doch auch der Schauplatz der Varusschlacht im Teutoburger Wald scheint von der modernen Archäologie gefunden zu sein: Zahlreiche Indizien sprechen dafür, dass sich die Katastrophe nahe dem kleinen Ort Kalkriese im Osnabrücker Land ereignete.

4 Detmolder Hermannsdenkmal

5 Porta decumana des Reiterlagers in Weißenburg

1 Nenne Gründe für das Scheitern des Augustus in Germanien.

2 Übersetze den Ausruf des Augustus.

3 Recherchiere ein römisches Denkmal in deiner Nähe und stelle die Ergebnisse deinen Klassenkameraden vor.

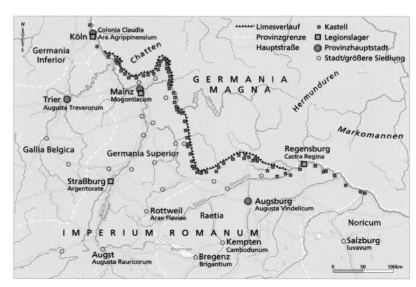

6 Der Limes zwischen Rhein und Donau

Latein-Design

Das Tempusrelief

Viele römische Grabmäler sind mit sogenannten Reliefs geschmückt. Ein Relief ist ein Bild, das nicht gemalt, sondern aus dem Untergrund herausgemeißelt wird. So entsteht ein dreidimensionaler Effekt.

Auch mit Texten lässt sich ein Relief herstellen. Nur werden hier verschiedene Zeitebenen herausgearbeitet. Man spricht daher von einem Tempusrelief.

Ein Tempusrelief ist eine weitere Methode zur Textvorerschließung. Es hilft dir, die Grobstruktur eines Textes zu erfassen und ihn zu gliedern.

Auch kannst du so Vorder- und Hintergrundhandlung leicht unterscheiden und damit leichter die wesentlichen Textinhalte (also worum es in dem Text hauptsächlich geht) finden.

Man kann das mit der Arbeit eines Trickfilmers vergleichen: Auf einem mehr oder weniger starren Hintergrund – dem entspricht das lateinische Imperfekt – animiert der Designer die Figuren – dem entspricht das lateinische Perfekt. Denn schon die Römer lehrten: Im Imperfekt bleibt die Rede stehen, im Perfekt schreitet sie weiter.

Weitere Hinweise erhältst du, wenn du auf die Konnektoren (z. B. *aliquando, semper, subito*) achtest. Sie drücken oft ein zeitliches Verhältnis aus.

Um die Zeitebenen eines Textes herauszufinden, musst du ihn zuerst scannen, alle Prädikate herausschreiben und nach ihren Tempora sortieren.

1 Unterscheide Vorder- und Hintergrundhandlung und äußere Vermutungen über den Inhalt der Erzählung.

Antiquis temporibus in domo regia[1] vivebat rex cum filia. Eam maxime amabat. Itaque virum bonum quaerebat; nam filiam ei in matrimonium dare[2] cupiebat. Sed filia semper omnes[3] viros neglegebat. Aliquando autem filia virum pulchrum equo ad-volare vidit. Statim eum adamavit…

1 in domo regia: in einem Schloss – **2 in matrimonium dare:** zur Frau geben – **3 omnes:** alle

Designer-Sprache

Die lateinische Sprache liebt klare Strukturen. Das gilt auch für die Verbformen. Es geht zu wie in einer Küche, bei der man zwischen verschiedenen Modulen wählen kann.

Denn ein Verb besteht immer aus einem unveränderlichen Wortstamm und einer veränderbaren Endung. Genau diese beiden Module musst du anschauen, wenn du eine Verbform sicher bestimmen willst:

Wortstamm: Präsensstamm oder Perfektstamm?
- Präsensstamm: Hier kennst du schon verschiedene Tempora. Um die Form richtig zu bestimmen, musst du die Endung genau ansehen.
- Perfektstamm: Hier kennst du bisher nur das Perfekt, das du außerdem auch an seiner speziellen Formenreihe erkennen kannst.

Damit du sicher erkennst, ob es sich um den Präsens- oder den Perfektstamm handelt – und zu welchem Wort der Stamm gehört – musst du die Stammformen im Wortschatz immer mitlernen.

Endungen
Um welches Tempus es sich handelt, erkennst du an den Endungen, d. h. am Tempuskennzeichen:

Vom Präsensstamm werden gebildet:

Präsens:	clama-t
Imperfekt:	clama-**ba**-t
Futur I:	clama-**bi**-t / accipi-**e**-t

Vom Perfektstamm werden gebildet:

Perfekt:	clamav-it
Plusquamperfekt:	*noch nicht bekannt*
Futur II:	*noch nicht bekannt*

Das habe ich gelernt:

Das Tempusrelief zeigt mir die verschiedenen Zeitebenen eines Textes. Die Stammformen helfen mir beim Bestimmen der Verbformen.

1 | 1 Mutter Latein und ihre Töchter – Portugiesisch:
Nenne die lateinischen Ursprungswörter und
deren deutsche Bedeutung.

2 Lass dir die Begriffe von jemandem
vorlesen, der Portugiesisch kann. Formuliere
Ausspracheregeln.

a) tempo – senador – vitória – núpcias – letra
   – honra – cōnjuges
b) orar – rir – estudar – prometer – fugir
c) bárbaro – civil – ótimo – primeiro – ocioso
   – honesto – amplo

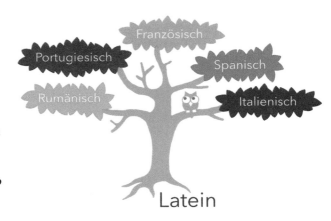

2 | 1 ēre oder ĕre: Sortiere die Verben in zwei
Gruppen.

2 Bilde jeweils die 1. und 2. Pers. Sg. Futur.

tradere – movere – nubere – respondere –
ridere – diligere – ducere – studere – promittere – iubere – parere

3 | 1 Präsens oder Futur? Sortiere die Formen.

2 Bilde zu den Präsensformen die entsprechenden
Futurformen und umgekehrt.

iubebit – diliges – quaerent – perveniemus
– ago – studes – videbitis – exit – iuvabo –
respondent – promittet – tradetis – facitis

4 Übertrage die Tabelle in dein Heft und sortiere die
Verben ein.

Präsens	Futur I	Imperfekt	Perfekt
? ? ?	? ? ?	? ? ?	? ? ?

abibo – parit – iuvisti – redibam – superabis –
movet – vidit – scies – nubemus – fugiebatis –
nescivimus – orabant – rapient – metuitis

5 Formentelefon: Wähle aus jeder Zeile eine
Nummer und rufe dann einen Klassenkameraden
auf, der die Form bilden muss. Ist die Form richtig,
darf er weiter telefonieren.

1. fugere	2. redire	3. orare	4. ridere
1. Person		2. Person	3. Person
1. Singular		2. Plural	
1. Präsens	2. Futur I	3. Imperf.	4. Perf.

6 | 1 *esse* oder *ire*? Bestimme jeweils Person,
Numerus und Tempus und übersetze die Form.

sumus – isti – erant – itis – eritis – eo – fuisti
– ibo – este! – ierunt – ero – ibat – fuit – isse

2 Bilde zu den Formen von *esse* die
entsprechenden von *ire* – und umgekehrt.

7 | 1 Sortiere die Formen von *ire* und *posse* in die
Tabelle ein.

posse		ire	
Präsens	Imperfekt	Präsens	Imperfekt
? ? ?	? ? ?	? ? ?	? ? ?

poteras – ibat – possunt – is – potestis – ibatis
– poteram – imus – potest – eo – poteramus
– ibant

2 Ergänze die jeweils fehlenden Formen.

8 Titus Sabinius erzählt von einem Erlebnis im Feldlager. Übersetze und erkläre jeweils den Tempusgebrauch.

Sermonem[1] cum amico habebam, cum nuntius venit: »Per silvas[2] amplas ibamus. Silentium semper servabamus, quia imperator iterum atque iterum monebat. Et vere: Subito copias Germanorum audivimus. Insidias[3] nobis parabant. Itaque eos petivimus et superavimus. Certe imperator nunc dicet: ›Bene fecistis, milites!‹«

1 sermo, onis *m.*: Gespräch – **2 silva,** ae: Wald – **3 insidiae,** arum: Hinterhalt

9 | 1 Ordne Begriffe, die zueinander passen, zu Gruppen.

2 Suche jeweils eine passende Überschrift für die Gruppen.

Präposition – Verb – Dativ – Perfekt – Akkusativ – Femininum – Präsens – Substantiv – Imperfekt – Maskulinum – Neutrum – Subjunktion – Nominativ

10 »Tabu!« – Fachbegriffe sind gefragt
Bildet Zweierteams. Immer abwechselnd erklärt einer von euch seinem Partner einen grammatikalischen Begriff, ohne diesen zu nennen. Natürlich dürft ihr auch eine Reihe von Beispielen geben. Für jeden erratenen Begriff gibt es einen Punkt. Welches Team gewinnt?

11 Ergänze die Sätze mit den passenden Namen. Die jeweils in Klammern angegebenen Buchstaben der Namen ergeben (richtig sortiert) ein Lösungswort.

a) Der ▮ ist der Grenzfluss zwischen dem Imperium Romanum und der Magna Germania. (1)

b) ▮ führte die römischen Legionen im Jahr 9 n. Chr. in einen Hinterhalt und schlug sie vernichtend. (3)

c) Kaiser ▮ plant die Anlage einer großen Grenzbefestigung nach Norden hin und leitet die ersten Baumaßnahmen ein. (2)

d) Der Limes gehört wie der ▮ im Norden Englands zum Weltkulturerbe. (2)

12 | 1 Stelle zusammen, was du über römische Hochzeitsbräuche weißt.

2 Lass dir von deinen Eltern erzählen, wie ihr Hochzeitstag abgelaufen ist. Vergleiche mit den römischen Hochzeitsbräuchen.

3 Beschreibe, was man heute unter einer Familie versteht, und benenne Unterschiede zu einer römischen *familia*.

Marmor ist ein ideales Material zur Herstellung von Statuen. Er lässt sich leicht bearbeiten, ist sehr widerstandsfähig – und lässt sich gut bemalen. Die Antike liebte es nämlich bunt, wie Funde auf Marmorresten zeigen. Kein Wunder also, dass man Marmor gern zur Gestaltung privater und öffentlicher Häuser und Anlagen nutzte. Vor allem Politiker ließen sich (meistens etwas geschönt!) in Marmor meißeln. Damit erreichten sie, dass ihr Gesicht einer breiten Öffentlichkeit bekannt wurde. Das war vor allem in den entfernteren Teilen des Imperiums notwendig. Kaiser Augustus ließ im gesamten Imperium standardisierte Statuen von sich aufstellen. Vermutlich hinge heute ein (digital nachbearbeitetes?) Foto des Augustus in allen öffentlichen Einrichtungen.

1 Beschreibe die Statuen von Caesar und Augustus und vergleiche ihre Kleidung. Deute deine Beobachtungen und interpretiere die Körpersprache der beiden Herrscher.

1 Statue von Gaius Iulius Caesar

2 Farbige Rekonstruktion des Augustus von Primaporta

Die Aeneasskulptur stammt von Gian Lorenzo Bernini, einem Künstler des 17. Jahrhunderts. Erst wenige Jahrzehnte zuvor hatte man den Werkstoff Marmor und die antike Bearbeitungsmethode für die Bildhauerei wiederentdeckt.

Zu dieser Zeit wusste man noch nicht, dass Statuen in der Antike ursprünglich bunt bemalt gewesen waren. Darum setzte sich die Vorstellung durch, dass griechische und römische Marmorskulpturen immer weiß waren, und man stilisierte diese falsche Sicht zum Ideal klassischer Kunst.

Aber noch etwas Anderes, bisher nicht Gekanntes hatte man den antiken Statuen abgeschaut. Es war deren Leichtigkeit und Lebendigkeit, die die Künstler faszinierte. Und in der Tat: Die Figuren Berninis scheinen zu leben. Beinahe schwerelos trägt Aeneas seinen Vater Anchises. Hinter ihm sein Sohn Ascanius. Doch diese Leichtigkeit erforderte großes Geschick des Bildhauers ...

2 Vergleiche die Position des Ascanius mit der des kleinen Genius am Bein des Augustus. Betrachte auch andere antike Marmorstatuen. Erkläre, welches Problem die Bildhauer lösen mussten.

3 Aeneas von Gian Lorenzo Bernini

Was für ein Anblick!

Nach Titus' Abreise verbringt Gaia die restlichen Ferien mit ihrer ganzen Familie auf dem Landgut ihres Großvaters in Kampanien. Eines Nachmittags erkundet Marcus auf eigene Faust das Umland und kommt an einen reizvollen Küstenabschnitt.

Marcus subitō villam singulārem aspexit. Quis ibī habitat? Marcus accessit. Numquam villam pārem atque eam vīdit. Ecce mūri alti, porticūs[1] amplae, balnea[2] ēlegantia! Neque bibliothēca (!) antīqua dēerat neque aqua cum insulīs pulchrīs. Dum Marcus ea oculīs ācribus iterum
5 atque iterum spectat, sciēbat sē nūllam villam intrāre mālle quam eam.

Nunc virum māgnā ēloquentiā verba Graeca dē laude hūmānitātis facere audit. Certē is homō doctus est, quia multī discipulī ōrātiōnī eius sē dedunt. Sedent autem omnēs in hortō dulcī, ubī statuae (!) hominum nōbilium sunt, avēs[3] variae cantant, piscēs[4] celerēs flūmina habitant.
10 Nōnne deus eam villam aedificāvit?

Dum Marcus ad portam stat et oculōs tollit, litterās legit: »LUCULLUS FECIT«. Simul intellegit procul ingēns mōnstrum (!) imminēre[5]: Est Vesuvius. Nōnne is mōns āter[6] aliquandō causa variōrum dolōrum atque māgnae calamitātis erit?

1 porticūs (= Nom. Pl. *f.*): Säulenhallen

2 balneum, ī: Bad

3 avis, is *f.:* Vogel

4 piscis, is *m.:* Fisch

5 imminēre: 1. emporragen 2. drohen

6 āter, ātra, ātrum: schwarz, grauenvoll

1 Stelle aus dem Text alle Adjektivformen zusammen und ordne sie einer Deklinationsklasse zu. Analysiere, wo die Endung vom bisher bekannten Deklinationsschema abweicht.

2 Erkläre den Tempuswechsel in Absatz 2.

3 Benenne das stilistische Mittel in der letzten Zeile und beschreibe seine Wirkung.

4 Zeichne das Haus des Lukullus nach den Beschreibungen im Text.

Grundwissen: C. Plinius Caecilius Secundus

Zur Zeit des Vesuvausbruchs 79 n. Chr., der u. a. Pompeji zerstörte, war Plinius 18 Jahre alt. Seine beiden Augenzeugenberichte sind eine wichtige Quelle für die Rekonstruktion der Katastrophe.
Um 61/62 n. Chr. in Novum Comum (heute: Como, Oberitalien) geboren, wurde Plinius nach dem frühen Tod seines Vaters von seinem Onkel, dem Naturforscher C. Plinius Secundus, erzogen und nahm nach der Adoption auch dessen Namen an. Als Rechts- und Finanzexperte machte er unter den Kaisern Domitian, Nerva und Trajan Karriere und krönte diese im Jahre 100 n. Chr. mit dem Konsulat. 111 wurde er als kaiserlicher Statthalter in die Provinz Bithynien und Pontus am Schwarzen Meer geschickt und ist etwa 113 dort verstorben. Von seinem Leben können wir uns aufgrund einer großen Zahl literarischer Briefe ein sehr gutes Bild machen. Bemerkenswert ist außerdem Plinius' dienstlicher Briefwechsel mit Kaiser Trajan zu verschiedenen Fragen der Provinzverwaltung, u. a. der Behandlung der Christen.

Die Katastrophe hautnah

Marcus hatte beim Blick auf den Vesuv eine dunkle Vorahnung beschlichen.
Diese bestätigte sich nur allzu schnell. Folgendes berichtet der berühmte
Schriftsteller Plinius der Jüngere über den Vulkan im Jahr 79 n. Chr.:

»Vōbīs nārrābō dē singulārī calamitāte avunculī[1] meī, hominis doctī et
honestī! Erat Mīsēnī[2], cum procul ē Vesuviō monte amplae flammae
altaque incendia sē sustulērunt. Avunculus, dum aliī suam salūtem
petunt, statim spectāculum nātūrae (!) vidēre et amīcīs adesse voluit.
5   Itaque Stabiās[3] adiit.

Ibī Pompōniānus amīcus iam dēspērat et auxilium exspectat. Avunculus
eum in vīllā convenit, miseriam eius familiaeque ōrātiōne dulcī tollere
studet. Amīcī, quamquam hominēs clāmāre et flēre saepe audiunt,
quamquam mūrōs sē movēre et aliās vīllās ārdēre vident, tamen Stabiīs[3]
10 remanent. Nam propter ingentēs undās[4] mare[5] trānsīre nōn iam possunt.
Incendia saeva flammāsque ācrēs vix tolerant, omnia relinquunt, ē vīllā
exeunt.

Tum avunculus iterum atque iterum aquam cupit: Servī praebent. Modo
currere potest, subitō cadit[6], quod anima dēest. Pompōniānus autem
15 cum familiā sē servat. Trībus diēbus post[7] corpus avunculī mortuī
tamquam salvum invēnērunt.«

1 avunculus, ī: Onkel

2 Mīsēnī: in Misenum

3 Stabiae, ārum: Stabiae; **Stabiīs:** in Stabiae

4 unda, ae: Woge, Welle

5 mare, maris *n.*: Meer

6 cadit: er fällt zu Boden

7 trībus diēbus post: nach drei Tagen

1 Gib mögliche Gründe an, warum Plinius' Onkel trotz drohender
Gefahr nach Misenum gereist ist. Dann informiere dich online (z. B. im
Originaltext: Plinius-Brief 6,16) über seine Beweggründe und bewerte
seine Entscheidung.

2 Informiere dich über den Ausbruch des Vesuvs und seine Folgen.

1 Im Garten des Lukullus …
Übersetze. Erstelle ein Deklinationsschema für das
neue Adjektiv »acer«.

Omnes[1] discipuli hortum adeunt. Tum verba
magistri[2] Graeci audiunt. Sed oratio non
omnibus discipulis placet: Subito oratio[3]
dulcis[4] non est. Nam magister[2] omnes liberos
clamore acri[5] reprehendit. Nunc etiam plagis[6]
acribus[5] eos verberat: Dolor omnium discipu-
lorum acer[5] est.

1 omnes: alle – **2 magister:** Lehrer – **3 oratio:**
Rede – **4 dulcis:** süß – **5 acer:** heftig -
6 plaga, ae: Prügel

2 | **1** Stelle alle lateinischen Wörter zusammen, die
du brauchst, um das Bild zu beschreiben.
2 Bilde kurze lateinische Sätze und lass deinen
Nachbarn übersetzen.

3 »Verwandte« Wörter
Erschließe die Wortart und die Bedeutung.

a) nobilis → nobilitas, tatis *f.*
b) dulcis → dulcitudo, dulcitudinis *f.*
c) elegans → elegantia, ae *f.*

4 Ein Wort - viele Bedeutungen
Wähle die jeweils treffende Übersetzung.

a) insula dulcis – carmen dulce – otium dulce
b) corpus mortui tollere – clamorem tollere –
oculos tollere – laudibus tollere
c) pugna acris – dolor acer – clamor acer
d) eloquentia singularis – humanitas
singularis – discipulus singularis

5 Für Sprachforscher
Erschließe die Bedeutung folgender Wörter.

Der Vesuvausbruch war ein <u>singuläres</u> Ereignis. Erdbeben sowie herabregnendes Gestein
brachten <u>simultan</u> Verwüstung über das Umland. Aber die Katastrophe hatte auch einen
positiven <u>Aspekt</u>: In Herculaneum sieht man
noch <u>elegante</u> Tempel und <u>noble</u> Landhäuser,
die sehr gut erhalten sind.

6 Deklinieren – liegt auf der Hand!
Zeichne noch einmal die Umrisse deiner Hände auf ein Blatt. Jeder Finger steht für einen Kasus. Dekliniere:

a) vir nobilis – b) corpus ingens –
c) domina elegans – d) homo singularis

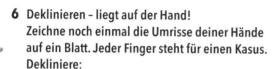

7 *velle, nolle, malle*
Ersetze die unterstrichenen Ausdrücke durch die jeweils passende Form des in Klammern gegebenen Verbs.

a) Marcus villam Luculli aspicere <u>cupit</u>. (velle)
b) Amicus: »Num aliam villam intrare <u>cupis</u>, Marce?« (malle)
c) Marcus: »<u>Non cupio</u>. Et tu certe <u>non cupis</u>.« (nolle)
d) Marcus monstrum (!) sibi[1] imminere[2] <u>non cupiebat</u>. (nolle)
d) Dum e Vesuvio flammae se tollunt, homines fugere <u>cupiverunt</u>. (velle)

1 sibi: ihm – **2 imminere:** drohen – **3 avunculus:** Onkel

8 Adjektiv-Tausch
Ersetze die unterstrichenen Adjektive: Aus »doctus« wird »elegans«, aus »magnus« wird »ingens«. Übersetze dann.

a) Verba magistri Graeci <u>docta</u> sunt.
b) Is discipulos verbis <u>doctis</u> delectat.
c) Omnes <u>magnae</u> eloquentiae eius laudem tribuunt.
d) Sed cur dicit se <u>magnam</u> calamitatem timere?

9 Welche Form passt? Entscheide.

a) corpus (pulcher, pulchra, pulchrum)
b) calamitate (pari, par, paris)
c) viri (nobili, nobiles, nobilium)
d) eloquentiam (dulcis, dulce, dulcem)
e) dona (singularia, singular, singularis)
f) hominis (doctos, docti, doctis)
g) clamorem (magnam, magnum, magnus)

10 Adjektive: bunt gemischt
Ergänze die passende Endung und übersetze.

a) ingent■ clamorem tollere
b) eloquentia singular■ est
c) de insula dulc■ audire
d) omn■ discipuli adsunt
e) homini nobil■ adesse
f) verba elegant■ facere

11 Womit? Wie? Wann?
Übersetze und bestimme die Funktion des Ablativs.

Discipulus non gaudet:
a) Semper in schola esse mihi non placet.
b) Ingenti labore verba docta audire nolo.
c) In horto otio me dabo.
d) Ibi cum fratribus ludere potero.
e) Pater: »Mi fili, veni statim! Te villam Luculli equo petere necesse est. Ibi orationem viri Graeci in horto audies.«

12 cum – »mit«, »immer wenn« oder »als«?
Übersetze und begründe deine Wahl.

a) Marcus villam Luculli spectat, cum monstrum (!) adesse intellegit.
b) Marcus, cum monstrum (!) timet, clamorem tollit.
c) Dicit: »Cum familia domum redibo. Certe ei omnes mecum venient.«

Irre spannend!

Marcus erkundet nicht nur die Umgebung, sondern auch das Haus seines Großvaters. So entdeckt er einige Tage später in dessen Bibliothek eine Schriftrolle mit dem Titel »Epitome Odusiae« (Auszug aus der Odyssee), die sein Interesse weckt. Er beginnt sofort zu lesen, was Odysseus dem Phäakenkönig Alkinoos von seinen Irrfahrten erzählt:

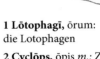

»Postquam Trōiam dēlēvimus, paene tōtum orbem terrārum vīdimus. Multa perīcula atque difficilēs labōrēs nōs diū terrēbant. Audī ea, quae tolerāre vix poteris!

Post pūgnās ācrēs Lōtophagī1 nōs in terram suam, quae pulchra dul-
5 cisque est, recipiēbant. Comitēs, quī cibīs Lōtophagōrum maximē gaudēbant, ibī remanēre volēbant, quamquam ego effugere māluī. Ergō eōs vinculīs tenēbam, dum rēgnum Lōtophagōrum relinquimus.

Tum fātum nāvem ad regiōnem dūxit, in quā Cyclōpēs² habitābant. Polyphēmus³ Cyclōps, cuius antrum⁴ intrāvimus, aliquot virōs statim
10 necāvit. Quod is tam fortis crūdēlisque erat, dolum adhibēre necesse fuit. Rogāvit: ›Quis es?‹ Respondī: »›Nēmō‹ sum.« Tum māgnam cōpiam vīnī ei dedī; dum dormit, oculum sōlum eius exstīnximus. Polyphēmus saevus Cyclōpibus, quī ad-currērunt, quia ei adesse volēbant, dīxit ›Neminem‹ sē caecum reddidisse. Dēnique nōs, nōn iam captīvī, fūgimus.

15 Sed Neptūnus⁵, quī est pater Polyphēmī, nōs poenās dāre voluit. Nāvem ad Scyllam⁶ et Charybdim⁷ pepulit. Post multa perīcula nunc ego sōlus supersum.«

1 **Lōtophagī**, ōrum: die Lotophagen
2 **Cyclōps**, ōpis *m.*: Zyklop
3 **Polyphēmus**, ī: Polyphem
4 **antrum**, ī: Höhle
5 **Neptūnus**, ī: Neptun
6 **Scylla**, ae: Skylla
7 **Charybdis**, is *f.*: Charybdis

1 Erschließe mit Hilfe des Einleitungstexts den Inhalt des lateinischen Texts. Gib an, welche sprachliche Gestaltung zu erwarten ist.

2 Gliedere den Text und gib den einzelnen Abschnitten Überschriften. Erkläre die Verwendung der verschiedenen Tempora.

3 Charakterisiere den Zyklopen Polyphem und belege deine Beobachtungen am lateinischen Text.

Grundwissen: Der Trojanische Krieg

Eines der zentralen Ereignisse der antiken Mythologie ist der Trojanische Krieg, der scheinbar harmlos mit einer Schönheitskonkurrenz zwischen den Göttinnen Juno, Minerva und Venus beginnt. Der junge Hirte Paris, Sohn des trojanischen Königs Priamos, soll als Schiedsrichter sein Urteil fällen. Er spricht den Siegespreis Venus zu, weil sie ihm die schönste Frau der Welt in Aussicht gestellt hat. Obwohl Helena mit Menelaos verheiratet ist, wird sie von Paris nach Troja entführt. Die Entführung entfacht einen erbitterten Krieg zwischen Griechen und Trojanern.

Nachdem zehn Jahre später immer noch keine Entscheidung auf dem Schlachtfeld gefallen ist, bringt eine List des genialen Odysseus die entscheidende Wendung: Ein hölzernes Pferd, dessen Bauch mit schwerbewaffneten Griechen gefüllt ist und das die Trojaner ohne Vorahnung in die Stadt ziehen, verschafft den Griechen den Sieg. Doch noch können die Griechen nicht aufatmen: Es wird weitere zehn Jahre dauern, bis der letzte von ihnen, Odysseus, endlich wieder in seine geliebte Heimat Ithaka zurückkehren wird.

Zwischen Skylla und Charybdis

Alkinoos ist von Odysseus' Irrfahrt sehr beeindruckt und will mehr über dessen Abenteuer erfahren. Deshalb schildert Odysseus dem König seine gefährliche Begegnung mit Skylla und Charybdis:

»Audī, audī nunc dē mōnstrīs (!), quibus nūlla nāvis effugit! Subitō māgnās undās¹ procul aspexī: Fuit Charybdis, quae nāvēs tamquam cibum dēvorat². Ego nōn īgnōrābam nōs ad eam accēdere nōn dēbēre. Sīc cursum (!) novum tenēbāmus, quem tūtum³ putābam. Dum eius
5 spectāculum singulāre spectāmus, oculōs ā-vertere nōn potuimus. Turbam et clāmōrem audiēbam, verticem⁴ altum vidēbam, quem plūs quam omnia timuī.

Iam crēdidimus nōs perīculum effūgisse, cum alterum mōnstrum (!) aspexī, quod mē maximē terrēbat. Ecce Scylla, quae in īnsulā prope⁵
10 Charybdim habitat! Ei sunt sex ora, in quibus duodecim oculī tamquam flammae ārdent. Quam ācer est clāmōr, quam ingēns vīs eius bestiae! Nēmō eam necāre potest.

Dum comitēs fortēs in nāve stant et perīculum intellegere student, Scylla celeris aliquot eōrum mihī ēripuit. Quamquam eōs nōmen meum clā-
15 māre audīvī, eōs servāre nōn potuī. O fātum crūdēle! Cūr Neptūnus nōbis nōn affuit?«

1 unda, ae: Welle
2 dēvorāre: verschlingen
3 tūtus, a, um: sicher
4 vertex, icis *m.:* Strudel
5 prope *(+ Akk.):* nahe bei

1 Fasse mit eigenen Worten die Ereignisse auf See zusammen.
2 Berichte als Reporter über ein Schiffsunglück bei Skylla & Charybdis.
3 Recherchiere weitere Abenteuer von Odysseus auf seiner Irrfahrt bis in seine Heimat Ithaka und trage sie in der Klasse vor.

1 Hilfe, Ungeheuer!
Übersetze. Beschreibe die neuen Erscheinungen.

Scylla et Charybdis omnes naves[1] petunt.
Scylla capit ...
... viros, qui ingenti virtute pugnaverunt.
... mulieres, quarum clamor magnus est.
... caprum, cui denique vitam dono dat.
Charybdis capit ...
... totam navem, quae eam accedit.

1 naves: Schiffe

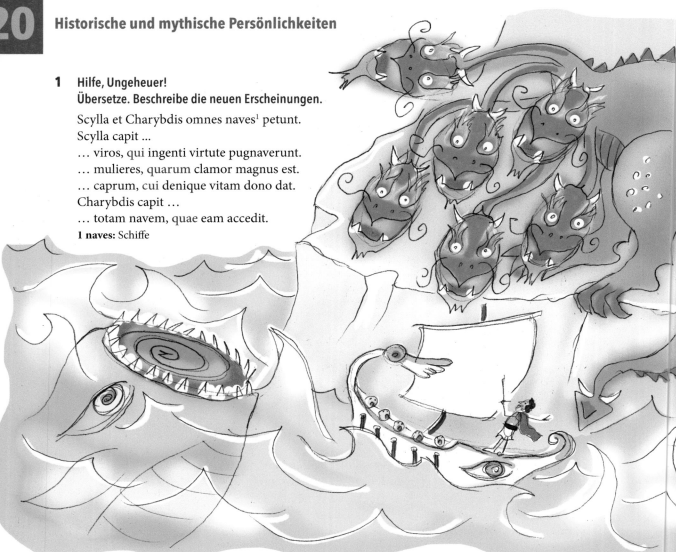

2 | 1 Stelle alle lateinischen Wörter zusammen, die
du brauchst, um das Bild zu beschreiben.

2 Bilde kurze lateinische Sätze und lass deinen
Nachbarn übersetzen.

3 Sprichwörtlich!
**Übersetze die Wendung, erkläre ihre Bedeutung
und suche eine deutsche Entsprechung:**

»Íncidit[1] ín Scyllám, qui vúlt vitáre[2] Charýb-
dim.«

1 incidere: hineinfallen, hineingeraten – **2 vitare:**
meiden

4 Ein Wort - viele Bedeutungen
Wähle die jeweils treffende Übersetzung.

a) amicos adhibere – dolos adhibere
b) orbem terrarum regere – navem regere
c) captivos tenere – urbem tenere
d) miles fortis – bestia fortis

5 Für Sprachforscher
**Nenne die lateinischen Ursprungswörter und
erschließe die Bedeutung der folgenden Wörter.**

a) Französisch: navire – terre – difficile –
tenir – fort – régir
b) Italienisch: pericoloso (Adj.) – pena –
crudele – terrore – fuggire

6 Deklinieren - liegt auf der Hand!
Zeichne noch einmal die Umrisse deiner Hände auf ein Blatt. Jeder Finger steht für einen Kasus. Dekliniere:

a) is, ea, id
b) qui, quae, quod

7 Bezugswort gesucht!
Entscheide, welches Bezugswort jeweils in Numerus und Genus zum Relativpronomen passt, und übersetze.

a) (viri, dominus, bestia), qui monstra (!) videt
b) (comites, naves, captivus), quos Scylla capit
c) (insula, campus, templum), in qua Scylla habitat
d) (bestia, calamitas, fatum), quod Ulixes crudele vocat

8 Noch mehr Pronomina
Bestimme die Formen von »is, ea, id« und bilde die entsprechende Form des Relativpronomens – und umgekehrt.

a) eorum – iis – eius –eos – earum
b) ii – id – eum – ea – ei – eae – eas
c) quod – cui – quibus – quem – quae

9 | 1 Und im Deutschen? Füge die passende Form des Relativpronomens ein.

a) Ein Ungeheuer, ? ? ? packt (= nimmt), ist eine Gefahr.
b) Die Waffen, ? ? ? die Gefährten kämpfen, sind scharf.
c) Skylla sucht Schiffe, ? ? ? Vorräte und Männer sie rauben will.
d) Die Männer, ? ? ? sie packt (= nimmt), wird sie töten.
e) Der Ziegenbock, ? ? ? Skylla das Leben schenkt, freut sich besonders.

2 Übersetze ins Lateinische.

10 Abenteuer Reise
Ergänze die passende Form des Relativpronomens und übersetze.

a) Urbs, e ? ? ? venimus, magna est.
b) Bestias, ? ? ? nos interficere volunt, videmus.
c) Calamitas hominum, ? ? ? naves Charybdis cepit, nos omnes movet.
d) Insula, ? ? ? adimus, pulchra est.
e) Scyllam et Charybdim, de ? ? ? audivimus, timemus.
f) Tamen de salute, ? ? ? fortasse in periculo est, non desperamus.

11 Die Griechen bei Polyphem. Übersetze.

a) Polyphemus Graecos, qui captivi eius erant, terrebat.
b) Sed Ulixes, cui animus acer erat, non desperavit.
c) Dolus, quem tum adhibuit, crudelis fuit.
d) Sed Polyphemus nomen viri, qui eum caecum reddidit, numquam scivit.

12 Homers Erzählung. Benenne das Bezugswort der Pronomina. Übertrage den Text in dein Heft, markiere die AcIs mit einer Klammer und übersetze.

Homerus narrat Scyllam et Charybdim multos viros navesque cepisse. Constat omnes homines eas maxime timere. Sed Ulixes se eas effugere posse putavit. Tamen eum multos comites amisisse legimus. Tandem Ulixes intellexit se solum superesse.

Aeneas in der Unterwelt

Am Abend vor der Abreise kann Paulla nicht einschlafen – ein Sklave setzt sich zu ihr und erzählt ihr eine ihrer Lieblingsgeschichten: die Erzählung von Aeneas, der in der Unterwelt seinen toten Vater besucht.

Aenēās animō sollicitus[1] ad portam rēgnōrum īnfernōrum[2] stetit: Cum amīcīs patriam iussū deōrum relīquerat et multōs annōs per maria errāverat. Iam diū cūrae gravēs eum oppresserant. Herī autem in somnō umbram Anchīsae[3], patris mortuī, vīderat. Quī iusserat: »Fīlī, venī ad mē
5   in Dītis[4] inānia rēgna! Tum fātum gentis tuae cognōscēs.«

Quā dē causā pius Aenēās ad īnferōs dēscendit, Stygem[5] flūmen trānsiit, ad rēgna īnferna[2] vēnit. Quō locō nōn sōlum ingentēs bēstiae, sed etiam animae mortuōrum et umbrae hominum futūrōrum[6] habitant.

Pater Anchīsēs, postquam Aenēam vīdit, dīxit: »Vēnistī tandem, tuaque
10   pietās vīcit iter dūrum. Es bonō animō! Tē fāta gentis nostrae docēbō:

Ecce umbra Rōmulī, quī urbem Rōmam condet septemque montēs mūrō circumdabit, cum frātrem vīcerit. Hīc vidēs Caesarem, virum fortem, et omne genus Iūlī[7], filiī tuī. Ecce, is vir erit Augustus, quem omnēs patrem patriae appellābunt, cum orbī terrārum pācem imposuerit.«

15   Tum Anchīsēs filium ad portam redūxit. Quī laetus rēgna īnferōrum relīquit.

1 sollicitus, a, um: beunruhigt

2 infernus, a, um: unterirdisch, Unterwelts-

3 Anchīsēs, Anchisae *m.*: Anchises *(Vater des Aeneas)*

4 Dīs, Ditis *m.*: Pluto *(Gott der Unterwelt)*

5 Styx, Stygis *f.*: Styx *(Fluss der Unterwelt)*

6 futūrus, a, um: zukünftig

7 Iūlus, ī: Iulus *(Sohn des Aeneas)*

---

1   Informiere dich über den Trojanischen Krieg und Aeneas' Flucht aus Troja.

2   Stelle aus dem Text Wörter zum Sachfeld »Unterwelt« zusammen.

3   Gliedere den Text und gib den einzelnen Abschnitten Überschriften. Orientiere dich dabei am verwendeten Tempus.

4   Begründe, weshalb Aeneas am Ende »laetus« (Z. 15) ist.

Grundwissen: Aeneas

In einer einzigen Nacht haben die Griechen Troja zerstört. Nur wenige Trojaner entkamen dem Inferno. Unter Führung des Aeneas, dem Sohn der Göttin Venus, fliehen sie mit den trojanischen Hausgöttern, den Penaten, über das Meer. Es wird eine Fahrt ins Ungewisse, denn obwohl die Götter ihre Rettung beschlossen haben, müssen die Trojaner doch ihre neue Heimat selbst finden. So führt sie ihre Irrfahrt bis nach Nordafrika (Karthago), wo sich Königin Dido und Aeneas verlieben. Schließ-

lich muss Aeneas von den Göttern an seinen Auftrag erinnert werden. Er reist Hals über Kopf ab, während Dido Selbstmord begeht – die Feindschaft zwischen Rom und Karthago, die zu den drei Punischen Kriegen führen wird, ist geboren. Im achten Jahr erreichen die Trojaner endlich Latium in Italien und dürfen sich dort niederlassen. Aeneas' Sohn Iulus wird später Alba Longa, die Mutterstadt Roms, gründen und gilt als Ahnherr der *gens Iulia,* zu der auch Caesar und Augustus gehören.

Eine traurige Begegnung

Nicht nur die Aussicht auf eine glückliche Zukunft nahm Aeneas aus der Unterwelt mit. Auch eine traurige Begegnung war ihm beschieden.

Iam diū Aenēās per rēgna īnferōrum errāverat, cum in itinere umbram Didōnis[1] vīdit. Quā dē causā recordātus[2] est: In eius rēgnum per maria vēnerat, postquam patriam cum amīcīs relīquit. Rēgīna[3] hospitem accēperat, urbem suam dēmōnstrāverat, quam condiderat et magnīs
5 mūrīs circumdederat. Didōnem[1] tantā pietāte amāverat – sed fātum nōn erat apud eam remanēre …

Tum eam appellāvit: »Misera et fortis Didō[1], tē hīc videō?! Vērus ergō nūntius ad mē vēnerat! Quī dīxit tē mortuam esse et tē ipsam[4] gladiō exstīnxisse … – Crēde mihī: Nōn dē rēgnō tuō abiī! Iussū deōrum, quī
10 mē fātum docuērunt, tē relīquī. Cūr nōn respondēs?« Didō[1] autem abiit ad aliās umbrās inānēs.

1 **Didō,** Didōnis *f.*: Dido *(karthagische Königin)*

2 **recordātus est:** er erinnerte sich

3 **rēgīna,** ae: *Femininum zu* rex

4 **tē ipsam:** dich selbst

1 Stelle zusammen, was du über die Beziehung zwischen Aeneas und Dido erfährst. Belege am lateinischen Text.

2 Erkläre, warum Dido Aeneas nicht antwortet.

1 Die Eroberung Trojas …
Übersetze und beschreibe die neuen Erscheinungen.

Temporibus antiquis Troia[1] magna urbs fuerat. Sed Graeci[2] eam capere voluerant et bellum paraverant. Tandem urbs, quam Graeci[2] multos annos oppresserant, arsit. Multi homines, quamquam magna vi pugnaverant, mortui iacebant.

1 Troia: Troja *(Stadt in Kleinasien)* –
2 Graeci: die Griechen

2 … und die Flucht des Aeneas
Übersetze und beschreibe die neuen Erscheinungen.

Dum urbs Troia[1] iam ardet, Aeneas[2] in somno vocem deae audivit. Quae Aeneam servare voluit.
Nam Aeneas, cum Troiam reliquerit, gentem suam servabit. Patriam novam, quam multos annos quaesiverit, tandem inveniet. Quae patria in Italia sita erit[3]. Ibi urbem novam condet.

1 Troia: Troja *(Stadt in Kleinasien)* – **2 Aeneas:** *trojanischer Held* – **3 situs esse:** liegen

3 Wortfix: Ordne folgende Wörter den Bildern zu.

murus – mare – porta – iter – mortuus – mons – umbra – urbs – somnus – insula

4 »pietas« – Übersetzen im Kontext
Was genau bedeutet der Begriff »pietas« jeweils? Finde die passende deutsche Übersetzung.

a) pietas filiae in matrem; pietas patris in filios
b) pietas Aeneae in deos
c) pietas imperatoris in milites
d) pietas senatorum in officiis

5 Ein Wort – viele Sinnrichtungen
Wähle die jeweils passende Übersetzung.

dominus gravis: ein strenger Herr
curae graves – officium grave – cibus gravis – vox gravis – oratio gravis – poena gravis – bellum grave – terra gravis

6 Gegensätze: Finde das passende Gegenstück. Übersetze dann die Wortpaare.

carus – inanis
doctus – ? ? ?   mare – ? ? ?
durus – ? ? ?   effugere – ? ? ?
pax – ? ? ?   relinquere – ? ? ?

7 | 1 Stammformen: Nenne zu den Wörtern den Infinitiv Präsens und die Bedeutung.
2 Sortiere: Perfekt, Plusquamperfekt oder Futur II?

iusserat – circumdedit – viderint – fueramus – steterant – reduxerint – docueram – coepisti – reliquerat – oppresserunt – considerant

8 Welches Wort passt nicht? Beachte die Tempora und begründe deine Auswahl.

a) affuerant – tradiderant – duxerunt
b) fleverunt – fugerant – fecerunt
c) apportaverint – condiderant – petiverant
d) dixeras – deleveris – affueras
e) circumdat – cognoverat – curat
f) vincebamus – egeramus – dabamus

9 Bilde die fehlenden Formen.

Präsens	Perfekt	Plqpf.	Futur II
appellat	appellavit	? ? ?	? ? ?
terrent	? ? ?	? ? ?	? ? ?
doceo	? ? ?	? ? ?	? ? ?
circumdatis	? ? ?	? ? ?	? ? ?
cognoscis	? ? ?	? ? ?	? ? ?
stamus	? ? ?	? ? ?	? ? ?

10 Und auf Deutsch?
Bilde zu den Präsensformen jeweils das deutsche Perfekt und Plusquamperfekt.

er lernt → er hat gelernt → er hatte gelernt
a) er überfällt – b) er lobt – c) sie bauen –
d) sie lernen kennen – e) er kommt –
f) er steigt hinab

11 Formengenerator
Bilde aus den Bestandteilen Plusquamperfektformen und übersetze sie.

appellav – docu – laudav – potu – circumded – volu	eram – eras – erat – eramus – eratis – erant

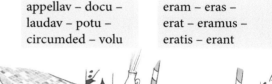

12 Ausflug in die Thermen
Übersetze. Unterscheide die drei Zeitebenen.

Iam saepe Paulla *thermas* adire voluerat, pater autem semper vetuerat. Sed aliquando frater Paullam vix e somno eripuit, cum mater vocavit: »Iulia adest. Se te in *thermas* ducere velle promisit. Num oblita es[1]?«

1 oblita es: du hast vergessen

13 Dieser Aeneas
Relativischer Satzanschluss – leicht gemacht. Übersetze.

Aeneas vir fortis erat.
– Qui Troiam reliquit.
– Cuius navis per mare erravit.
– Qui nulla pericula timebat.
– Quem pater ad regnum infernum[1] vocavit.
– Quem iter durum non terruit.
– Cui pater fatum demonstrat.
– De quo iam multa audivimus.

1 infernus, a, um: unterirdisch; Unterwelts-

14 Eine schwere Aufgabe
Ergänze das passende Relativpronomen und übersetze.

a) Anchises pater Aeneae erat. (Qui, cuius, quem) per mare errabat.
b) Pater iam mortuus erat. (Quos, quae, quem) Aeneas in itinere amiserat.
c) Curae graves filium sollicitaverunt[1]. (Quarum, quorum, quibus) causae erant pericula maris.
d) Regnum Italiae petivit. (Cui, quod, quam) dei ei promiserant.

1 sollicitare: beunruhigen

1 Büste, Homer, 8. Jh. v. Chr.

Publius Vergilius Maro – der Schöpfer der Aeneis

Militärisch waren die Römer den anderen Völkern überlegen, auch den Griechen. Doch im kulturellen Bereich mussten sie anerkennen, dass die Griechen Großartiges, kaum Übertreffbares geleistet hatten. Die Römer sahen also ihre Chance darin, die Griechen nachzuahmen und, wenn möglich, in Details zu verbessern. Dies gilt auch für die Literatur, in der die römischen Autoren stets griechischen Vorbildern nacheiferten. Das Vorbild des Vergil war Homer, der erste uns bekannte Autor des Abendlandes. Wohl im 8. Jh. v. Chr. schrieb der Dichter zwei bis heute weltberühmte Werke: In der *Ilias* schildert er Ereignisse aus dem letzten Jahr der griechischen Belagerung Trojas und zeigt auf, wie der Zorn des großen Kämpfers Achill die Griechen beinahe in die Niederlage geführt hätte. Nach der Eroberung Trojas spielt die Handlung der *Odyssee,* in der die langen Jahre der Irrfahrten des Helden Odysseus und seine Heimkehr nach Ithaka erzählt werden. Heute würde man solche Stoffe sicher in Form eines Romans veröffentlichen, Homer begründete hierfür jedoch die Gattung *Epos*, ein Großgedicht, für das das Versmaß des sogenannten daktylischen Hexameters typisch ist.

Vergil in der Nachfolge Homers

Vergil schloss sich mit seiner *Aeneis* nicht nur inhaltlich an die Werke Homers an, sondern übernahm auch deren Gattung. Zumindest in einem Punkt aber wollte er Homer übertreffen: Er würde in *einem* Werk die Themen *beider* homerischer Epen unterbringen – und das in nur zwölf Büchern, während Homer zweimal 24 gebraucht hatte. Die erste Hälfte des Werkes ist Homers *Odyssee* nachempfunden, geht es hier doch auch um Irrfahrten. Die zweite Hälfte schildert dann die schweren Kämpfe, die Aeneas und seine Verbündeten überstehen mussten, ehe sie ihre Herrschaft in Latium, der Region um das spätere Rom, begründen konnten – eine römische *Ilias* also. Dass Vergils Leser bei den Erzählungen über Aeneas auch an Augustus denken sollten, wird klar, wenn man bedenkt, dass Vergil zum Freundeskreis des Herrschers gehörte.

Flucht aus Troja – Karthago – Sizilien

Noch heute besonders spannend zu lesen ist der Odysseeteil der *Aeneis*: Nach ihrer Flucht aus Troja treibt ein Sturm die Flüchtlinge an die Küste Karthagos. Gastfreundlich werden sie von der Königin Dido aufgenommen. Sie bietet ihnen an, in Karthago zu bleiben, denn sie hat sich in Aeneas verliebt – und Aeneas sich in sie. Doch die Götter wollen es anders, denn Aeneas' Bestimmung liegt in Italien. Bei Nacht und Nebel verlässt Aeneas daher Karthago. Dido verflucht ihn und nimmt sich anschließend das Leben. Der Wind bringt die Flüchtigen nach Sizilien. Aber auch dort dürfen sie auf Befehl der Götter nicht bleiben. Viele Trojaner wollen nicht mehr umherirren. Einige Frauen zünden die Schiffe an, um die Weiterfahrt zu verhindern. Aeneas lässt sie auf Anraten seines verstorbenen Vaters Anchises, der ihm im Traum erschienen ist, zusammen mit den Alten und Schwachen zurück und segelt nur mit seinen stärksten Männern weiter.

2 Mosaik, Vergil und zwei Musen, 3. Jh. n. Chr.

3 Cumae, Höhle der Sibylle

Cumae – Eingang in die Unterwelt

Aeneas und seine Gefährten landen in Mittelitalien. Hier liegt Cumae, der
Eingang zur Unterwelt. In Begleitung der Seherin Sibylle betritt Aeneas die
Unterwelt, um dort seinen Vater Anchises über die Zukunft seiner Leute
zu befragen. Um in die Unterwelt zu gelangen, muss Aeneas allerdings erst
einige Hindernisse überwinden. Da ist zunächst der Unterweltsfluss Styx.
Hier warten die Verstorbenen auf ihre Überfahrt in das Reich der Schatten.
Bewacht wird dieses Reich vom dreiköpfigen Hund Cerberus. Damit Aeneas
die Unterwelt betreten und verlassen kann, versetzt ihn Sibylle in einen
Schlaf. In der Unterwelt begegnen Aeneas und die Seherin zunächst den
Gefallenen des trojanischen Krieges. Später gelangen sie in den Bezirk derer,
die den Freitod gewählt haben. Hier trifft Aeneas Dido. Er will sich mit ihr
aussprechen, doch sie will ihn nicht erkennen. Liegt in Didos unversöhnli-
chem Hass die Ursache für den Dauerkonflikt zwischen Karthago und Rom?
Der Weg teilt sich: Links geht es zum Tartaros. Hier leiden die Verdammten
ewige Qualen. Aeneas und die Sibylle schlagen den rechten Weg ein. Er führt
sie vorbei an denen, die eine tausendjährige Strafe für ihre Sünden verbüßen.

4 Ottohans Beier, Charon, 1929

Die Zukunft Roms

Im Elysium erwartet sie Anchises. Er zeigt ihnen eine Schar Geläuterter,
die am Ufer der Lethe, dem Fluss des Vergessens, auf ihre Rückkehr in die
Oberwelt warten. Zunächst sehen sie Romulus, den Gründer und ersten
König Roms. Und dort ist Brutus. Er wird den grausamen Tyrannen Tarquinius Superbus vertreiben und die Zeit der Republik einläuten. Etwas
weiter entfernt erkennen sie die Helden der Punischen Kriege: Da ist Q.
Fabius Maximus Cunctator, der durch seine Hinhaltetaktik Hannibal in
Italien zum Aufgeben zwingen wird, neben ihm die Scipionen, beide später
mit dem Beinamen Africanus geehrt, der eine für seinen Sieg über Hannibal in der Schlacht bei Zama, der andere für die Zerstörung Karthagos,
und schließlich erscheinen ihnen Caesar und Augustus. Aeneas wird so
die Bestimmung Roms vor Augen geführt, wie sie in den folgenden drei
Versen (Aen. 6, 851–853) zum Ausdruck kommt:

5 Vasenmalerei, Cerberos,
540/530 v. Chr.

»Tu regere imperio populos, Romane, memento / – hae tibi erunt artes –,
pacique imponere morem, / parcere subiectis et debellare superbos.«

»Du Römer, denke daran, die Völker mit deiner Herrschaft zu führen – dies
ist deine Begabung –, den Frieden in geordnete Bahnen zu lenken, Unter-
worfene zu schonen und Aufständische niederzuwerfen.«

1 Verfasse mithilfe eines Lexikons oder des Internets eine Kurzbiographie
des Vergil.

2 Informiere dich im Namensverzeichnis über die genannten Persönlichkeiten der römischen Geschichte und ordne sie dem passenden Zeitraum auf
der Zeittafel (S. 245) zu.

3 Rom – Karthago: Recherchiere mehr über diesen Konflikt.

4 Diskutiert in der Klasse über die drei Verse zu Roms Bestimmung.

6 Pluto mit dem Cerberos, 1. Jh. v. Chr

Repetitio est mater studiorum – so schließe ich meine Lücken

Menschen mit fotografischem Gedächtnis haben es beim Lernen gut. Sie sehen sich eine Buchseite an und können sie jederzeit vor ihrem geistigen Auge abrufen. Für die meisten anderen gilt: Wiederholen, Wiederholen, Wiederholen, Wiederholen, Wiederholen, Wiederholen … Der gute alte Cassiodor hat nämlich Recht: *Repetitio est mater studiorum.* – Erst die Wiederholung sichert den Lernerfolg.

Damit du gezielt wiederholen und üben kannst, solltest du zunächst herausfinden, wo deine Stärken und Schwächen liegen. Schätze dich selber ein: Wo fühlst du dich sehr sicher, wo weniger und wo fühlst du dich ganz unsicher? Überprüfe anschließend deine Selbsteinschätzung und frage z. B. deinen Lehrer, wo er deine Stärken sieht und was du seiner Meinung nach üben solltest.

Dabei fühle ich mich …	sicher	eher sicher	eher unsicher	sehr unsicher
Wortschatz				
Formen				
Text: Textvorerschließung				
Text: Übersetzung				
Text: Textverständnis				
Sachkunde				

Auf einen Blick siehst du jetzt, wo du Baustellen hast. Selbst wenn es vielleicht viele sind, lass dich nicht entmutigen! Das wird schon. Rom ist ja schließlich auch nicht an einem Tag erbaut worden.

Trotzdem einige wichtige Ratschläge vorab:
1. Lerne so, wie es dir selbst am meisten Spaß macht! Verabrede dich z. B. mit einem Freund oder einer Freundin. Lernt gemeinsam.
2. Nimm dir nicht zu viel auf einmal vor. Konzentriere dich auf ein Ziel (z. B. Wortschatz oder Formenbildung). Weniger ist mehr!
3. Setze dir kleine und ganz konkrete Ziele (z. B. jeden Tag 10 Vokabeln lernen und die dann sicher können). Lieber mäßig, dafür aber *regel*mäßig!
4. Sei ruhig ein wenig stolz, wenn du dein Ziel erreicht hast! Überlege dir (vielleicht zusammen mit deinen Eltern) eine Belohnung.
5. Gönne dir bewusst Freizeit! So solltest du dir in den Ferien die Hälfte der Zeit wirklich »frei nehmen«.

Hier noch ein kleiner Trost bei einer eher ernüchternden Bilanz der Tabelle. Zwei Dauerbaustellen gibt es nämlich bei fast allen Schülern: Wortschatz und Formenlehre. Solltest du hier Probleme haben, bist du also in bester Gesellschaft. Trotzdem solltest du natürlich daran arbeiten. Wichtig: Am Ball bleiben. Anders geht es nicht. Aber auch das kannst du dir erleichtern.

Wortschatztraining

Vokabellernen ist mühsam, egal, ob du mit einem Computerprogramm (z. B. Phase 6) oder mit Karteikärtchen lernst. Deshalb ein paar Tipps, wie es vielleicht mehr Spaß macht – und trotzdem effektiv ist!

Schreibe aus zwei Lektionen je fünf Vokabeln heraus, die dir besonders schwierig erscheinen, und lerne sie. Beim nächsten Mal nimmst du fünf andere. Wenn du mit anderen zusammen lernst, könnt ihr euch gegenseitig die herausgeschriebenen Vokabeln abfragen.

Abwechslung bringt das Vokabelmemory. Dazu brauchst du 30–40 Karteikarten; die eine Hälfte beschriftest du mit lateinischen Vokabeln, die andere mit der deutschen Bedeutung. Gespielt wird wie das normale Memory. Lustig wird es, wenn du es mit anderen spielst.

Sachfelder lassen sich gut mit dem Wort-Igel wiederholen. Scheue dich nicht, dein Vokabelverzeichnis zu benutzen. Beim Suchen und Lesen passender Begriffe lernst du nämlich eine Menge. Wort-Igel kann man auch zu mehreren erstellen, vielleicht im Wettkampf um die meisten Begriffe nach einer vorgegebenen Zeit?

Natürlich kannst du mit Freunden auch lateinische Bilderrätsel lösen – oder ihr spielt die Wörter pantomimisch oder überlegt euch gemeinsam Eselsbrücken. Wer gemeinsam lacht, lernt sogar noch was!

Formentraining

Bevor du anfängst, Formen zu üben, mache dir noch einmal das Baukastensystem bewusst! Wenn du verstanden hast, wie die Formenbildung funktioniert, musst du nämlich viel weniger lernen.

Verben: Denke daran, dass es verschiedene Konjugationsklassen gibt. Sieh dir in deiner Formentabelle die Tempora der einzelnen Konjugationsklassen an. Suche Gemeinsamkeiten (Personalendungen) und Unterschiede (Perfektstamm und Futur). Überlege, woran du sie erkennst. Merke dir Tempuskennzeichen und Endungen.

Substantive: Wiederhole jeden Tag nur *eine* Deklination, z. B. die a-Deklination. Suche dir anschließend aus dem Wortschatz verschiedene Wörter zu der wiederholten Deklination heraus und dekliniere sie. Achte gezielt darauf, welche Endungen nicht eindeutig sind und welche auch in anderen Deklinationsklassen vorkommen.

Wichtig: Wenn du die Prinzipien von Konjugation und Deklination verstanden hast und die jeweiligen Endungen kennst, solltest du dein Wissen mit Übungen aus dem Buch oder dem Arbeitsheft festigen. Du kannst auch selber (spielerische) Übungen erfinden – vielleicht zusammen mit einem Freund oder einer Freundin? Deiner Fantasie sind keine Grenzen gesetzt …

Das habe ich gelernt:

Das Wiederholen von Vokabeln und Formen ist unverzichtbar, aber die Möglichkeiten sind vielfältig und spannend.

1 Mutter Latein und ihre Töchter: Italienisch.
Nenne die lateinischen Ursprungswörter und
deren deutsche Bedeutung.

a) Substantive: isola – umanità – nave – ge-
nere – monte – pericolo – ombra – pietà

b) Adjektive: nobile – duro – elegante –
dolce – grave – ingente

c) Verben: atterire – circondare – reggere –
discendere – conoscere – appellarsi

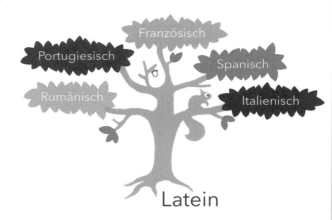

2 Und das Gegenteil?
Ordne jedem Adjektiv sein Gegenteil aus der
rechten Spalte zu und finde den Lösungssatz.

antiquus – omnes – bonus – salvus – meus – carus – dignus – doctus – laetus – barbarus – par	indignus (C) – iniquus (I) – Romanus (T) – stultus (I) – nemo (E) – miser (S) – malus (N) – novus (B) – inanis (E) – tuus (F) – mortuus (E)

3 Der Aufschneider. Setze die Adjektive in der
passenden Form ein und übersetze.

»Familia patris mei ? ? ? (nobilis) est.
Habitamus in villa ? ? ? (elegans) et opibus
? ? ? (singularis) gaudemus. Et non solum
servos ? ? ? (bonus), sed ? ? ? (optimus)
habemus: Servi voci meae ? ? ? (dulcis)
semper parent et ? ? ? (omnis) negotia
animo ? ? ? (acer) curant.«

4 Für jedes Substantiv das passende Adjektiv:
Ordne zu und übersetze.

a) verba ? ? ?   d) humanitate ? ? ?
b) discipulum ? ? ?   e) genus ? ? ?
c) villae ? ? ?   f) orationis ? ? ?

acris – nobilem – omnia – pari – singulare –
eleganti

5 Aeneas und Venus: Ergänze die Endungen.

Pi ? ? Aeneas iter dur ? ? ad inferos fecit. Sed
quia ingen ? ? monstra metuebat, matrem
pulchr ? ?, deam amoris, orabat: »Venus,
semper vir prob ? ? fui. Sed nunc dolor
ac ? ? me movet, curae grav ? ? me oppri-
munt!« Cui Venus: »Car ? ? fili, in tant ? ?
periculis te libenter iuvabo. Scis me verba
inan ? ? non facere.« Quibus verbis filium
fort ? ? reddidit.

6 Alles ist relativ. Ordne den Formen von *is, ea, id*
die Formen des Relativpronomens zu.

ei – eas – id – ii – eorum – ea – eum – eius – eo	cuius – quo – quem – qui – cui – quod – quae – quas – quorum

7 Setze die Relativpronomina in die passende Form
und übersetze.

Ulixes comitesque, ? ? ? ex Troia effugerant,
multa pericula tolerare debuerunt. Polyphe-
mum Cyclopem, ? ? ? captivi fuerunt, dolo
vicerunt. Postea[1] monstra convenerunt, ? ? ?
pauci effugere potuerunt: Scylla, ? ? ? in
insula habitabat, aliquot comites e nave eripuit.

1 postea: später

8 Bilde die entsprechende Form in allen dir bekannten Tempora und übersetze sie.

a) es
b) condit
c) circumdamus
d) imponunt
e) effugio
f) tenetis
g) it
h) volunt

9 Ergänze die fehlende Prädikatsendung und übersetze.

a) Aeneas semper fecit, quod dei iuss ? ? .
b) Postquam pius Aeneas ad inferos descen ? ? , Anchisem patrem convenit.
c) Aeneas flevit, dum umbram Didonis specta ? ? .
d) Anchises filium, cui fatum demonstra ? ? , ad portam reduxit.
e) Romulus Romam muro circumdabit, cum fratrem neca ? ? .

10 Erschließe dir anhand der bekannten Bilderegeln die Formen des Plusquamperfekts und Futur II der unregelmäßigen Verben *velle, nolle, malle* und *posse*. Vergleiche mit der Tabelle auf S. 233.

11 Sapientia Romanorum!
Übersetze folgende lateinische Sprichwörter und recherchiere, was sie bedeuten.

a) De mortuis nihil nisi[1] bene!
b) Fortes fortuna (ad)iuvat.
c) Nosce (= Cognosce) te ipsum!
1 nihil nisi: nichts außer; nur

12 Ordne inhaltlich passend zu und übersetze.

a) Aeneas patrem convenire studuit.
b) Vesuvius mons causa magnae calamitatis fuit.
c) Aeneas Didonem toto animo amavit.
d) Polyphemus Cyclops fortis crudelisque erat.
A) E quo alta incendia dse sustulerunt.
B) Cuius umbram in somno viderat.
C) Quem Ulixes dolo vincere potuit.
D) Cuius in regnum per maria venerat.

13 | 1 *Quis est?*
Übersetze und ersetze dann das Demonstrativpronomen durch den richtigen Eigennamen.

a) Is carmen magnum de itineribus pugnisque Aeneae scripsit[1].
b) Is villam singularem aedificavit.
c) Ea Aeneam ad inferos duxit.
d) Is Hannibalem in Africa vicit.
1 scribere, scribo, scripsi: schreiben

2 Formuliere selbst kurze lateinische Sätze zum Vesuv, zu Dido und zu Augustus.

Lektion 1: Übersetze ins Lateinische.

a) Hier sind der Herr und die Herrin.
b) Sie warten schon.
c) Der Herr (sagt): »Warum kommen die Kinder nicht? Wo sind sie?«
d) Plötzlich sind der Sohn und die Tochter da.
e) Auch Kinder müssen gehorchen.

Lektion 2: Übersetze ins Lateinische.

a) Die Kinder (fragen): »Warum zieht der Ziegenbock den Wagen nicht?«
b) Der Herr sagt: »Das Tier will immer Futter.«
c) Der Sklave bringt Gras[1] und Getreide.
d) Endlich gehorcht der Ziegenbock und bewegt sich[2].

1 Gras: *verwende den Plural* – **2 sich:** sē

Lektion 3: Übersetze ins Lateinische.

a) Sextus will eine schöne Sklavin kaufen.
b) Aber Aurelia sagt: »Es ist nötig, einen tüchtigen Sklaven zu kaufen. Ein guter Sklave muss gehorchen.«
c) Die Mädchen rufen: »Kauf uns[1] viele Geschenke, Sextus!«
d) Sextus: »Schweigt und kommt endlich, Mädchen! Seht: Dort verkaufen Männer wirklich hübsche Ketten[2].«

1 uns: *hier:* nōbis – **2 Kette:** catella

Lektion 4: Übersetze ins Lateinische.

a) Der Kaiser kommt zum Altar und fleht die guten Götter an:
b) »Nehmt nun die Opfertiere an und gebt Frieden!«
c) Marcus und Paulla laufen durch die große Menge und singen fröhliche Lieder.
d) Aber wo ist Gaia? Sieh, sie steht dort und weint.
e) Denn[1] der schöne Junge sieht Gaia nicht.

1 denn: nam

Lektion 5: Übersetze ins Lateinische.

a) Marcus will heute mit (seinem) Großvater Kämpfe anschauen.
b) Das ganze Volk freut sich und schreit mit lauter Stimme, weil die Gladiatoren[1] eintreten.
c) Die Gegner kämpfen mit großer Gewalt.
d) Endlich liegt ein Gladiator[1] (am Boden) und gibt mit der Hand[2] ein Zeichen.
e) Er erbittet vom Kaiser (sein) Leben.

1 Gladiator: gladiātor (*Akk.* gladiātōrem) – **2 mit der Hand:** manū

Lektion 6: Übersetze ins Lateinische.

a) Großvater: »Seid gegrüßt, Kinder. Warum seid ihr hier?
b) Müsst ihr denn nicht das Opfer anschauen und das Lied hören?«
c) Marcus: »Die Spiele erfreuen uns nicht mehr.
d) Auch wenn es (dir) nicht gefällt: Ich will gutes Essen kaufen.«
e) Großvater: »Und du, Gaia? Wartest du etwa auch heute auf den hübschen Jungen?«

Lektion 7: Übersetze ins Lateinische.

a) Der Brand zerstört den großen Laden des bedauernswerten Händlers.

b) Wir hören das Geschrei (seiner) Frau und (seiner) Kinder:

c) »Unterstützt uns, (ihr) Männer und Frauen! Seht unser Unglück! Unsere Waren brennen.«

d) Aber Marcus beruhigt die Familie des Händlers:

e) »Erbittet Hilfe von meinem Vater! Er ist ein anständiger Mann.«

Lektion 8: Übersetze ins Lateinische.

a) Den Kindern des Sextus Selicius gefällt es, den Großvater zu unterstützen.

b) Heute bringen sie dem Esel Wasser und Gräser.

c) Aber Paulla treibt den Bruder zu einem Spiel an:

d) »Fang mich! Du kannst mich sicher nicht fangen.«

e) Sofort kann Marcus Paulla ergreifen. Nun muss das Mädchen dem Bruder gehorchen.

Lektion 9: Übersetze ins Lateinische.

a) Glaubt ihr etwa, dass Kinder immer gehorchen müssen?

b) Es ist bekannt, dass heute Kinder in der Schule[1] nicht nur arbeiten, sondern auch spielen.

c) Denn viele Lehrer[2] wissen genau, dass Schüler[3] nicht immer studieren[4] können.

d) Daher kommen die Kinder gerne in die Schule[1], wenn sie dort auch Freude erwarten können.

1 Schule: schola – **2 Lehrer:** magister, trī –
3 Schüler: discipulus, ī – **4 studieren:** studēre

Lektion 10: Übersetze ins Lateinische.

a) Es steht fest, dass der Kaufmann viel Geld hat.

b) Denn seine Bekleidung ist teuer und eines Ritters würdig.

c) Auch der Begierde nach Speisen[1] kann dieser Mann nicht widerstehen.

d) Folglich hat er einen großen Bauch[2]: Das ist der Preis der Begierde.

1 nach Speisen: *übersetze mit Genitiv* – **2 Bauch:** venter, ventris *m.*

Lektion 11: Übersetze ins Lateinische.

a) Die Mutter befiehlt, dass die Mädchen in den Garten gehen und dort arbeiten.

b) Aber diese gehorchen ihren Worten nicht, weil sie ein Theaterstück spielen[1] und ihren Bruder verspotten[2] wollen.

c) Sie täuschen vor, dass sie treue Jungfrauen sind.

d) Sie sagen, dass er ein dummer König sein muss.

e) Marcus aber beachtet seine Schwestern nicht und geht weg.

1 ein Theaterstück spielen: = eine Geschichte tun – **2 verspotten:** illūdere

Lektion 12: Übersetze ins Lateinische.

a) Nachdem Romulus die Stadt Rom gebaut hatte[1], fragten die Freunde:

b) »Wer[2] kann uns Kinder gebären? Wir haben keine Ehefrauen!«

c) Romulus aber überlegte nicht lange: »Ich habe gehört, dass die Sabiner[3] hübsche junge Frauen haben.«

d) Also luden die Römer die Sabiner[3] zu Wettkämpfen ein und raubten[4] deren Töchter.

1 gebaut hatte: *übersetze mit Perfekt* – **2 Wer?:** quis? – **3 Sabiner:** Sabīnī, ōrum – **4 raubten:** *Perf. zu* rapere = rapuī

Lektion 13: Übersetze ins Lateinische.

a) Kürzlich kam der Kaufmann zu Sextus Selicius und wollte sich bedanken[1].

b) Er sagte: »Ich bin dir dankbar[2], weil du mir geholfen und Geld gegeben hast.

c) Meinen Laden habe ich mit deiner Hilfe wiederhergestellt und mit neuen Waren angefüllt.

d) So hast du meinen Gewinn vergrößert, denn es kommen jetzt mehr Menschen[3] als früher.«

1 sich bedanken: = danken – **2 dankbar sein:** = Dank haben – **3 mehr Menschen:** plūs hominum

Lektion 14: Übersetze ins Lateinische.

a) Publius erzählt Marcus, dass der Oberbefehlshaber Lollius eine Niederlage erlitten[1] hat.

b) Er hat gerade eben erfahren, dass die Germanen die römischen Soldaten angegriffen und in die Flucht geschlagen haben.

c) Aber Marcus vertraut[2] Augustus und sagt: »Wir wissen genau, dass die Legionen des Augustus uns immer gerettet haben.

d) Sie können sicherlich auch die Germanen zurückschlagen.«

1 erleiden: = annehmen – **2 vertrauen:** crēdere

Lektion 15: Übersetze ins Lateinische.

a) In alten Zeiten wählten die Römer jährlich Konsuln.

b) Denn sie wollten nicht, dass ein einziger führender Mann immer den Staat beherrschte.

c) Deshalb konnte ein Volkstribun, wenn er ein neues Gesetz nicht wollte, sagen:

d) »Ich verbiete (es), weil ich lieber gute als schlechte Gesetze will.«

Lektion 16: Übersetze ins Lateinische.

a) Sabinius war im Garten und las die griechische Literatur, als Gaia eintrat und ihn fragte:

b) »Warum lachst du? Was hast du gerade gelesen? Sind die Geschichten etwa nicht ehrenhaft?«

c) Sabinius antwortete: »Ich habe gelacht, weil Daphne der Liebe des Gottes Apoll[1] immer wieder Widerstand leistete.

d) Ich aber weiß, dass du mich liebst. Und gestern hat mir dein Vater eine bedeutende Mitgift versprochen.«

1 Apoll: Apollō, Apollinis

Lektion 17: Übersetze ins Lateinische.

a) Sabinius freut sich: »Meine Ehefrau ist die beste!

b) Sie hat schöne Augen, eine ausgezeichnete Gestalt und eine wertvolle Mitgift.

c) Schon morgen wird sie in meinem Haus wohnen und mir gehorchen.

d) Bald werden wir zwei oder drei Kinder haben.

e) Wir werden viele Gäste einladen, und Gaia wird sich um sie kümmern.«

Lektion 18: Übersetze ins Lateinische.

a) Bald werden die Germanen eine bittere[1] Niederlage einstecken[2] und fliehen.

b) Dann wird Sabinius gesund zu mir zurückgehen und mir schöne Geschenke geben.

c) Die Bürger werden meinen Ehemann verehren, weil er ein echter[3] römischer Mann ist.

d) Vielleicht wird er sogar[4] Ehrenämter erreichen, und ich werde die Ehefrau eines Senators sein.

1 bitter: acerbus, a, um – **2 einstecken:** = annehmen – **3 echt:** *übersetze mit Adverb:* wirklich – **4 sogar:** = auch

Lektion 19: Übersetze ins Lateinische.

a) Erinnert ihr euch an die einzigartige Villa des edlen Lukullus?

b) Hat nicht ein Gott diese schöne und berühmte Villa für Lukullus gebaut?

c) Dort singen verschiedene Vögel[1] in lieblichen Gärten und erfreuen alle Gäste.

d) Aber in der Ferne droht[2] der Vesuv, ein ungeheurer Berg.

1 Vogel: avis, is f. – **2 drohen:** imminēre

Lektion 20: Ergänze die lateinische Übersetzung.

a) Odysseus, der beinahe den ganzen Erdkreis gesehen hatte, erreichte schließlich mit seinen Gefährten die Insel, auf der die Zyklopen wohnten.

Ulixes, ? ? ? paene ? ? ? vīderat, dēnique cum ? ? ? ad īnsulam ? ? ?, in ? ? ? Cyclōpēs habitābant.

b) Gegen den Zyklopen Polyphem, der sofort einige Männer getötet hatte, wandte er eine List an.

In Polyphēmum Cyclōpem, ? ? ? statim ? ? ? virōs ? ? ?, dolum ? ? ?.

c) Nachdem dieser gefragt hatte; »Wer bist du?«, antwortete er: »Niemand.«

Postquam is ? ? ?: » ? ? ??«, respondit: » ? ? ? sum.«

d) Später half kein anderer Zyklop dem Polyphem, dessen einziges Auge Odysseus ausgelöscht hatte.

Postea nōn ? ? ? Cyclops ? ? ? Polyphēmō, ? ? ? Ulixes ? ? ?.

e) Denn er sagte, dass »Niemand« ihn blind gemacht habe.

Nam ? ? ? dīxit.

Lektion 21: Ergänze die lateinische Übersetzung.

a) Aeneas war eben in die Unterwelt herabgestiegen, als er seinen Vater Anchises traf.

Aenēās modo ad īnferōs ? ? ?, cum ? ? ? Anchīsēm ? ? ?.

b) Dieser lehrte ihn das zukünftige Schicksal des trojanischen Volkes:

? ? ? eum fātum futūrum ? ? ? Trōiānī docēbat:

c) »Wenn ihr die Gefahren des beschwerlichen Weges überwunden habt, werdet ihr in Italien eine neue Stadt gründen.

»Sī ? ? ? ? ? ? ? ? ? superāverītis, in Italiā ? ? ? ? ? ? cond ? ? ?.

d) Nach vielen Jahren wird der tapfere Romulus eine neue Stadt bauen, die er Rom nennen wird.

Post ? ? ? ? ? ? Rōmulus fortis urbem novam ? ? ?, quam Rōmam ? ? ?.

e) Diese wird auf den Befehl der Götter alle Länder und alle Meere beherrschen.«

Quae ? ? ? ? ? ? omnēs terrās et ? ? ? ? ? ? reg ? ? ?.

Lateinische Schrift und Aussprache

1. Die lateinische Schrift

damals…

Das lateinische Alphabet hat – anders als das deutsche – nur 23 Buchstaben: ABC DEF GHI KLM NOP QRS TVX YZ.
Das J schrieben die Römer wie das I, das U wurde wie das V geschrieben.

Das lateinische Alphabet hat sich über eine längere Zeit entwickelt und immer wieder verändert.

Anfangs stand z.B. das Zeichen C sowohl für das K als auch für das G; das merkst du noch an der Wiedergabe von Namen in Texten und Inschriften: Die traditionellen römischen Vornamen *Gaius* und *Gnaeus* wurden dort stets als *C.* und *Cn.* abgekürzt.

Auch Y und Z gab es zunächst nicht – diese Buchstaben wurden erst zur Zeit des Augustus eingeführt, um griechische Fremdwörter schreiben zu können.

Auch aus einem anderen Grund wären dir antike lateinische Texte schon mit einem Blick aufgefallen: Die Römer verwendeten zunächst nur Großbuchstaben – und schrieben diese auch noch ohne Worttrennung und ohne Satzzeichen *(scriptura continua)*.

Weil das für viele Zwecke zu unbequem war, wurde im ersten Jahrhundert vor Christus eine Schreibschrift auch mit Kleinbuchstaben entwickelt. Diese »Kursivschrift« kannst du z.B. in Pompeji an den Hauswänden finden.

1 Römische Inschrift aus Brigantium

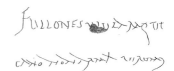

2 Graffiti an einer Hauswand in Pompeji

… und heute

In vielen Texten, auch in diesem Schulbuch, wird zwischen U und V unterschieden, um die Lesbarkeit zu verbessern. Statt in Großbuchstaben werden heute lateinische Texte in Kleinbuchstaben geschrieben. Nur der Satzbeginn und Eigennamen (bzw. Wörter, die von Eigennamen abgeleitet sind) werden stets großgeschrieben.

2. Aussprache

Wie die Schrift, so hat sich auch die Aussprache des Lateinischen mit der Zeit verändert – im Mittelalter wurde anders gesprochen als 1000 Jahre vorher zur Zeit des Augustus.

Insgesamt wurden aber die meisten Zeichen weitgehend so ausgesprochen, wie wir sie auch heute aussprechen. Wichtige Ausnahmen sind …

- **ae** und **oe**: Zunächst sprach man beide Vokale getrennt als »ai« bzw. »oi« (deswegen wird *Caesar* im Deutschen zu *Kaiser*); erst später kam die Aussprache als »ä« bzw. »ö«.

- c, das zunächst immer als »k« gesprochen wurde (deswegen wird aus *Caesar* der deutsche <u>Kaiser</u>). Erst später sprach man das »c« vor hellen Vokalen wie ein »z«.
- ti, das wie »-t-i-« gesprochen wurde. Erst später sprach man vor hellen Vokalen »-tsi-« (deswegen wird aus *silentium* im Englischen *silence*).
- sp und st, bei denen das »s« erhalten blieb (also »s-pectare« und nicht »schpectare«).
- ch und sch, die wie »k« und »s-k« ausgesprochen wurden.
- v, das wie das englische »w« gesprochen wurde.
- s, das in der klassischen Zeit stets stimmlos war.

Manche Lehrer werden Worte wie *Caesar* in der klassischen Aussprache als »Kaisar« aussprechen, andere nach der spätantiken Aussprache in der dir vielleicht vertrauteren Form als »Zäsar«. Beide Varianten sind richtig und in der Antike belegt, aber zu unterschiedlichen Zeiten.

Wie im Deutschen gibt es auch im Lateinischen lang oder kurz ausgesprochene Vokale (vgl. Stadt/Staat) – und auch im Lateinischen konnte die Vokallänge den Sinn eines Wortes verändern (*mălus* »böse«, *mālus* »der Apfelbaum«).

Um dir das richtige Lernen zu erleichtern, findest du in den Lektionstexten und im Wortschatz auf allen langen Vokalen ein Längenzeichen (z. B. ā); ae und oe werden immer lang gesprochen.

3. Betonung

Im Deutschen betonst du die Wörter automatisch richtig, ohne über die Regeln nachzudenken. Im Lateinischen musst du die Regeln erst noch lernen:
- zweisilbige Wörter werden immer auf der ersten Silbe betont.
- drei- und mehrsilbige Wörter werden
  - auf der vorletzten Silbe betont, wenn diese lang ist (= langer Vokal bzw. zwei oder mehr Konsonanten am Schluss der Silbe); »Paenultima-Gesetz«.
  - auf der drittletzten Silbe betont, wenn die vorletzte Silbe kurz ist.
  - kleine angehängte Wörter wie -*que* lassen die Betonung auf die Silbe unmittelbar davor rutschen.

Da lateinische Wörter oft durch Endungen erweitert werden, kann es sein, dass dasselbe Wort mit unterschiedlich langen Endungen auch unterschiedlich betont wird. In der Grammatik weisen dich Betonungszeichen bei einigen Wörtern darauf hin.

Was du schon kannst

Wortschatz und Formen	Satzlehre	Methoden	Antike Kultur

• ca. 450 Wörter
• alle Wortarten
• Substantive:
 ▪ alle Kasus,
 ▪ drei Deklinationen
• Adjektive:
 ▪ alle Kasus,
 ▪ alle Deklinationen
• Verben:
• alle Konjugationen,
• alle Tempora im Aktiv
• Indikativ und Imperativ
• Stammformen
	• alle Satzglieder und ihre Funktionen
	• KNG-Kongruenz
	• Satzgefüge:
	 ▪ Hauptsatz
	 ▪ Nebensatz:
	  ◆ Adverbialsatz
	  ◆ Relativsatz
	• wichtige Kasusfunktionen
	• Verwendung der Tempora
	• AcI
		• Techniken des Vokabellernens
		• lateinische Wortbildungsregeln
		• Textvorerschließung
		• Satzanalyse
		• Einrückmethode
		• Übersetzung kurzer lateinischer Texte
		• Texte inhaltlich erfassen
		• Wortfelder erstellen
		• Bilden einfacher lateinischer Sätze
		• Recherche
			• römische Familie:
			 ▪ Namen, Mitglieder, Kinderspiele, Sklaven, Hochzeit
			• römischer Alltag:
			 ▪ Schule, Kleidung, Kochen, Thermen, Religion, Gladiatorenspiele
			• römische Topographie:
			 ▪ Forum, Marsfeld, Kapitol, Subura, die sieben Hügel
			• Mythologie:
			 ▪ Romulus und Remus, Herkules, Aeneas, Odysseus, die olympischen Götter
			• Politik/Geschichte:
			 ▪ Ämter, Militärwesen, Königszeit – Republik – Prinzipat, Provinzen
			• historische Personen:
			 ▪ Augustus, Vergil, Livius, Plinius, Caesar, Tarquinius Superbus, die Gracchen, Cato, Homer

Lernwortschatz

Hier im Lernwortschatz findest du die lateinischen Wörter in der Reihenfolge, in der sie im Lektionstext vorkommen.

Bedeutungen

Damit du die Wörter möglichst effektiv lernen kannst, sind nur wenige deutsche Bedeutungen angegeben. Sie sollen dir helfen zu verstehen, was das Wort »meint«.

Das heißt aber nicht, dass das Wort nur diese eine Bedeutung hat. Natürlich kannst du für *currere* statt »laufen« auch »rennen« sagen – das ist genauso richtig. Probiere ein bisschen aus und du wirst sehen, dass dir schon in der ersten Lektion zu einigen Wörtern Alternativen einfallen!

Zusatzangaben

Damit du die lateinischen Wörter im Satz richtig bestimmen und damit auch richtig übersetzen kannst, solltest du dir zusätzlich zur Bedeutung (die ist natürlich das Wichtigste!) auch die Zusatzangaben merken:
* für Substantive Deklination und Geschlecht
* für Verben Konjugation und Stammformen

Merkhilfen

In der rechten Spalte findest du einige Merkhilfen – kleine Bildchen, Hinweise auf schon bekannte englische Wörter oder Fremdwörter. Natürlich kannst du in deinem Vokabelheft auch weitere Eselsbrücken ergänzen!

Tipps zum Wörterlernen findest auch auf den Seiten 24-25.

»Die Familie stellt sich vor«

	avus	Großvater	
	servus	Sklave	servieren
	filius	Sohn	
	filia	Tochter	Filiale
5	domicilium	Wohnsitz; Haus	
	pater	Vater	
	māter	Mutter	
	salvē!	Sei gegrüßt! Hallo!	
	Mihi nōmen est …	Mein Name ist … / Ich heiße …	
10	nōmen *n.*	Name	
	Et quod nōmen est tibi?	Und was ist dein Name? / Und wie heißt du?	

Lernwortschatz

Lektion 1
Wiederholung

domicilium	Wohnsitz; Haus
fīlius	Sohn
fīlia	Tochter
servus	Sklave

Lernwortschatz

	hīc *(Adv.)*	hier	
	esse	1. sein 2. *als Vollverb:* existieren; vorhanden sein (»es gibt«)	
	dominus	Herr; Hausherr	dominant
	domina	Herrin	
5	et	1. und 2. auch	
	etiam	auch	
	habitāre	(be)wohnen	e. in-habitant
	iam *(Adv.)*	schon	
	adesse	1. da sein 2. helfen	
10	exspectāre	(er)warten	e. to expect
	silentium	Stille; Schweigen	e. silence
	placēre	gefallen	
	sed	aber; sondern	
	ubī	wo	
15	līberī	Kinder	
	cūr?	warum?	
	nōn	nicht	
	venīre	kommen	Ad-vent
	intrāre	eintreten; betreten	e. to enter
20	negōtium	1. Arbeit; Aufgabe 2. Geschäft; Handel	
	pārēre	gehorchen	parieren
	dēbēre	1. müssen *(mit Infinitiv)* 2. schulden 3. verdanken	
	subitō *(Adv.)*	plötzlich	
	spectāre	betrachten; (hin)schauen	Spektakel
25	caper *(Nom. Pl.* caprī)	Ziegenbock	

Lektion 2
Wiederholung

līberī	Kinder
sed	aber; sondern
dēbēre	1. müssen *(mit Infinitiv)*
	2. schulden
	3. verdanken
pārēre	gehorchen
negōtium	1. Arbeit; Aufgabe
	2. Geschäft; Handel
subitō	plötzlich
cūr	warum?

Lernwortschatz

statim *(Adv.)*	sofort	
currere *(3. Pers. Pl.* currunt)	laufen; eilen	Kurier
ibī *(Adv.)*	dort	→ ubi
vidēre	sehen	Video
5 incitāre	1. erregen	
	2. antreiben	
semper *(Adv.)*	immer	
carrus	Karren	
trahere *(3. Pers. Pl.* trahunt)	ziehen; schleppen	Traktor
verberāre	prügeln; schlagen	
10 bēstia	Tier; Raubtier	
licet *(+ Inf.)*	es ist erlaubt	Lizenz
dīcere *(3. Pers. Pl.* dīcunt)	sagen	diktieren
clāmāre	laut rufen; schreien	
movēre	1. bewegen	e. to move
	2. beeindrucken	
15 dōnum	Geschenk	
cupere *(3. Pers. Pl.* cupiunt)	wünschen; wollen	
ita *(Adv.)*	so	
necesse est *(+ Inf.)*	es ist notwendig	e. necessary
apportāre	herbeitragen; (über)bringen	apportieren
20 femina	Frau; Weibchen	
invenīre	(er)finden	e. invention
cūrāre *(+ Akk.)*	1. behandeln; pflegen	kurieren, Kur
	2. sich um etw. kümmern; sorgen (für)	
vertere *(3. Pers. Pl.* vertunt)	drehen; wenden	
relinquere *(3. Pers. Pl.* relinquunt)	1. verlassen; zurücklassen	Reliquie
	2. unbeachtet lassen	

Lernwortschatz

25	cibus	Nahrung; Speise; Futter
	herba	Gras; Pflanze
	frūmentum	Getreide
	tandem *(Adv.)*	endlich

Lektion 3

Wiederholung

necesse est *(+ Inf.)*	es ist notwendig
frūmentum	Getreide
cupere *(3. Pers. Pl.* cupiunt)	wünschen; wollen
dōnum	Geschenk
tandem *(Adv.)*	endlich
pater	Vater

Lernwortschatz

	malus, a, um	schlecht; böse	↔ bonus
	inīquus, a, um	1. ungleich 2. ungerecht	
	bonus, a, um	gut; tüchtig	Bonus
	puer *(Nom. Pl.* puerī)	Junge	
5	fortūna	Zufall; Glück; Schicksal	Fortuna Düsseldorf/Köln
	miser, misera, miserum	bedauernswert; unglücklich	miserabel
	tolerāre	ertragen	tolerant
	tacēre	schweigen	
	ancilla	Sklavin; Magd	
10	probus, a, um	tüchtig; anständig; gut	Probe
	emere *(3. Pers. Pl.* emunt)	kaufen	
	vir	Mann	
	vēndere *(3. Pers. Pl.* vēndunt)	verkaufen	↔ emere
	ecce! *(indekl.)*	sieh/seht da! da ist	
15	pulcher, pulchra, pulchrum	schön	
	quoque *(nachgestellt)*	auch	= etiam
	multī, ae, a	viele	multi-medial
	certē *(Adv.)*	sicherlich	e. certain
	verbum	Wort	Verb (≠ Wort)
20	nōn iam	nicht mehr	
	audīre	hören	Audio
	familia	Hausgemeinschaft; Familie; Sklaven-schar	
	puella	Mädchen	↔ puer

vērē *(Adv.)*	wirklich	
25 dēsinere *(3. Pers. Pl.* dēsinunt)	aufhören	
errāre	sich irren; umherirren	e. error

Lektion 4
Wiederholung

vidēre	sehen	
adesse	1. da sein	
	2. helfen	
currere *(3. Pers. Pl.* currunt)	laufen; eilen	
silentium	Stille; Schweigen	
tacēre	schweigen	
fortūna	Zufall; Glück; Schicksal	
pater *m.* *(Akk.* patrem)	Vater	
māter *f.* *(Akk.* mātrem)	Mutter	

Lernwortschatz

in *(+ Akk.)*	1. in *etw.* hinein *(wohin?)*	
	2. nach; gegen; zu	
campus	Feld; freier Platz	Camping
magnus, a, um	1. groß	»Magnum«
	2. bedeutend	
turba	1. Menschenmenge	Turbine
	2. Lärm; Verwirrung	
5 homō *m.* *(Akk.* hominem)	Mensch	
	Pl.: die Leute	
per *(+ Akk.)*	1. durch; über (… hinaus)	
	2. während	
carmen *n.* *(Nom. Pl.* carmina)	Lied; Gedicht; Gebet	
cantāre	singen	Kantate
sacerdōs *m./f.* *(Akk.* sacerdōtem)	Priester/Priesterin	
10 imperātor *m.* *(Akk.* imperātōrem)	1. Oberbefehlshaber	Imperativ
	2. Kaiser; Herrscher	
ad *(+ Akk.)*	zu; nach; bei; an	
āra	Altar	
nunc *(Adv.)*	jetzt; nun	
stāre	stehen	Stativ
15 deus *(Nom./Vok. Pl. statt* deī *meist* dī)	Gott	
implōrāre	*jmdn.* anflehen	
accipere *(3. Pers. Pl.* accipiunt)	1. annehmen; bekommen	e. to accept; akzeptieren
	2. erfahren	

	hostia	Opfertier	Hostie
	dare	geben	
20	pāx *f.* (*Akk.* pācem)	Friede	
	tum *(Adv.)*	da; dann; darauf; damals	
	immolāre	opfern	
	timēre	(sich) fürchten (vor)	
	flēre	(be)weinen	
25	frāter *m.* (*Akk.* frātrem)	Bruder	
	soror *f.* (*Akk.* sorōrem)	Schwester	
	plācāre	beruhigen	
	laetus, a, um	fröhlich	

Lektion 5

Wiederholung

frāter *m.* (*Akk.* frātrem)	Bruder
avus	Großvater
stāre	stehen
placēre	gefallen
dēsinere (*3. Pers. Pl.* dēsinunt)	aufhören

Lernwortschatz

	cum (*+ Abl.*)	mit	
	in (*+ Abl.*)	in *etw. (wo?)*; an; auf; bei	
	hodiē *(Adv.)*	heute	
	pūgnāre	kämpfen	
5	hōra	Stunde	e. hour
	septimus, a, um	siebte(r)	
	populus	Volk	e. people
	spectāculum, ī	Schauspiel	
	gaudēre (*+ Abl.*)	sich (über *etw.*) freuen	Gaudi
10	adversārius	Gegner	
	vōx *f.* (*Akk.* vōcem)	1. Stimme 2. Wort; Äußerung	Vokal
	salūtāre	grüßen	salutieren
	sīgnum	1. Zeichen 2. Feldzeichen 3. Statue	Signal; e. sign
	arma *n. Pl.*	Waffen	Armee
15	incipere (*3. Pers. Pl.* incipiunt)	anfangen	

vīs *f.* (*Akk.* vim, *Abl.* vī; *Nom. Pl.* vīrēs)	1. Kraft 2. Gewalt *Pl. auch:* Streitkräfte	≠ vir, virī
petere (*3. Pers. Pl.* petunt)	[»anpeilen, anvisieren«] 1. aufsuchen; sich begeben 2. verlangen; (er)bitten 3. angreifen *Etc., beachte das Rondogramm!*	

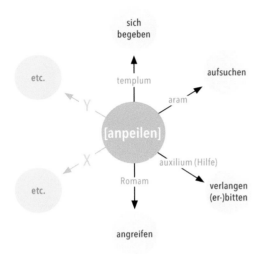

resistere (*3. Pers. Pl.* resistunt)	1. stehen bleiben 2. Widerstand leisten	
pūgna	Kampf; Schlacht	→ pūgnāre
20 quia	weil	
autem (*nachgestellt*)	aber	
gladius	Schwert	Gladiator
āmittere (*3. Pers. Pl.* āmittunt)	verlieren	
iacēre	liegen	
25 tōtus, a, um	ganz; gesamt	total
corpus *n.* (*Nom. Pl.* corpora)	Körper	
dolus	List	
ē, ex *(+ Abl.)*	aus *etw.* heraus; von *etw.* her	e. exit
ā, ab *(+ Abl.)*	von; von *etw.* her	
30 vīta	Leben	

Lektion 6
Wiederholung

gaudēre *(+ Abl.)*	sich (über *etw.*) freuen
vidēre	sehen
audīre	hören
āra	Altar
adesse	1. da sein
	2. helfen

Lernwortschatz

salvēte!	Seid gegrüßt! Guten Tag!	
quod	weil	= quia
tū *(Akk.* tē*)*	du *(Akk.* dich*)*	
nōs *(Akk.* nōs*)*	wir *(Akk.* uns*)*	
5 iterum	wiederum; noch einmal	
sacrificium	Opfer	
egō *(Akk.* mē*)*	ich *(Akk.* mich*)*	Egoist
imprīmīs *(Adv.)*	vor allem; besonders	
nōnne …?	etwa nicht? *(man erwartet die Antwort: doch)*	
10 nōn sōlum …, sed etiam	nicht nur …, sondern auch	
poēta *m.*	Dichter	Poet
tam *(Adv.)*	so	
clārus, a, um	1. hell; strahlend; klar	
	2. berühmt	
uxor *f.* *(Akk.* uxōrem*)*	Ehefrau	
15 vōs *(Akk.* vōs*)*	ihr *(Akk.* euch*)*	
-ne …?	*Fragepartikel (unübersetzt)*	
lūdus	1. Spiel	
	2. Wettkampf	
	3. Schule	
dēlectāre	erfreuen; *jmdm.* Spaß machen	
dē *(+ Abl.)*	von *etw.* herab; von *etw.* weg; über *etw.*	
20 marītus	Ehemann	↔ uxor
num …?	denn; etwa? *(man erwartet die Antwort:* nein*)*	↔ nōnne
etiamsī	auch wenn	
nūllus, a, um	kein; keiner	Null
fortasse *(Adv.)*	vielleicht	

Lektion 7

Wiederholung

homō, hominis *m.*	Mensch; *Pl.* die Leute
turba, ae	1. Menschenmenge 2. Lärm; Verwirrung
vir, virī	Mann
apportāre	herbeitragen; (über)bringen
vīs *f.* (*Sg.: Akk.* vim, *Abl.* vī; *Pl.:* vīrēs, vīrium)	1. Kraft 2. Gewalt *Pl. auch:* Streitkräfte

Lernwortschatz

	clāmor, ōris *m.*	Geschrei	→ clāmāre
	mulier, eris *f.*	Frau	↔ vir
	flamma, ae	Flamme; Feuer	
	taberna, ae	1. Laden; Werkstatt 2. Gasthaus	Taverne
5	mercātor, ōris *m.*	Kaufmann; Händler	Markt
	ārdēre	brennen; glühen	
	atque	und; und auch	
	iterum atque iterum	immer wieder	
	aqua, ae	Wasser	*Aquä*-dukt
10	fundere, fundō	1. (ver)gießen 2. zerstreuen; in die Flucht schlagen	
	auxilium, ī	Hilfe	
	vincere, vincō	(be)siegen	e. victory
	incendium, ī	Brand	
	dēlēre	zerstören; vernichten	e. to delete
15	merx, cis *f.* (*Gen. Pl.* mercium)	Ware	→ mercātor
	meus, a, um	mein	
	lucrum, ī	Gewinn	lukrativ
	annus, ī	Jahr	
	miseria, ae	Unglück	→ miser
20	noster, nostra, nostrum	unser	
	bonum, ī bona, ōrum	das Gute Hab und Gut; Besitz	→ bonus, a, um
	vocāre	1. rufen 2. nennen	Vokativ
	salūs, salūtis *f.*	1. Wohlergehen 2. Rettung	
	vester, vestra, vestrum	euer	↔ noster
25	tuus, a, um	dein	

iuvāre *(+ Akk.)*	1. unterstützen; helfen *(im Dt. mit Dativ!)* 2. erfreuen
suus, a, um	sein/ihr
suī, suōrum *(Pl.)*	seine/ihre Leute; die Seinigen/Ihrigen

Lektion 8

Wiederholung

placēre	gefallen
herba, ae	Gras; Pflanze
cūrāre *(+ Akk.)*	1. behandeln; pflegen 2. sich *um etw.* kümmern; sorgen (für)
licet *(+ Dat. + Inf.)*	es ist erlaubt
dare	geben
incitāre	1. erregen 2. antreiben

Lernwortschatz

maximē *(Adv.)*	am meisten; sehr; besonders	maximal
magis *(Adv.)*	mehr	
equus, ī	Pferd	
praebēre	geben; gewähren	
5 rogāre	1. fragen 2. bitten	
respondēre	antworten	e. response
mēcum	mit mir	
pecus, oris *n.*	Vieh	
asinus, ī	Esel	
10 inquit *(eingeschoben in die direkte Rede)*	er, sie, es sagt(e)	
habēre	haben; halten	
posse	können; Einfluss haben	
itaque	deshalb	
capere, capiō	»packen« 1. erobern 2. nehmen 3. erhalten *Etc., beachte das Rondogramm!*	

erobern

↑

(Asterix/Obelix)
Romani vicum (Dorf)
capere non possunt.

etc. ← X — **packen** → »Capite aquam, fundite in flammas!« → nehmen — Servus bonus donum capit. → erhalten

15	comprehendere, comprehendō	1. ergreifen; festnehmen 2. begreifen	e. comprehension
	reprehendere, reprehendō	tadeln	
	quaerere, quaerō	suchen	
	quaerere ex (+ Abl.)	(suchen →) jmdn. fragen	e. question
	neque	und nicht; aber nicht	
	neque … neque	weder … noch	
	dēnique (Adv.)	zuletzt; schließlich	
20	hortus, ī	Garten	Hort
	properāre	eilen; sich beeilen	

Lektion 9
Wiederholung

līberī, ōrum	Kinder
dīcere, dīcō	sagen
pārēre	gehorchen
dēbēre	1. müssen (mit Infinitiv) 2. schulden 3. verdanken
semper (Adv.)	immer
verbum, ī	Wort
necesse est (+ Inf.)	es ist notwendig

Lernwortschatz

	sī	falls; wenn	
	cēnsēre	1. meinen 2. beschließen	
	diū (Adv.)	lange (zeitl.)	
	mortuus, a, um	tot	
5	īgnōrāre	nicht kennen; nicht wissen	Ignorant
	nōn īgnōrāre	genau kennen; genau wissen	
	tamen	trotzdem	
	putāre	1. glauben; meinen (+ AcI) 2. für etw. halten	
	labōrāre	1. sich bemühen; arbeiten 2. in Not sein; leiden	Labor
	lūdere, lūdō	spielen	

10	officium, ī	Dienst; Pflicht(erfüllung)	Offizier
	facere, faciō	tun; machen	
	nam	denn	
	virtūs, tūtis *f.*	[»die Art des guten Mannes«] 1. Tapferkeit 2. Tugend 3. Tüchtigkeit; Vortrefflichkeit *Etc., beachte das Rondogramm!*	→ vir

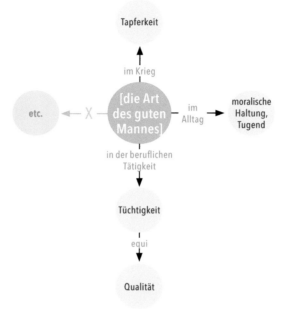

	Rōmānus, a, um	römisch	
15	Rōmānus, ī	Römer	
	iubēre *(+ Akk.)*	befehlen	
	cōnstat *(+ AcI)*	es steht fest, dass	konstant
	amāre	lieben; mögen	Amateur
	libenter *(Adv.)*	gern	
20	gaudium, ī	Freude	→ gaudēre
	īra, ae	Zorn	

Lektion 10

Wiederholung

taberna, ae	1. Laden; Werkstatt
	2. Gasthaus
vēndere, vēndō	verkaufen
trahere, trahō	ziehen
resistere, resistō	1. stehen bleiben
	2. Widerstand leisten
vincere, vincō	(be)siegen

Lernwortschatz

is, ea, id	dieser; er	
vestis, is *f.*	Kleidung; Kleidungsstück	Weste
varius, a, um	1. verschieden	variieren
	2. bunt; vielfältig	
quid?	was?	
5 toga, ae	Toga	
cārus, a, um	1. teuer; wertvoll	Caritas
	2. lieb	
minimē *(Adv.)*	ganz und gar nicht; am wenigsten	minimal
intellegere, intellegō	bemerken; verstehen	intelligent
eques, equitis *m.*	1. Reiter	→ equus
	2. Ritter	
10 novus, a, um	neu; neuartig	
alius, alia, aliud	ein anderer	
neglegere, neglegō	1. nicht beachten; missachten	e. to neglect
	2. vernachlässigen	
forum, ī	Forum; Marktplatz	
pānis, is *m.*	Brot	
15 profectō *(Adv.)*	in der Tat; sicherlich	
cupidus, a, um *(+ Gen.)*	gierig (auf *etw.*)	→ cupere
monēre	(er)mahnen	
cupiditās, tātis *f.*	Begierde (nach *etw.*); Leidenschaft	→ cupidus, cupere
ergō	also; folglich	
20 idōneus, a, um	geeignet (für *etw.*)	
dignus, a, um *(+ Abl.)*	*einer Sache* würdig	
-que	und	
pretium, ī	Preis; Lohn	
numquam *(Adv.)*	niemals	↔ semper
25 pecūnia, ae	Geld	
ōrnāmentum, ī	Schmuck(stück)	Ornament

Lernwortschatz

Lektion 11

Wiederholung

hortus, ī	Garten
malus, a, um	schlecht; böse
timēre	(sich) fürchten (vor)
itaque	deshalb
iubēre	befehlen
libenter *(Adv.)*	gern

Lernwortschatz

īre, eō	gehen	
fābula, ae	Geschichte; Erzählung	Fabel
agere, agō	»treiben«	
	1. tun; handeln	
	2. verhandeln	
	Etc., beachte das Rondogramm!	

rēx, rēgis *m.*	König	regieren
5 nārrāre	erzählen	e. narrator
quamquam	obwohl	
virgō, virginis *f.*	(junge) Frau	
parere, pariō	1. gebären	≠ pārēre
	2. hervorbringen; erwerben	
rēgnum, ī	1. Königsherrschaft; Alleinherrschaft	→ rēx
	2. Königreich	
10 fīdus, a, um	treu	
ab-īre, -eō	weggehen	→ īre
flūmen, flūminis *n.*	Fluss	

	necāre	töten	
	rē vērā	wirklich; tatsächlich	
15	servāre	retten; bewahren	Kon-*serve*
	haerēre	hängen; stecken bleiben	
	nōtus, a, um	bekannt	→ īg-nōrāre
	trādere, trādō	1. übergeben 2. überliefern	Tradition
	haud *(Adv.)*	nicht; nicht gerade	
20	simulāre	vortäuschen	simulieren
	ad-īre, -eō	»jmdn. an-gehen« 1. zu … gehen; aufsuchen 2. angreifen	
	pōnere, pōnō	stellen; legen	Position
	stultus, a, um	dumm	
	altus, a, um	1. tief 2. hoch	
25	sīc *(Adv.)*	so	
	dēmōnstrāre	(deutlich) zeigen; beweisen	demonstrieren

Lektion 12

Wiederholung und Stammformen bekannter Verben

exspectāre	(er)warten
ubi?	wo?
agere, agō	»treiben« 1. tun; handeln 2. verhandeln
uxor, uxōris *f.*	Ehefrau
mulier, ris *f.*	Frau
salūs, salūtis *f.*	1. Wohlergehen 2. Rettung
licet *(+ Dat. + Inf.)*	es ist erlaubt
dāre, dō, dedī	geben
facere, faciō, fēcī	tun; machen
respondēre, respondeō, respondī	antworten

Lernwortschatz

gēns, gentis *f. (Gen. Pl.* gentium)	1. (vornehme) Familie; Geschlecht 2. Volk; Stamm	e. *gentle*-man
antīquus, a, um	alt	Antiquität
postquam	nachdem	
urbs, urbis *f. (Gen. Pl.* urbium)	(sehr bedeutende) Stadt; Rom	

5	amīcus, ī	Freund	
	aedificāre	bauen	
	ūnus, a, um	1. ein (einziger) 2. einzigartig	
	multum *(Adv.)*	1. viel; sehr 2. oft	*multi*-plizieren
	sine *(+ Abl.)*	ohne	↔ cum
10	vīvere, vīvō	leben	→ vīta
	dēlīberāre	überlegen	
	dūcere, dūcō	1. führen 2. meinen; für *etw.* halten	
	parāre	(vor)bereiten; verschaffen	≠ pārēre; ≠ parere
	invītāre	einladen	e. to invite
15	volāre	fliegen	
	rapere, rapiō	rauben; (weg)reißen	
	bellum, ī	Krieg	↔ pax
	contrā *(+ Akk.)*	gegen	»pro und contra«
	fīnis, is *m. (Gen. Pl.* fīnium)	1. Grenze *(im Pl. auch* Gebiet); Ende 2. Ziel; Zweck	Finale; e. to finish
20	sōlus, a, um	allein; einzig	Solo
	tamquam *(Adv.)*	wie	

Lektion 13
Stammformen bekannter Verben

venīre, veniō, vēnī	kommen	
agere, agō, ēgī	»treiben« 1. tun; handeln 2. verhandeln	
cupere, cupiō, cupīvī	wünschen; wollen	
ārdēre, ārdeō, ārsī	brennen; glühen	
posse, possum, potuī	können; Einfluss haben	
dēlēre, dēleō, dēlēvī	zerstören; vernichten	
ad-īre, -eō, -iī	»*jmdn.* an-gehen« 1. zu … gehen; aufsuchen 2. angreifen	
flēre, fleō, flēvī	(be)weinen	
ad-esse, adsum, affuī	1. da sein 2. helfen	
dīcere, dīcō, dīxī	sagen	

Lernwortschatz

grātia, ae	*Positives Verhältnis zwischen Menschen:* 1. Ausstrahlung; Charme 2. Beliebtheit; Sympathie; Ansehen 3. Gefälligkeit 4. Dank *Etc., beachte das Rondogramm!*	
grātiās agere	danken	

nūper *(Adv.)*	kürzlich	
ex-stinguere, -stinguō, -stīnxī	auslöschen; vernichten	
nihil	nichts	
nihil boni	nichts Gutes	
5 praeter *(+ Akk.)*	außer	
re-manēre, -maneō, -mānsī	(zurück)bleiben	e. to remain
dēspērāre	verzweifeln	
calamitās, ātis *f.*	Unglück; Schaden	
beneficium, ī	Wohltat	→ bonus
10 tribuere, tribuō, tribuī	zuteilen	Tribut
re-stituere, -stituō, -stituī	wiederherstellen	
rumpere, rumpō, rūpī	(zer-)brechen	
re-movēre, -moveō, -mōvī	entfernen	e. to remove
mūrus, ī	Mauer	
15 re-parāre	wiederherstellen; reparieren	e. to repair
com-plēre, -pleō, -plēvī	anfüllen	komplett
plūs	mehr	Plus (Mathematik)
quam	als	
anteā *(Adv.)*	vorher; früher	
20 rūrsus *(Adv.)*	wieder	
fāma, ae	(guter/schlechter) Ruf; Gerücht	famos, e. famous
augēre, augeō, auxī	vergrößern	Auktion
opus est *(+ Abl.)*	man braucht; es ist nötig	mihi opus est aquā

Lernwortschatz

Lektion 14

Stammformen bekannter Verben

petere, petō, petīvī	[»anpeilen«] 1. aufsuchen; sich begeben 2. verlangen; (er)bitten 3. angreifen
invenīre, inveniō, invēnī	(er)finden
fundere, fundō, fūdī	1. (ver)gießen 2. zerstreuen; in die Flucht schlagen
vincere, vincō, vīcī	(be)siegen
dēsinere, dēsinō, dēsiī	aufhören
accipere, accipiō, accēpī	1. annehmen; bekommen 2. erfahren

Lernwortschatz

clādēs, is *f.* (*Gen. Pl.* clādium)	1. Niederlage 2. Katastrophe	
nātiō, ōnis *f.*	Volk; Volksstamm	Nation, e. nation
Germānus, ī	Germane	
trāns-īre, -eō, -iī	hinübergehen; überqueren	
5 mīles, mīlitis *m.*	Soldat	Militär
re-pellere, repellō, reppulī	vertreiben; zurückschlagen	
contendere, -tendō, -tendī	[»sich anstrengen«] 1. kämpfen 2. eilen 3. behaupten *(+ AcI)* *Etc., beachte das Rondogramm!*	

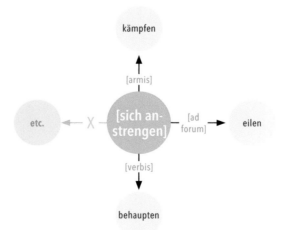

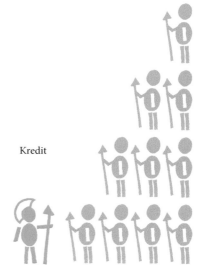

re-cipere, -cipiō, -cēpī	zurücknehmen; empfangen; aufnehmen	to receive
sē recipere	sich zurückziehen	
tergum, ī	Rücken	
10 modo *(Adv.)*	1. nur 2. gerade eben (noch)	
comperīre, comperiō, comperī	erfahren	
cōpia, ae	1. Menge; Vorrat 2. Möglichkeit	
cōpiae, ārum	*Pl.:* Truppen	
vix *(Adv.)*	kaum	
crēdere, crēdō, crēdidī	1. glauben 2. anvertrauen	Kredit
15 praeclārus, a, um	hochberühmt; ausgezeichnet	
voluptās, ātis *f.*	Lust; Vergnügen	
senātor, ōris *m.*	Senator	
legiō, ōnis *f.*	Legion	
nostrī, ōrum	unsere Leute; die Unsrigen	
20 ē-ripere, -ripiō, -ripuī	entreißen	
indignus, a, um *(+ Abl.)*	*einer Sache* unwürdig	↔ dignus
tantus, a, um	so groß	
oportet	es gehört sich; es ist nötig; man muss	
spērāre	hoffen	↔ dēspērāre
25 pergere, pergō, perrēxī	1. weitermachen; fortsetzen 2. aufbrechen (≈ sich auf den Weg machen)	

Lektion 15

Stammformen bekannter Verben und Wiederholungswörter

esse, sum, fuī	1. sein 2. *als Vollverb:* existieren, vorhanden sein
bellum, ī	Krieg
ūnus, a, um	1. ein (einziger) 2. einzigartig
fīnis, is m. (Gen. Pl. ium)	1. Grenze (*im Pl. auch* Gebiet); Ende 2. Ziel; Zweck
facere, faciō, fēcī	machen; tun
posse, possum, potuī	können; Einfluss haben
populus, ī	Volk
nihil bonī	nichts Gutes

Lernwortschatz

	meminisse *(nur Perfektformen) m. Gen.*	sich erinnern an *(Präs.)*	e. memory
	tempus, temporis *n.*	Zeit	temporal
	cīvitās, ātis *f.*	Bürgerschaft; Staat	zivil
	concordia, ae	Eintracht	
5	ōrdō, ōrdinis *m.*	Ordnung; sozialer Stand; Kollegium	
	ubīque *(Adv.)*	überall	
	nōlle, nōlō, nōluī	nicht wollen	
	alter, altera, alterum, *Gen.* alterīus, *Dat.* alterī	der andere; der zweite	Alternative
	alter … alter	der eine … der andere	
	plēbs, plēbis *f.*	Volk; Volksmenge; Pöbel	Plebiszit
10	potestās, ātis *f.*	Macht; Amtsgewalt	→ posse
	tunc *(Adv.)*	da; dann; darauf; damals	→ tum
	paucī, ae, a	wenige; nur wenige	↔ multī
	velut/velutī *(Adv.)*	so wie; gleich wie; wie zum Beispiel	
	prīnceps, cipis *m.*	Anführer, führender Mann im Staat; Kaiser	Prinz
15	creāre	1. wählen 2. (er)schaffen	Kreatur, kreativ
	+ dopp. Akk.	*jmd. zu etw.* wählen	
	plēbēius, a, um	bürgerlich; nicht adelig	→ plēbs
	lēx, lēgis *f.*	Gesetz; Bedingung	legal
	lēgem rogāre	einen Gesetzesvorschlag machen	
	cūria, ae	Kurie; Rathaus	
	disputāre	diskutieren	Disput
20	comitia, comitiōrum	die Komitien *(Volks- bzw. Wahlversammlung)*	
	tribūnus, ī	Tribun	
	tribūnus plēbis	Volkstribun	
	vetāre	verbieten	Veto
	quotannīs (Adv.)	jährlich	→ annus
	cōnsul, is *m.*	Konsul	
25	nēmō, nēminis	niemand	
	velle, volō, voluī	wollen	
	regere, regō, rēxī	lenken; leiten; beherrschen	→ rēx; regieren
	mālle, mālō, māluī	lieber wollen	
	ager, agrī	Acker; Feld	e. agri-culture
30	laudāre	loben	Laudatio
	dormīre	schlafen	

Lektion 16

Stammformen bekannter Verben

intellegere, intellegō, intellēxī	bemerken; verstehen
quaerere, quaerō, quaesīvī	suchen
quaerere ex (+ *Abl.*)	(suchen →) *jmdn.* fragen
dūcere, dūcō, dūxī	1. führen
	2. meinen; für *etw.* halten
iubēre, iubeō, iussī	befehlen

Lernwortschatz

quōmodo	wie	
nūptiae, ārum	Hochzeit	
cum (+ *Ind.*)	als (plötzlich); immer, wenn	
con-venīre, -veniō, -vēnī	»zusammenkommen«	Konvention
	1. *jmdn.* treffen	
	2. sich einigen	
5 hospes, hospitis *m.*	Fremder; Gast	Hospital
domum (*Adv.*)	nach Hause	
scīre, sciō, scīvī	wissen	e. science
ne-scīre, nesciō, nescīvī	nicht wissen	↔ scīre
rīdēre, rīdeō, rīsī	lachen	e. ridiculous
10 quandō (*Adv.*)	wann	
littera, ae	Buchstabe	
	Pl.: [»Geschriebenes«]	
	1. Brief(e)	
	2. Wissenschaft(en)	
	3. Literatur	
	Etc., beachte das Rondogramm!	

Graecus, a, um	griechisch	
Graecus, ī	Grieche	
studēre *(+ Dat.)*	sich bemühen (um)	Student
15 legere, legō, lēgī	1. sammeln; auswählen 2. lesen	Lektüre
amor, amōris *m.*	Liebe	
nūbere, nūbō, nūpsī *(+ Dat.)*	heiraten	→ nūptiae
mox *(Adv.)*	bald	
herī *(Adv.)*	gestern	
20 honestus, a, um	ehrenhaft; angesehen	e. honest
dōs, dōtis *f.*	Mitgift	→ dare
amplus, a, um	1. weit 2. groß; bedeutend	
prōmittere, promittō, prōmīsī	versprechen	e. to promise

Lektion 17

Stammformen bekannter Verben und Wiederholungswörter

iuvāre, iuvō, iūvī *(+ Akk.)*	1. unterstützen; helfen 2. erfreuen
āmittere, āmittō, āmīsī	verlieren
parere, pariō, peperī	1. gebären 2. hervorbringen; erwerben
vōx, vōcis *f.*	1. Stimme 2. Wort; Äußerung
laetus, a, um	fröhlich
praebēre	geben

Lernwortschatz

coniūnx, coniugis *m./f.*	Ehemann/Ehefrau	
propter *(+ Akk.)*	wegen	
ōs, ōris *n.*	Mund; Gesicht	»Oral-B«
oculus, ī	Auge	
5 fōrma, ae	Form; Gestalt; Schönheit	
iūcundus, a, um	angenehm	
cor, cordis *n.*	Herz	
dīligere, dīligō, dīlēxī	schätzen; lieben	
optimus, a, um	der beste; sehr gut	optimal, Optimist
10 crās *(Adv.)*	morgen	↔ herī

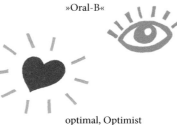

domō *(Adv.)*	von zu Hause	↔ domum
ex-īre, ex-eō, ex-iī	hinausgehen	e. exit
vīlla, ae	Haus; Landhaus	
prīmum *(Adv.)*	zuerst; zum ersten Mal	
15 aut	oder	
vērus, a, um	1. wahr 2. richtig; echt	
dea, ae	Göttin	
colere, colō, coluī	[»sich intensiv beschäftigen mit«] 1. bewirtschaften 2. pflegen 3. verehren *Etc., beachte das Rondogramm!*	

bewohnen

villam

bewirt-schaften

etc.

agros (Felder)

pflegen

corpus; litteras

[sich intensiv beschäftigen]

deos

homines

verehren

hoch-schätzen

ōrāre	bitten	Oratorium
20 vel	oder	= aut
metuere, metuō, metuī	(sich) fürchten	= timēre
ops, opis *f.* *Pl.* opēs, opum	Kraft; Hilfe *Pl.*: Macht; Streitkräfte; Reichtum	
saepe *(Adv.)*	oft	
ōtium, ī	1. Ruhe 2. freie Zeit 3. Frieden	

I	ūnus, a, um	eins	VII	septem	sieben
II	duo, duae, duo	zwei	VIII	octō	acht
III	trēs, trēs, tria	drei	IX	novem	neun
IV	quattor	vier	X	decem	zehn
V	quīnque	fünf	XI	ūndecim	elf
VI	sex	sechs	XII	duodecim	zwölf

Lernwortschatz

Lektion 18

Stammformen bekannter Verben

neglegere, neglegō, neglēxī	1. nicht beachten; missachten
	2. vernachlässigen
relinquere, relinquō, relīquī	1. verlassen
	2. unbeachtet lassen
trādere, trādō, trādidī	1. übergeben
	2. überliefern
vidēre, videō, vīdī	sehen
comprehendere, -prehendō, -prehendī	1. ergreifen; festnehmen
	2. begreifen
rapere, rapiō, rapuī	rauben; (weg)reißen
capere, capiō, cēpī	»packen«
	1. erobern
	2. nehmen
	3. erhalten
movēre, moveō, mōvī	1. bewegen
	2. beeindrucken

Lernwortschatz

nūntius, ī	Bote; Nachricht	e. to an-nounce
dolor, dolōris *m.*	Schmerz	
post *(+ Akk.)*	nach; hinter	
barbarus, a, um	1. ausländisch	Barbar
	2. unzivilisiert	
5 salvus, a, um	gesund; unverletzt; am Leben; wohlbehalten	→ salvē »lebe wohl«
reddere, reddō, reddidī	1. zurückgeben	→ dare
	2. zu *etw.* machen	
et ... et	sowohl ... als auch	
saevus, a, um	schrecklich	
superāre	besiegen; übertreffen	
10 prō *(+ Abl.)*	1. vor	*vgl. im Dt. die entsprechende Bedeutungsvielfalt von* »für«
	2. für; an Stelle von *etw.*	
	3. im Verhältnis zu *etw.*	
patria, ae	Heimat	→ pater
red-īre, -eō, -iī	zurückgehen	
fugere, fugiō, fūgī	fliehen	
victōria, ae	Sieg	e. victory
15 cīvis, cīvis *m.* (*Gen. Pl.* cīvium)	Bürger	zivil
modus, ī	Art (und Weise)	Mode
honōs (= honor), honōris *m.*	Ehre; Ehrenamt	e. honour
per-venīre, -veniō, -vēnī	hinkommen; erreichen	

aliquandō *(Adv.)*	irgendwann	
20 praetor, ōris *m.*	Prätor	
animus, ī	[»das geistig-seelische Tun«] Geist; Sinn; Gesinnung; Herz; Mut *Etc., beachte das Rondogramm!*	animieren

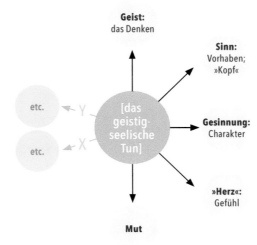

bene *(Adv.)*	gut	→ bonus

Lektion 19

Stammformen bekannter Verben und Wiederholungswörter

subitō *(Adv.)*	plötzlich
oculus, ī	Auge
iterum atque iterum	immer wieder
scīre, sciō, scīvī	wissen
hortus, ī	Garten
intellegere, intellegō, intellēxī	bemerken; verstehen

Lernwortschatz

singulāris, e	einzeln; einzigartig	Singular
aspicere, aspiciō, aspexī	erblicken	Aspekt
quis?	wer?	→ quid?
accēdere, -cēdō, -cessī	hingehen; sich nähern	e. access
5 pār *(Gen.* paris*)*	gleich	Paar; Parität
pār atque	gleich wie	
ēlegāns *(Gen.* ēlegantis*)*	geschmackvoll	elegant

	de-esse, desum, defuī	fehlen; nicht da sein	
	īnsula, ae	1. Insel 2. Wohnblock	
	dum (+ *Ind. Präs.*)	während	
10	ācer, ācris, ācre	scharf; heftig	
	ēloquentia, ae	Beredsamkeit	Eloquenz
	laus, laudis *f.*	Lob; Ruhm	
	hūmānitās, tātis *f.*	Menschlichkeit; Bildung	human, humanitär
	doctus, a, um	gelehrt; gebildet	Doktor
15	discipulus, ī	Schüler	e. disciple
	ōrātiō, iōnis *f.*	Rede	
	sē dēdere, dēdō, dēdidī (+ *Dat.*)	sich *jmdm.* ausliefern; sich *einer Sache* widmen	→ dare
	sedēre, sedeō, sēdī	sitzen	
	omnis, e	1. jeder 2. ganz; *Pl.:* alle	Omnibus
20	dulcis, e	süß; angenehm	ital. dolce
	nōbilis, e	berühmt; adlig; edel	nobel
	celer, celeris, celere	schnell	
	porta, ae	Tor; Tür	Portal
	stāre, stō, stetī	stehen	Statue, Stativ
25	tollere, tollō, sustulī	1. aufheben: hochheben 2. aufheben: beseitigen	
	simul (*Adv.*)	zugleich; gleichzeitig	simultan
	procul (*Adv.*)	von fern; weit weg	
	ingēns (*Gen.* ingentis)	riesig; ungeheuer	
	mōns, montis *m.* (*Gen. Pl.* montium)	Berg	e. mountain
30	causa, ae	»Motiv; Beweg-grund«: 1. Grund; Ursache 2. (juristisch:) Fall; Prozess 3. (allg.:) Sache	kausal

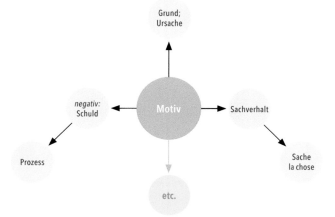

Lektion 20

Wiederholungswörter

dēlēre, dēleō, dēlēvī	zerstören; vernichten	
tōtus, a, um	ganz; gesamt	
vix *(Adv.)*	kaum	
cōpia, ae	1. Menge; Vorrat 2. Möglichkeit; *Pl.*: Truppen	
exstinguere, -stinguō, -stīnxī	auslöschen; vernichten	

Lernwortschatz

	paene *(Adv.)*	fast; beinahe	
	orbis, is *m.* (*Gen. Pl.* orbium)	Kreis	Orbit
	terra, ae	Land; Erde	Terrarium
	orbis terrārum	Erdkreis	
	perīculum, ī	Gefahr	ital. pericolo
5	difficilis, e	schwierig	ital. difficile, e. difficult
	labor, ōris *m.*	1. Anstrengung 2. Arbeit	Labor
	terrēre	*jdn.* erschrecken	Terror
	quī, quae, quod	der, die, das *(Relativpronomen)*	
	comes, itis *m.*	Begleiter; Gefährte	
10	effugere, -fugiō, -fūgī	entfliehen; entkommen	→ fugere
	vinculum, ī	Band; Fessel	
	tenēre	halten; haben	
	fātum, ī	Götterspruch; Schicksal	
	nāvis, is *f.* (*Gen. Pl.* nāvium)	Schiff	Navigation; Nautik
15	regiō, iōnis *f.*	Region; Gebiet; Gegend	
	aliquot *(indekl.)*	einige	
	fortis, e	stark; tapfer	ital. forte
	crūdēlis, e	grausam	e. cruel
	adhibēre	hinzuziehen; anwenden	→ habēre
20	vīnum, ī	Wein	ital. vino
	caecus, a, um	blind	
	captīvus, ī	(Kriegs-)Gefangener	→ capere; e. captive
	poena, ae	Strafe	e. to punish; penal
	poenam/poenās dāre (+ *Gen.*)	für *etw.* büßen, für *etw.* bestraft werden	
	pellere, pellō, pepulī	1. stoßen; schlagen 2. vertreiben	Puls; Pro-peller
25	super-esse, supersum, superfuī + Dat.	übrig sein überleben	

Lernwortschatz

Lektion 21

Wiederholung und neue Stammformen

stāre, stō, stetī	stehen
rēgnum, ī	1. Königsherrschaft; Alleinherrschaft 2. Königreich
relinquere, relinquō, relīquī	1. verlassen 2. unbeachtet lassen
errāre	sich irren; umherirren
mortuus, a, um	tot
animus, ī	[»das tätige Innenleben«]: Geist; Sinn; Gesinnung; Herz; Mut
bonō animō esse	guten Mutes sein

Lernwortschatz

	īnferī, ōrum	Unterirdische; Bewohner der Unter- welt	Inferno
	iussū *(+ Gen.)*	auf *jmds.* Befehl	→ iubēre
	mare, maris *n.* (*Abl. Sg.* marī, *Nom. Pl.* maria)	Meer	
	cūra, ae	Sorge; Pflege	→ cūrāre; Kur
5	gravis, e	schwer; ernst; wichtig	gravierend
	opprimere, opprimō, oppressī	1. unterdrücken 2. überfallen	
	somnus, ī	Schlaf	
	umbra, ae	Schatten	e. umbrella
	inānis, e	leer; wertlos	
10	cognōscere, cognōscō, cognōvī	kennenlernen; erkennen	kognitiv
	quā dē causā	aus welchem Grund? weshalb? (*rel. Satzanschluss:* deshalb)	
	pius, a, um	»respektvoll«: fromm, pflichtbewusst *Beachte das Rondogramm zu* pietās!	
	dēscendere, dēscendō, dēscendī	herabsteigen; hinabsteigen	
	locus, ī	Ort	
15	anima, ae	1. Atem 2. Seele 3. Leben	

pietās, tātis *f.*

»Respekt«
1. Gottesfurcht
2. Pflichtgefühl
3. Liebe; Zuneigung
Etc., beachte das Rondogramm!

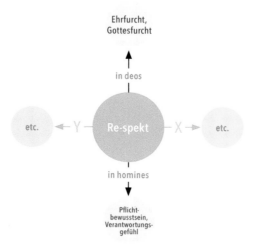

iter, itineris *n.*	Weg; Marsch; Reise	→ īre
dūrus, a, um	hart; beschwerlich	
docēre	lehren; unterrichten	→ doctus
20 condere, condō, condidī	1. gründen; erbauen	
	2. verwahren; verstecken	
septem *(indekl.)*	sieben	
circum-dare, -dō, -dedī	umgeben	
genus, generis *n.*	Abstammung; Geschlecht; Art	
appellāre	nennen	Appell
25 im-pōnere, -pōnō, -posuī	auferlegen	
re-dūcere, -dūcō, -dūxī	zurückführen	
apud *(+ Akk.)*	bei	

Die Familie stellt sich vor

Die lateinische Sprache ist – wie z. B. auch die deutsche – eine Art Baukasten, aus dem man einzelne Wörter und dann daraus wieder einzelne Sätze zusammensetzen kann. Viele dieser Bausteine kennst du schon dem Namen nach aus dem Deutsch- und aus dem Englischunterricht.

Das Substantiv

1. Substantive haben ein Genus (Geschlecht)

Wie das Deutsche kennt auch das Lateinische bei Substantiven (Namenwort, Hauptwort) drei Genera:

- das Femininum (weibliches Geschlecht)
- das Maskulinum (männliches Geschlecht)
- das Neutrum (sächliches Geschlecht)

Tipp: Im Deutschen erkennst du das Genus am Artikel (Begleiter). Im Lateinischen gibt es keinen Artikel, dafür zeigt dir oft die Endung das Genus an. Ob du bei der Übersetzung den bestimmten oder den unbestimmten Artikel verwenden musst, kannst du nur aus dem Zusammenhang erschließen.

fīli-	a	feminin	eine / die Tochter
fīli-	us	maskulin	ein / der Sohn
domicili-	um	neutrum	ein / der Wohnsitz

Im Lateinischen ist ein männliches Lebewesen immer ein Maskulinum und ein weibliches Lebewesen immer ein Femininum (natürliches Geschlecht) – das Deutsche ist hier nicht immer so konsequent (vgl. »das Mädchen«).

2. Substantive lassen sich in Klassen einteilen

Substantive mit gleichen Endungen werden zu Deklinationen (Wortklassen) zusammengefasst, die bestimmte Eigenschaften gemeinsam haben:

fīli-	a	1. oder a-Deklination (feminin)
fīli-	us	2. oder o-Deklination (maskulin)
domicili-	um	2. oder o-Deklination (neutrum)

Die Bezeichnung a- bzw. o-Deklination beruht darauf, dass die Endung in einigen Kasusformen den Kennlaut -a- bzw. -o- enthält. Du wirst ihn später (z.B. im Akkusativ Plural) noch kennenlernen.

Lektion 1

Substantive sind veränderbar: Nominativ Singular und Plural

Das Substantiv besteht aus einem unveränderlichen Wortstamm, der die Bedeutung trägt, und einer Endung, die veränderbar ist. Sie enthält Informationen über

- den Kasus (Fall),
- den Numerus (Anzahl) und
- oft auch über das Genus (Geschlecht) des Substantivs.

In dieser Lektion lernst du die Substantive im Nominativ (erster Fall) im Singular (Einzahl) und im Plural (Mehrzahl) kennen:

fīli-a

1. oder a-Deklination

	Singular		Plural	
Nom.	fīli-a	die Tochter	fīli-ae	die Töchter

2. oder o-Deklination (m.)

	Singular		Plural	
Nom.	fīli-us	der Sohn	fīli-ī	die Söhne

2. oder o-Deklination (n.)

	Singular		Plural	
Nom.	domicili-um	der Wohnsitz	domicili-a	die Wohnsitze

Eine Besonderheit der o-Deklination sind Substantive, die im Nominativ Singular auf *-er* enden. Bei vielen dieser Substantive verschwindet in den anderen Kasus der Vokal (Selbstlaut) *-e-*: *caper* → *caprī*.

Im Wortschatz stehen Substantive zunächst immer im Nominativ Singular. Besonderheiten werden zusätzlich angegeben.

fīli-ae

Tipp: Beim Wortschatzlernen musst du also genau aufpassen, dass du mit jedem lateinischen Substantiv folgende Informationen nennen kannst:
- die deutsche(n) Bedeutung(en),
- das Genus,
- die Deklination und
- die besonderen Formen.

Verlass dich nicht darauf, dass das Genus in beiden Sprachen übereinstimmt: Das ist oft nicht der Fall!

Das Verb (Tätigkeitswort / Zeitwort)

1. Der Infinitiv

Wie Substantive bestehen auch Verben aus einem Wortstamm, der die Bedeutung trägt, und einer Endung. Im Wortschatz werden Verben im Infinitiv (Grundform) angegeben. Du erkennst ihn an der Endung *-re:*

habita -re: wohnen

2. Verben sind veränderbar: 3. Person Singular und Plural

Die Endung des Verbs enthält Informationen über die handelnden Personen. In dieser Lektion lernst du die 3. Person Singular und Plural kennen.

1. Pers. Sg.		ich …
2. Pers. Sg.		du …
3. Pers. Sg.	habita-t	er, sie, es wohnt
1. Pers. Pl.		wir …
2. Pers. Pl.		ihr …
3. Pers. Pl.	habita-nt	sie wohnen

Du erkennst die 3. Person also immer an folgenden Endungen:
-t: 3. Person Singular
-nt: 3. Person Plural

Im Lateinischen wird die Person in der Regel nur durch die Endung ausgedrückt, während im Deutschen vor dem Verb auch noch ein Personalpronomen (persönliches Fürwort), wie z. B. *er, sie, es,* steht.

3. Verben lassen sich in Klassen einteilen

Wie bei Substantiven gibt es auch bei Verben verschiedene Klassen (Konjugationen). Du erkennst sie jeweils am Vokal, der vor der Endung steht.

Konjugation	*Infinitiv*
a-Konjugation	habitā -re
e-Konjugation	placē -re
i-Konjugation	venī -re
esse (unregelmäßig)	es-se

Die Personalendungen sind stets gleich; die Vokale vor diesen Endungen unterscheiden sich aber je nachdem, zu welcher Konjugation das Verb gehört.

Konjugation	*3. Pers. Sg.*		*3. Pers. Pl.*	
a-Konjugation	habita-t	er, sie, es wohnt	habita-nt	sie wohnen
e-Konjugation	place-t	er, sie, es gefällt	place-nt	sie gefallen
i-Konjugation	veni-t	er, sie, es kommt	veni-u-nt	sie kommen
esse (unregelmäßig)	es-t	er, sie, es ist	su-nt	sie sind

Ein einfaches Satzmodell (Subjekt und Prädikat)

Jeder Satz benötigt bestimmte Bestandteile, um vollständig zu sein. Die einzelnen Wörter übernehmen unterschiedliche Funktionen:

Das Prädikat (Satzaussage) gibt an, was in dem Satz eigentlich geschieht. In Aussagesätzen steht das Prädikat fast immer am Satzende; in Fragesätzen kann es nach vorne hinter das Fragewort gezogen werden.

Die handelnde Person eines Satzes bezeichnet man als Subjekt (Satzgegenstand); sie kann mit der Frage »wer oder was?« erschlossen werden.

Subjekt	Prädikat
Servus	intrat.
Der Sklave	tritt ein.

Das Subjekt steht immer im Nominativ. Subjekt und Prädikat müssen im Numerus übereinstimmen (Kongruenz).

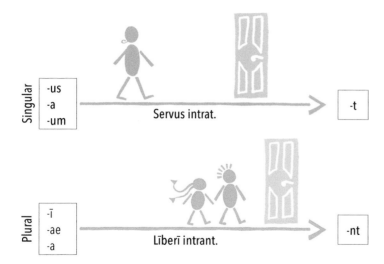

Da im Lateinischen die Person durch eine Endung des Verbums markiert wird, kommen die kürzesten lateinischen Sätze mit einem einzelnen Prädikat aus: *Intrat. (Er, sie, es tritt ein.)*

So geht's

Das Prädikat ist der wichtigste Bestandteil; daher wird es rot unterstrichen – meist findest du es am Satzende. Der Nominativ wird durch eine blaue Unterstreichung markiert. So kannst du auf einen Blick erkennen, wo du das Subjekt (immer im Nominativ!) und das Prädikat für deine Übersetzung findest.

Gāia et Paulla intrant. – Gaia und Paulla kommen herein.

Lektion 2

Der Akkusativ der a- und o-Deklination

Substantive begegnen in lateinischen Texten nicht nur im Nominativ. In dieser Lektion lernst du den Akkusativ (den vierten Fall) kennen, der mit der Frage »wen oder was?« erschlossen werden kann.

1. oder a-Deklination

	Singular		Plural	
Nom.	fīli-a	die Tochter	fīli-ae	die Töchter
Akk.	fīli-am	die Tochter	fīli-ās	die Töchter

2. oder o-Deklination (m.)

	Singular		Plural	
Nom.	fīli-us	der Sohn	fīli-ī	die Söhne
Akk.	fīli-um	den Sohn	fīli-ōs	die Söhne

2. oder o-Deklination (n.)

	Singular		Plural	
Nom.	dōn-um	das Geschenk	dōn-a	die Geschenke
Akk.	dōn-um	das Geschenk	dōn-a	die Geschenke

Vorsicht: Die Akkusativ-Formen des Neutrums sind immer identisch mit den Nominativ-Formen. Du kannst daher nur aus dem Satzzusammenhang erschließen, um welchen Fall es sich handelt.

Die konsonantische Konjugation: 3. Person Singular und Plural

In Lektion 1 hast du schon verschiedene Konjugationen kennengelernt. Du hast gelernt, dass die Personalendungen immer gleich sind, davor aber unterschiedliche Vokale stehen (habita-t; place-t, veni-t).

Genau das Gleiche gilt auch für die letzte Verbklasse: die konsonantische Konjugation. Sie heißt so, weil ihr Stamm auf einen Konsonanten (Mitlaut) endet. Weil aber auch viele Endungen mit einem Konsonanten beginnen, wird dazwischen ein Bindevokal eingeschoben, der das Sprechen leichter macht: curr-e-re

Dasselbe geschieht auch bei den anderen Personen:

curr-i-t   er, sie, es läuft   curr-u-nt   sie laufen

Bei einer kleinen Gruppe von Verben findet sich in der dritten Person Plural vor dem -u-nt noch ein -i- (kurzvokalische i-Stämme).

cupi-t   er, sie, es wünscht   cupi-u-nt   sie wünschen

Tipp: Beim Wortschatzlernen musst du genau aufpassen, dass du zu jedem Verb auch die Konjugation mitlernst.

- Du kannst die konsonantische Konjugation von der e-Konjugation unterscheiden, da das *e* bei Verben der konsonantischen Konjugation im Infinitiv keinen Längenstrich hat (*currere* ↔ *placēre*).
- Bei den kurzvokalischen i-Stämmen wird eine zusätzliche Form angegeben (anfangs die dritte Person Plural), um dich auf diese Besonderheit hinzuweisen.

Das Akkusativobjekt (direktes Objekt)

In vielen Sätzen findet sich neben dem Subjekt noch eine zweite, von der Verbalhandlung betroffene Person oder Sache. Wenn sie im Akkusativ steht, wird sie als direktes Objekt (Satzergänzung) bezeichnet. Anders als im Deutschen und im Englischen steht dieses direkte Objekt in der Regel vor dem Prädikat.

Nach dem Akkusativobjekt fragst du mit der Frage »wen oder was?«.

Subjekt	Objekt	Prädikat
Servus	caprum	verberat.
Der Sklave	schlägt	den Ziegenbock.

So geht's

Der Akkusativ wird durch eine grüne Unterstreichung markiert. So kannst du auf einen Blick die handelnde Person (Subjekt) von der betroffenen Person oder Sache (Objekt) unterscheiden.

<u>Servus</u> <u>caprum</u> <u>verberat</u>. – Der Sklave schlägt den Ziegenbock.

Lektion 3

Vokativ Singular und Plural

Wenn Menschen miteinander sprechen, reden sie sich manchmal auch direkt an, z.B. mit ihrem Namen. Für diese Anrede gibt es im Lateinischen einen eigenen Fall: den Vokativ.

Die Form ist immer dieselbe wie im Nominativ des jeweiligen Wortes, doch gibt es eine wichtige Ausnahme: Substantive der o-Deklination auf *-us* erhalten im Singular die Endung *-e*.

Vokativ Singular: domin-e (o) Herr   Vokativ Plural: domin-ī (o) Herren

Wörter auf *-ius* enden im Vokativ verkürzt auf bloßem *-ī (Gāius → Gāī)*.

Das Adjektiv

Um eine Beschreibung lebendig zu machen, werden weitere Wörter benötigt, z.B. Begriffe, die Eigenschaften von Substantiven angeben: die Adjektive (Eigenschaftswörter).

1. Die Adjektive der a-/o-Deklination

Auch Adjektive bestehen aus einem unveränderlichen Wortstamm und einer veränderbaren Endung. Für jedes Genus gibt es eine eigene Endung. Die Endungen selbst kennst du schon von der a- und der o-Deklination.

	Singular			Plural		
	m.	f.	n.	m.	f.	n.
Nom.	bon-us	bon-a	bon-um	bon-ī	bon-ae	bon-a
Akk.	bon-um	bon-am	bon-um	bon-ōs	bon-ās	bon-a

Einige Adjektive enden im Nominativ Singular Maskulinum auf *-er*. Manche von ihnen verlieren in den übrigen Formen den Vokal *-e-* wieder (vgl. *pulcher, pulchra, pulchrum*).

2. Adjektive stimmen mit ihrem Bezugswort überein

Adjektive kommen normalerweise nicht allein im Satz vor, sondern passen sich jeweils an »ihr« Substantiv an: Sie übernehmen dessen Kasus, Numerus und Genus (KNG-Kongruenz = KöNiGs-Regel).

Durch die Kongruenz kannst du mit einem Blick erkennen, welche Wörter zusammengehören – auch wenn sie nicht immer direkt nebeneinander stehen.

pulchra

filia

Der Imperativ

Bislang kennst du nur Sätze, die Aussagen enthalten und deswegen im Modus Indikativ (Wirklichkeitsform) stehen. Daneben gibt es wie im Deutschen Aufforderungssätze mit Befehlsformen, die sich an die 2. Person Singular oder Plural richten (Imperativ).

- Der Singular besteht aus dem Wortstamm ohne Endung. (Bei der konsonantischen Konjugation wird ein kurzes -ĕ an den Wortstamm gehängt.)
- Im Plural wird die Endung -te (bzw. -īte für die konsonantische Konjugation) angehängt.

Singular		Plural	
apportā!	bring her!	apportā-te!	bringt her!
curr-e!	lauf!	curr-i-te!	lauft!
es!	sei!	es-te!	seid!

Das Adjektiv im Satz

1. Adjektive als Attribute

Begriffe, die eine nähere Angabe zu einem Substantiv bringen, bezeichnet man als Attribute; in vielen Fällen können diese mit der Frage »was für ein?« erschlossen werden. Das Adjektiv, das sich in Kasus, Numerus und Genus nach dem zugehörigen Substantiv richtet, ist ein solches Attribut.

Adjektivattribute stehen im Allgemeinen hinter ihrem Substantiv und werden nur vorangestellt, wenn sie betont sind (besonders bei Zahl-, Mengen-, Maß-, Grad- oder Zeitangaben).

Ibī <u>multae</u> ancillae sunt.   Dort sind viele Sklavinnen.

2. Adjektive als Prädikatsnomina

Adjektive können, wenn sie im Nominativ mit einem Hilfsverbum wie *esse* verbunden werden, auch Teil des Prädikats sein und werden dann als Prädikatsnomen bezeichnet.

Subjekt	Prädikat
Gallus	malus est.
Gallus	ist schlecht.

3. So geht's

Bei der Satzanalyse brauchst du für die Adjektive keine eigene Farbe: Du markierst sie in der Farbe des Substantivs, auf das sie sich beziehen; dabei hilft dir, dass sie in vielen Fällen ohnehin direkt danebenstehen.

<u>Servus malus</u> <u>caprum</u> <u>verberat</u>. – Der böse Sklave schlägt den Ziegenbock.

Lektion 4

Die 3. Deklination

Neben den Substantiven der a- und der o-Deklination gibt es im Lateinischen auch eine große Gruppe von Substantiven mit Kasusendungen, die sich deutlich von den bisher bekannten unterscheiden: die Substantive der 3. Deklination. Bei vielen von ihnen verändert sich die Silbenzahl, wenn man sie in einen anderen Kasus setzt (ungleichsilbig).

1. Nominativ und Akkusativ der 3. Deklination

	Singular (m./f.)		Plural (m./f.)	
Nom.	sacerdōs	der Priester	sacerdōt-ēs	die Priester
Akk.	sacerdōt-em	den Priester	sacerdōt-ēs	die Priester

	Singular (n.)		Plural (n.)	
Nom.	carmen	das Lied	cármin-a	die Lieder
Akk.	carmen	das Lied	cármin-a	die Lieder

Tipp: Wie immer bei den Neutra sind die Akkusativ-Formen identisch mit den Nominativ-Formen; außerdem enden die Neutra aller Deklinationen im Nominativ / Akkusativ Plural stets auf -*a*.

2. Das Genus der Substantive der 3. Deklination

Bei der 3. Deklination ist es schwer, einfache Regeln für das Genus anzugeben. Deshalb musst du das Genus im Wortschatz immer mitlernen!

3. Substantive der 3. Deklination mit Adjektiven der a-/o-Deklination

Adjektive passen sich immer in Kasus, Numerus und Genus an »ihr« Substantiv an (Kongruenz). Stammen beide aus derselben Deklination (bisher a-/o-Deklination), haben sie auch dieselbe Endung. Mit den neuen Substantiven der 3. Deklination sieht man die Kongruenz nicht mehr auf den ersten Blick: Hier hilft nur ein genaues Abfragen mithilfe der KöNiGs-Regel.

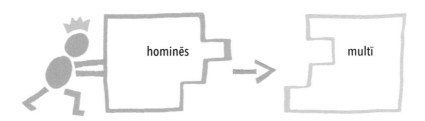

Präpositionen

Nicht alle Wörter lassen sich so verändern wie Verben, Substantive und Adjektive. Unverändert bleiben z.B. Präpositionen (Verhältniswörter). Sie stehen vor einem Substantiv (deswegen auch *Prä-Position* = »Voran-Gestelltes«) und bilden mit ihm zusammen einen Präpositionalausdruck.

Diese Präpositionalausdrücke beschreiben die Art und Weise einer Tätigkeit oder eines Vorgangs näher (z.B. Zeit- oder Ortsangabe). Eine solche Umstandsbestimmung nennt man adverbiale Bestimmung oder Adverbiale.

Präpositionen mit Akkusativ

Präpositionen ziehen immer einen bestimmten Kasus beim darauffolgenden Substantiv nach sich, der allerdings im Lateinischen nicht der gleiche wie im Deutschen sein muss. Bei vielen lateinischen Präpositionen ist es der Akkusativ:

- ad = zu (hin), nach, bei, an
- in = in (hinein), nach, gegen, zu
- per = (hin)durch, über, während

in Campum Mārtium currere – auf das Marsfeld laufen

So geht's

Die adverbiale Bestimmung kannst du mit einer gelben Unterstreichung markieren.

Puellae et pueri per campum currunt. – Mädchen und Jungen laufen über das (Mars-)Feld.

Lektion 5

Der Ablativ Singular und Plural

Das Lateinische hat mehr Fälle als das Deutsche. Einer davon ist der Ablativ, den wir im Deutschen meist mit Präpositionen ausdrücken.

1. oder a-Deklination

	Sg.	Pl.
Nom.	fīli-a	fīli-ae
Akk.	fīli-am	fīli-ās
Abl.	fīli-ā	fīli-īs

2. oder o-Deklination (m.)

	Sg.	Pl.
Nom.	fīli-us	fīli-ī
Akk.	fīli-um	fīli-ōs
Abl.	fīli-ō	fīli-īs

2. oder o-Deklination (n.)

	Sg.	Pl.
Nom.	dōn-um	dōn-a
Akk.	dōn-um	dōn-a
Abl.	dōn-ō	dōn-īs

3. Deklination (m./f.)

	Sg.	Pl.
Nom.	sacerdōs	sacerdōt-ēs
Akk.	sacerdōt-em	sacerdōt-ēs
Abl.	sacerdōt-e	sacerdōt-ibus

3. Deklination (n.)

	Sg.	Pl.
Nom.	carmen	carmin-a
Akk.	carmen	carmin-a
Abl.	cármin-e	carmín-ibus

Tipp: Im Singular sieht der Ablativ bei der a-Deklination genauso aus wie der Nominativ. Du kannst die Formen unterscheiden, weil die Endung im Ablativ lang gesprochen und deswegen im Lektionstext mit einem Längenstrich markiert wird.

Der Ablativ im Satz

1. Präposition mit Ablativ

Nach einer Reihe von Präpositionen steht im Lateinischen der Ablativ:

- ab (ā) = von … (her)
- cum = (zusammen) mit
- ex (ē) = aus … (heraus), von … (her)

Die Kurzformen von *ab* und *ex* werden nur vor Konsonanten (außer *h*) gebraucht.

2. Ablativ als adverbiale Bestimmung

Der Ablativ gibt meist nähere Umstände für einen Satz an: So kann er z.B. ausdrücken, *wie, womit* oder *warum* etwas geschieht. Er beschreibt also – wie die Präpositionalausdrücke – die Art und Weise einer Tätigkeit oder eines Vorgangs näher und gilt damit als adverbiale Bestimmung.

Der Ablativ hat viele Funktionen. Er antwortet auf die Fragen …

– Wo? Wann?	Abl. des Ortes / der Zeit	(Abl. loci / Abl. temporis)
– Mit wem?	Abl. der Begleitung	(Abl. sociativus)
– Womit? Wodurch?	Abl. des Mittels	(Abl. instrumentalis)
– Woher? Wovon?	Abl. der Trennung	(Abl. separativus)
– Warum? Worüber?	Abl. des Grundes	(Abl. causae)

Für Experten: Vor allem der *Ablativus instrumentalis* deckt ein großes Spektrum ab und kann in Unterkategorien unterteilt werden. Manchmal gibt er auch die Antwort auf die Frage »Wie?«

Wann?
hōrā septimā

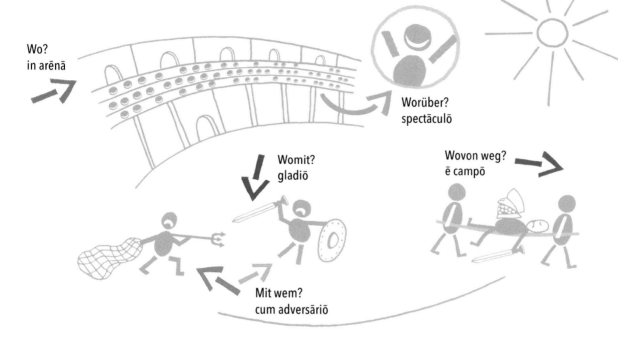

Wo?
in arēnā

Worüber?
spectāculō

Womit?
gladiō

Wovon weg?
ē campō

Mit wem?
cum adversāriō

Präpositionen mit Akkusativ oder Ablativ

Die Präposition in kann mit Ablativ oder Akkusativ gebraucht werden; dabei unterscheidet sich jedoch die Bedeutung:
*   Der Akkusativ gibt eine Richtung an: »wohin?«
*   der Ablativ gibt einen Ort an: »wo?«

in Campum Mārtium	wohin?	auf das Marsfeld
in Campō Mārtiō	wo?	auf dem Marsfeld

Lektion 6

Die Verbformen im Präsens

1. Die Formenreihe regelmäßiger Vollverben

Bisher kennst du bei den Verben nur Infinitiv und 3. Person. Die meisten Verben können natürlich auch die 1. und 2. Person bilden. Die Personalendungen sind dabei in allen Konjugationen gleich.

clāmāre

1. Pers. Sg.	clām-ō	ich rufe
2. Pers. Sg.	clāmā-s	du rufst
3. Pers. Sg.	clāma-t	er, sie, es ruft
1. Pers. Pl.	clāmā-mus	wir rufen
2. Pers. Pl.	clāmā-tis	ihr ruft
3. Pers. Pl.	clāma-nt	sie rufen

currere

1. Pers. Sg.	curr-ō
2. Pers. Sg.	curr-i-s
3. Pers. Sg.	curr-i-t
1. Pers. Pl.	cúrr-i-mus
2. Pers. Pl.	cúrr-i-tis
3. Pers. Pl.	cúrr-u-nt

In der konsonantischen Konjugation wird vor der Personalendung noch der bereits bekannte Bindevokal -i- (bzw. -u- in der 3. Person Plural) eingefügt. Vorsicht: Bei den kurzvokalischen i-Stämmen findet sich das -i- auch vor der 1. Person Singular und der 3. Person Plural *(cupi-ō, cupi-u-nt).*

2. Die Formenreihe von *esse*

Eine besondere Formenreihe hat das Verbum *esse,* aber auch hier sind die typischen Personalendungen meist erkennbar.

1. Pers. Sg.	sum	ich bin
2. Pers. Sg.	es	du bist
3. Pers. Sg.	est	er, sie, es ist
1. Pers. Pl.	sumus	wir sind
2. Pers. Pl.	estis	ihr seid
3. Pers. Pl.	sunt	sie sind

Summ, summ, summ, Bien-chen summ he - rum.

Sum, es, est, su-mus, es - tis, sunt

3. *esse* als Vollverb

Dir ist vielleicht aufgefallen, dass *esse* oft erst durch ein hinzugefügtes Substantiv oder Adjektiv (= Prädikatsnomen, vgl. Lektion 3) sinnvoll wird:

Poēta clārus est. – Der Dichter ist berühmt.

In solchen Fällen ist *esse* ein Hilfsverb. In Sätzen ohne Prädikatsnomen ist *esse* ein Vollverb mit der Bedeutung »existieren, vorhanden sein.« Als solches wird es (wie das englische »there is/are«) oft mit »es gibt« übersetzt:

Multa negōtia sunt. – Es gibt viele Aufgaben.

Die Personalpronomina (persönliche Fürwörter)

Auch im Lateinischen gibt es eigene Wörter für die erste und zweite Person. Im Nominativ werden diese Personalpronomina aber nur verwendet, wenn die bezeichnete Person besonders betont werden soll (z.B. bei einem Gegensatz):

	1. Pers. Sg.		2. Pers. Sg.	
Nom.	egō	ich	tū	du
Akk.	mē	mich	tē	dich

	1. Pers. Pl.		2. Pers. Pl.	
Nom.	nōs	wir	vōs	ihr
Akk.	nōs	uns	vōs	euch

Fragesätze

1. Arten von Fragesätzen

Bisher sind dir vor allem Sätze begegnet, die eine Aussage oder einen Befehl enthalten. Daneben gibt es auch Fragesätze. Man unterscheidet zwei Arten:

- Wortfragen: Der Frager erwartet eine Information über einen bestimmten Sachverhalt. Diese Fragen werden mit einem Fragewort (z.B. *ubi? cur?*) eingeleitet.
- Satzfragen: Der Frager erwartet vom Gesprächspartner eine Entscheidung (»ja« / »nein«).

2. Satzfragen

Entscheidungsfragen können im Lateinischen dadurch markiert werden, dass -ne an das erste betonte Wort im Satz angehängt wird.

Vōs-ne in campō Mārtiō exspectātis?   erwartete Antwort: »Ja« / »Nein«
Wartet *ihr* auf dem Marsfeld?

Der Fragende kann aber auch deutlich machen, welche Antwort er gerne hören möchte. Dazu leitet er die Frage ein mit

- *nōnne*, wenn er die Antwort »doch« erwartet (im Deutschen wird dann ein »denn nicht / etwa nicht« eingefügt) bzw.
- *num*, wenn er die Antwort »nein« erwartet (im Deutschen wird dann ein »denn / etwa« eingefügt).

Nōnne in circō exspectātis?
Wartet ihr denn nicht / etwa nicht im Zirkus?   erwartete Antwort: »Doch, natürlich.«

Num in circō exspectātis?
Wartet ihr denn / etwa im Zirkus?   erwartete Antwort: »Natürlich nicht.«

Lektion 7

Der Genitiv Singular und Plural

Wie im Deutschen gibt es auch im Lateinischen den Genitiv (zweiter Fall).

1. oder a-Deklination

	Sg.	Pl.
Nom.	fīli-a	fīli-ae
Gen.	fīli-ae	fīli-ārum
Akk.	fīli-am	fīli-ās
Abl.	fīli-ā	fīli-īs

2. oder o-Deklination (m.)

	Sg.	Pl.
Nom.	fīli-us	fīli-ī
Gen.	fīli-ī	fīli-ōrum
Akk.	fīli-um	fīli-ōs
Abl.	fīli-ō	fīli-īs

2. oder o-Deklination (n.)

	Sg.	Pl.
Nom.	dōn-um	dōn-a
Gen.	dōn-ī	dōn-ōrum
Akk.	dōn-um	dōn-a
Abl.	dōn-ō	dōn-īs

3. Deklination (m./f.)

	Sg.	Pl.
Nom.	sacerdōs	sacerdōt-ēs
Gen.	sacerdōt-is	sacerdōt-um
Akk.	sacerdōt-em	sacerdōt-ēs
Abl.	sacerdōt-e	sacerdōt-ibus

3. Deklination (n.)

	Sg.	Pl.
Nom.	carmen	carmin-a
Gen.	carmin-is	carmin-um
Akk.	carmen	carmin-a
Abl.	carmin-e	carmin-ibus

Vorsicht: Der Genitiv Singular der a- und o-Deklination unterscheidet sich nicht vom Nominativ Plural. Den Genitiv Plural der 3. Deklination kann man dafür leicht mit einem Akkusativ Singular der o-Deklination verwechseln. Hier musst du also besonders aufpassen!

Einige Substantive der 3. Deklination fügen im Plural vor der Genitivendung *-um* noch ein *-i-* ein (z.B. *merx, mercis*; Gen. Pl.: *mercium*). Darauf wirst du im Wortschatzteil jeweils hingewiesen.

Die Possessivpronomina

1. Formen

Um anzuzeigen, wem ein bestimmter Gegenstand gehört, setzt das Lateinische wie das Deutsche Possessivpronomina (besitzanzeigende Fürwörter) ein. Jede der drei Personen hat ein eigenes Pronomen:

1. Person: Sg.: meus, a, um (mein)   Pl.: noster, nostra, nostrum (unser)
2. Person: Sg.: tuus, a, um (dein)   Pl.: vester, vestra, vestrum (euer)
3. Person: Sg.: suus, a, um (sein, ihr, sein)   Pl.: suus, a, um (ihr)

Die Pronomina werden dekliniert wie die Adjektive der a- / o-Deklination und passen sich nach den Regeln der Kongruenz an.

2. Reflexiver Gebrauch von *suus, sua, suum*

Das Pronomen *suus* wird immer dann verwendet, wenn der damit bezeichnete Begriff zum Subjekt des Satzes gehört (reflexiv, d. h. rückbezüglich).

Im Deutschen muss *suus* je nach Genus und Numerus des Subjekts, auf das es sich bezieht, verschieden übersetzt werden:

Pater fīlium suum amat.	Der Vater liebt seinen (eigenen) Sohn.
Pater et māter fīlium suum amant.	Vater und Mutter lieben ihren (eigenen) Sohn.

Der Genitiv im Satz

Der Genitiv bezeichnet meist als Attribut (Beifügung) die Zugehörigkeit einer Person oder Sache zu einem anderen Substantiv. Man nennt diesen Genitiv daher »Genitiv der Zugehörigkeit«. Er kann durch »wessen?« oder »was für ein?« erfragt werden. In den meisten Fällen lässt sich der lateinische Genitiv wie der entsprechende deutsche Kasus übersetzen:

taberna mercātōris	der Laden des Händlers
auxilium Sextī Seliciī	die Hilfe des / von Sextus Selicius

Lektion 8

Der Dativ Singular und Plural

Der letzte noch fehlende Fall des Lateinischen ist der Dativ (der dritte Fall).

1. oder a-Deklination

	Sg.	Pl.
Nom.	fīli-a	fīli-ae
Gen.	fīli-ae	fīli-ārum
Dat.	fīli-ae	fīli-īs
Akk.	fīli-am	fīli-ās
Abl.	fīli-ā	fīli-īs

2. oder o-Deklination (m.)

	Sg.	Pl.
Nom.	fīli-us	fīli-ī
Gen.	fīli-ī	fīli-ōrum
Dat.	fīli-ō	fīli-īs
Akk.	fīli-um	fīli-ōs
Abl.	fīli-ō	fīli-īs

2. oder o-Deklination (n.)

	Sg.	Pl.
Nom.	dōn-um	dōn-a
Gen.	dōn-ī	dōn-ōrum
Dat.	dōn-ō	dōn-īs
Akk.	dōn-um	dōn-a
Abl.	dōn-ō	dōn-īs

3. Deklination (m./f.)

	Sg.	Pl.
Nom.	sacerdōs	sacerdōt-ēs
Gen.	sacerdōt-is	sacerdōt-um
Dat.	sacerdōt-ī	sacerdōt-ibus
Akk.	sacerdōt-em	sacerdōt-ēs
Abl.	sacerdōt-e	sacerdōt-ibus

3. Deklination (n.)

	Sg.	Pl.
Nom.	carmen	carmin-a
Gen.	carmin-is	carmin-um
Dat.	carmin-ī	carmin-ibus
Akk.	carmen	carmin-a
Abl.	carmin-e	carmin-ibus

Vorsicht: Der Dativ Singular der a-Deklination unterscheidet sich nicht vom Genitiv Singular und vom Nominativ Plural. Im Plural (und im Singular bei der o-Deklination) fallen die Endungen mit denen des Ablativs zusammen.

Die Personalpronomina – alle Kasus

Nachdem nun alle Kasus des Lateinischen bekannt sind, kannst du auch die noch fehlenden Formen der Personalpronomina ergänzen:

	1. Pers. Sg.		2. Pers. Sg.	
Nom.	egō	ich	tū	du
Gen.	meī	meiner	tuī	deiner
Dat.	mihī	mir	tibī	dir
Akk.	mē	mich	tē	dich
Abl.	ā mē	von mir	ā tē	von dir

	1. Pers. Pl.		2. Pers. Pl.	
Nom.	nōs	wir	vōs	ihr
Gen.	nostrī	unser	vestrī	euer
Dat.	nōbīs	uns	vōbīs	euch
Akk.	nōs	uns	vōs	euch
Abl.	ā nōbīs	von uns	ā vōbīs	von euch

Die Präposition cum wird nicht – wie die anderen Präpositionen – vor das Pronomen gestellt, sondern hinten angehängt: *mecum* »mit mir«.

Die Formen von *posse*

Das Verbum *esse* mit seiner unregelmäßigen Formenkette hast du bereits gelernt. Von ihm ist das Kompositum *posse* »können« abgeleitet, das daher auch den Formenbestand von seinem Grundwort übernommen hat.

1. Pers. Sg.	pos-sum	ich kann
2. Pers. Sg.	pot-es	du kannst
3. Pers. Sg.	pot-est	er, sie, es kann
1. Pers. Pl.	pos-sumus	wir können
2. Pers. Pl.	pot-éstis	ihr könnt
3. Pers. Pl.	pos-sunt	sie können

Wichtig: Beginnt die Form von esse mit einem *s-*, so muss auch die Vorsilbe auf einem *s* auslauten (= Assimilation); beginnt sie dagegen mit einem *e-*, so endet die Vorsilbe auf *-t.*

Der Dativ im Satz – der Dativ als Objekt

Viele Verben haben neben einem Akkusativobjekt noch ein weiteres Objekt im Dativ: Dieses indirekte Objekt (meist für die betroffene Person) kann mit »wem?« erfragt werden.

Pater		līberīs	dōnum	dat.
Der Vater	gibt	den Kindern	ein Geschenk.	

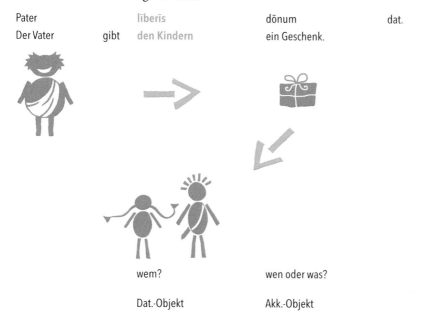

wem?   wen oder was?

Dat.-Objekt   Akk.-Objekt

Bei einigen wenigen Verben (z.B. *placēre* »gefallen«, *pārēre* »gehorchen«) kann im Lateinischen und im Deutschen nur ein Dativobjekt stehen.

Asinus		līberīs	nōn pāret.
Der Esel	gehorcht	den Kindern	nicht.

Lektion 9

Der AcI

Manche Verben können einen Akkusativ und einen Infinitiv zu sich nehmen, der eine Handlung des Akkusativobjekts beschreibt.

Paulla sieht	Marcus	kommen.
Paulla videt	Mārcum	venīre.
	Akkusativ	Infinitiv

Nach ihren beiden Hauptbestandteilen, dem Akkusativ und dem Infinitiv, wird die Konstruktion als AcI (= Accusativus cum Infinitivo) bezeichnet.

Sie ist im Lateinischen viel häufiger als im Deutschen und gilt als eine der typischen lateinischen Spracherscheinungen.

1. AcI-Auslöser

Der AcI folgt häufig auf ganz bestimmte Verben. Sie sind für dich ein Signal, dass du mit einem AcI rechnen solltest:

- Verben des Sagens und Meinens (z.B. *dīcere, respondēre, cēnsēre, putāre* …)
- Verben der Wahrnehmung (z.B. *audīre, vidēre* …)
- Verben, die Gefühle und Stimmungen ausdrücken (z.B. *gaudēre* …)
- unpersönliche Ausdrücke, d.h. Verbformen, die nur in der 3. Person Singular gebraucht werden (z.B. *cōnstat, licet, necesse est* …)

2. Übersetzung eines AcI

In den meisten Fällen kannst du den AcI im Deutschen nicht wörtlich nachmachen. Am einfachsten gibst du die Konstruktion dann mit einem »dass«-Satz wieder: Dabei wird der Akkusativ des AcI zum Subjekt des »dass«-Satzes, der Infinitiv zu dessen Prädikat.

Catō cēnset līberōs pārēre dēbēre.

Cato meint, dass Kinder gehorchen müssen.

Für Experten: Nicht immer ist die Übersetzung mit einem »dass«-Satz die schönste. Bei *iubēre* z.B. ist eine andere Übersetzung eleganter:

Iubeō	tē	venīre.
Ich befehle	dir	zu kommen.

3. Besonderheiten beim AcI

Im AcI kann mehr als eine Akkusativform auftreten – dann musst du für deine Übersetzung noch einmal genauer hinsehen. Denkbar sind zwei Fälle:

a) Prädikat aus Prädikatsnomen und *esse*

Natürlich steht nicht nur das Subjekt des deutschen »dass«-Satzes im Akkusativ (Subjektsakkusativ), sondern auch jedes Prädikatsnomen, das sich darauf bezieht.

Avus:	»Nōn īgnōrō	Catōnem	iam diū	mortuum esse.«
Der Großvater:	»Ich weiß ganz genau,	dass Cato	schon lange	tot ist.«

b) Verb mit Akkusativobjekt

Vom Infinitiv des AcI kann noch ein weiteres, »echtes« Akkusativobjekt abhängig sein (Objektsakkusativ). Damit musst du dich, wenn du das Subjekt für deinen »dass«-Satz suchst, zwischen zwei Akkusativen entscheiden. Je nachdem, wie du deine Wahl triffst, veränderst du den Sinn des Satzes. Welche Übersetzung die richtige ist, verrät dir oft nur der Zusammenhang.

Videō dominum servum verberāre.

Ich sehe, dass der Herr den Sklaven schlägt.

Ich sehe, dass der Sklave den Herrn schlägt.

4. So geht's

Du kannst in einem Satz mit AcI leichter den Überblick behalten, wenn du den AcI in Klammern setzt. Zusätzlich kann es helfen, den Subjektsakkusativ und den Prädikatsinfinitiv zu unterstreichen.

Avus: »Nōn īgnōrō [Catōnem iam diū mortuum esse].«

Lektion 10

Die Formen von *is, ea, id*

Eines der häufigsten Pronomina der lateinischen Sprache ist das Pronomen *is, ea, id*. Die drei Formen verraten dir, dass es für jedes Genus eine eigene Formenreihe gibt:

	Singular		
	m.	f.	n.
Nom.	is	ea	id
Gen.	eius	eius	eius
Dat.	ei	ei	ei
Akk.	eum	eam	id
Abl.	eō	eā	eō

	Plural		
	m.	f.	n.
Nom.	iī (eī)	eae	ea
Gen.	eōrum	eārum	eōrum
Dat.	iīs (eīs)	iīs (eīs)	iīs (eīs)
Akk.	eōs	eās	ea
Abl.	iīs (eīs)	iīs (eīs)	iīs (eīs)

Die in Klammern angegebenen Formen sind ebenfalls gebräuchlich, allerdings weniger häufig.

Vorsicht: Im Plural entsprechen die Endungen denen der a- / o-Deklination. Im Singular musst du dir den Genitiv und Dativ jedoch besonders einprägen.

Die Verwendung von *is, ea, id*

1. als Demonstrativpronomen

Is, ea, id wird im Lateinischen als Demonstrativpronomen (hinweisendes Fürwort) gebraucht, um auf eine bereits genannte Person oder Sache zurückzuverweisen, die wieder ins Gedächtnis gerufen wird.

Ea toga mihī nōn placet.
Diese Toga (z. B. die, die du mir vorhin gezeigt hast) gefällt mir nicht.

2. als Personalpronomen der 3. Person

Bei den Personalpronomina ist dir sicher aufgefallen, dass es kein Personalpronomen für die 3. Person gibt. Im Lateinischen werden für das Personalpronomen die entsprechenden Formen von *is, ea, id* verwendet – es wird dann einfach mit »er, sie, es« bzw. den jeweiligen Kasusformen übersetzt.

Asia venīre dēbet.   Asia muss kommen.
Ibī eam videō: Gallus cum eā est.   Dort sehe ich sie: Gallus ist bei ihr.

3. als Possessivpronomen

Die Genitivformen von *is, ea, id* können auch als Possessivpronomina für die 3. Person verwendet werden:

Mārcus cum Paullā in campō est: Ibī cum eius amīcīs lūdit.
Marcus ist mit Paulla auf dem Feld: Dort spielt er mit ihren (= Paullas) Freunden.

Der Genitiv Singular und Plural von *is, ea, id* wird verwendet, um einen Besitzer anzugeben, der nicht das Subjekt desselben Satzes ist (»nicht-reflexiv«). Im Deutschen wird das Pronomen dann mit »sein(e) / dessen« bzw. »ihr(e) / deren« übersetzt.

Dagegen wird *suus, sua, suum* nur reflexiv gebraucht, d.h. es bezieht sich auf das Subjekt des Satzes.

Mārcus cum amīcīs suīs lūdit.
Marcus spielt mit seinen (eigenen) Freunden.

Der Dativ des Besitzers

Im Lateinischen gibt es mehrere Möglichkeiten, Besitzverhältnisse anzugeben: Eine davon ist der Einsatz eines Dativs in Verbindung mit *esse*.

Sextō multae vestēs sunt.
(~~Dem Sextus sind viele Kleider~~) = (Dem) Sextus gehören viele Kleider
= Sextus hat viele Kleider.

Der Dativ bezeichnet also den Besitzer (daher Dativ des Besitzers bzw. *dativus possessivus*), die besessene Sache bzw. Eigenschaft steht im Nominativ.

Eine wörtliche Übersetzung ist im Deutschen meist nicht möglich; dafür bieten sich zwei Lösungen an:

* *esse* wird mit »gehören« übersetzt – dafür bleibt der *dativus possessivus* auch im Deutschen als Dativ erhalten;
* *esse* wird mit »haben, besitzen« übersetzt, der lateinische Dativ wird im Deutschen dann zum Subjekt.

Lektion 11

Die Formen von *īre*

Das Verbum *īre* »gehen« gehört wie *esse* in keine der normalen Konjugationsklassen, kommt aber – ebenfalls wie *esse* – sehr häufig und mit vielen Komposita (z.B. *ad-īre* »hin-gehen« und *ab-īre* »weg-gehen«) vor.

1. Pers. Sg.	eō	ich gehe
2. Pers. Sg.	īs	du gehst
3. Pers. Sg.	it	er, sie, es geht
1. Pers. Pl.	īmus	wir gehen
2. Pers. Pl.	ītis	ihr geht
3. Pers. Pl.	eunt	sie gehen

Der Imperativ im Singular von *īre* gehört zu den kürzesten Wörtern der lateinischen Sprache:

Imperativ Sg.	ī!	geh!
Imperativ Pl.	īte!	geht!

Vorsicht: Manche Formen von *īre* sind leicht mit dem Pronomen *is, ea, id* zu verwechseln. Folgende Regeln können dir helfen:

- Verben stehen meist am Satzende.
- Ein Pronomen wird meist am Satzanfang oder vor einem Substantiv gebraucht.

Das reflexive Personalpronomen

In Lektion 10 hast du gelernt, dass *is, ea, id* im Lateinischen als nicht-reflexives Personalpronomen der 3. Person gebraucht wird. Falls aber ein reflexives Verhältnis ausgedrückt werden soll, gibt es dafür wie im Deutschen ein besonderes Pronomen.

	Singular und Plural	
Nom.	–	–
Gen.	suī	seiner, ihrer
Dat.	sibī	sich
Akk.	sē	sich
Abl.	ā sē, sēcum	von sich, mit sich

Den Unterschied zu *is, ea, id,* das nur nicht-reflexiv eingesetzt wird, kannst du in den folgenden Beispielsätzen sehen:

Pater sē servāre potest.
Der Vater kann sich (selbst) retten.

Pater eum servāre potest.
Der Vater kann ihn (z.B. seinen Sohn) retten.

Der AcI mit Pronomina

Auch in einem AcI kann ein Pronomen stehen. Das Reflexivpronomen bezieht sich auf das Subjekt des Einleitungssatzes, ein nicht-reflexives Pronomen auf eine andere Person.

Mārs dēmōnstrat sē patrem puerōrum esse.
Mars zeigt, dass er (selbst) der Vater der Jungen ist.

Rhea Silvia dēmōnstrat eum patrem puerōrum esse.
Rhea Silvia zeigt, dass er (= Mars) der Vater der Jungen ist.

Im AcI wird das reflexive Personalpronomen also nicht mit »sich«, sondern mit »er, sie« (Singular) bzw. mit »sie« (Plural) übersetzt.

Lektion 12

Das Perfekt – Teil 1

Bisher spielten alle Erzählungen in der Gegenwart – die Verben standen entsprechend alle im Präsens. Natürlich gibt es neben dieser Zeitstufe (Zeitform) noch weitere Zeitstufen. Jetzt lernst du ein erstes Vergangenheitstempus kennen: das Perfekt.

1. Die Verwendung des Perfekts

Das lateinische Perfekt dient in der Regel als Erzählzeit der Vergangenheit, drückt also Handlungen und Vorgänge in der Vergangenheit aus. Im Deutschen verwenden wir (jedenfalls in der Schriftsprache) meist das Präteritum.

2. Die Bildung des Perfekts: v- und u-Perfekt

Im Deutschen bilden wir das Perfekt mit einem zusätzlichen Hilfsverbum (z.B. »ich habe gesagt«). Im Lateinischen dagegen ist die Tempusmarkierung im Verb enthalten: Die Verben haben einen eigenen Perfektstamm.

In Lektion 12 lernst du zunächst zwei Bildungsarten kennen:
(1) Die meisten Verben der a-Konjugation und der i-Konjugation bilden das v-Perfekt, bei dem das Perfektstammzeichen -v- an den Präsensstamm angehängt wird.
(2) Die meisten Verben der e-Konjugation ersetzen das ē des Präsensstammes durch ein -ŭ-; diese Perfektbildung wird daher u-Perfekt genannt.

An den so gebildeten Perfektstamm werden dann die Personalendungen angehängt:

v-Perfekt

1. Pers. Sg.	clāmā́-v-ī
2. Pers. Sg.	clāmā-v-ístī
3. Pers. Sg.	clāmā́-v-it
1. Pers. Pl.	clāmā́-v-imus
2. Pers. Pl.	clāmā-v-ístis
3. Pers. Pl.	clāmā-v-érunt

u-Perfekt

1. Pers. Sg.	tácu-ī
2. Pers. Sg.	tacu-ístī
3. Pers. Sg.	tácu-it
1. Pers. Pl.	tacú-imus
2. Pers. Pl.	tacu-ístis
3. Pers. Pl.	tacu-érunt

Tipp: Die Personalendungen sehen meist anders aus als im Präsens. Du kannst eine Perfektform also erkennen
- am Perfektstamm und
- an der typischen Perfektendung.

Besonders musst du die Formen der 2. Person Singular und Plural unterscheiden, die man leicht verwechseln kann.

3. Das Perfekt von *esse* und *posse*

Schon im Präsens hatte das Verbum *esse* seine eigenen Formen. Dies bleibt auch im Perfekt so – das Verb übernimmt hier die regulären Personalendungen, die an den neuen Perfektstamm *fu-* angehängt werden:

1. Pers. Sg.	fu-ī
2. Pers. Sg.	fu-ístī
3. Pers. Sg.	fu-it
1. Pers. Pl.	fú-imus
2. Pers. Pl.	fu-ístis
3. Pers. Pl.	fu-érunt

Diese Perfektformen verwenden auch die Komposita von *esse*, z. B. af-fuī. Eine Ausnahme ist *posse*, das stattdessen ein u-Perfekt bildet:

1. Pers. Sg.	potu-ī
2. Pers. Sg.	potu-ístī
3. Pers. Sg.	potu-it
1. Pers. Pl.	potu-imus
2. Pers. Pl.	potu-ístis
3. Pers. Pl.	potu-ērunt

Der Akkusativ der Ausdehnung

Auf die Fragen »wie weit?« oder »wie lange?« steht im Lateinischen der Akkusativ der Ausdehnung; bei Zeitangaben kann er durch die Präposition *per* verstärkt werden:

Sine uxōribus Rōmānī nōn (per) multōs annōs vīvere possunt.
Ohne Ehefrauen können die Römer nicht viele Jahre (lang/hindurch) leben.

Lektion 13

Das Perfekt – Teil 2

Zu den beiden bereits bekannten Bildungsarten kommen noch weitere hinzu. Sie lassen sich aber nicht so einfach einer Verbklasse zuordnen, sondern kommen bei mehreren, manchmal sogar bei allen Konjugationen vor.

(1) v-Perfekt (s. Lektion 12)

(2) u-Perfekt (s. Lektion 12)

(3) s-Perfekt: Beim s-Perfekt wird das Perfektstammzeichen -s- an den (oft leicht verändert oder verkürzt erscheinenden) Präsensstamm angehängt:

ārdēre (brennen) → Perfekt: ārsī

Wenn das Perfektstammzeichen s auf ein c bzw. g folgt, wird aus den beiden Buchstaben ein x:

dūcere (führen) → Perfekt: dūxī

(4) Dehnungsperfekt: Das Dehnungsperfekt hat kein eigenes Perfektstammzeichen, dafür wird der Perfektstamm durch eine Dehnung des Stammvokals markiert:

venīre (kommen) → Perfekt: vēnī

(5) Reduplikationsperfekt: Beim Reduplikationsperfekt (Verdopplungsperfekt) wird der Anfangskonsonant des Präsensstammes verdoppelt und zusammen mit einem Vokal dem Präsensstamm vorangestellt:

currere (kommen) → Perfekt: cu-currī

Komposita verlieren die Reduplikation in der Regel, sodass der Perfektstamm gegenüber dem Präsensstamm unverändert aussieht:

accurrere (herbeilaufen) → Perfekt: accurrī

(6) Perfekt ohne erkennbare Stammveränderung: Es gibt aber auch einige Verben der konsonantischen Konjugation, die von Haus aus ein Perfekt ohne (erkennbare) Veränderung bilden:

tribuere (zuteilen) → Perfekt: tribuī

(7) unregelmäßige Verben: Wie *esse* werden auch die Formen seines Kompositums posse im Perfekt regelmäßiger:

posse (können) → Perfekt: potuī.

Die Stammformen

Jedes lateinische Verbum kann, abhängig z.B. vom Tempus, in ganz unterschiedlichen Formen im Satz begegnen. Sie lassen sich mit Hilfe der vier sogenannten Stammformen erschließen, die du dir für jedes Verbum einprägen musst. Zu ihnen gehören:
- der Infinitiv Präsens
- die erste Person Singular im Präsens
- die erste Person Singular im Perfekt
- das PPP (das du erst nächstes Jahr lernst)

Tipp: Ab sofort werden im Lernwortschatz bei allen Verben die Stammformen angegeben, wenn sie nicht regelmäßig
- nach der a- oder i-Konjugation mit v-Perfekt bzw.
- nach der e-Konjugation mit u-Perfekt gebildet werden.

Das Perfekt von *īre*

Unregelmäßig sind die Perfektformen von *īre*, bei denen der Doppelvokal »ii« vor den Personalendungen, die ein -s- enthalten, zum Langvokal »ī« wird:

1. Pers. Sg.	i-ī
2. Pers. Sg.	īstī
3. Pers. Sg.	i-it
1. Pers. Pl.	i-imus
2. Pers. Pl.	īstis
3. Pers. Pl.	i-ērunt

Lektion 14

Der Infinitiv Perfekt

Neben dem Infinitiv Präsens gibt es im Lateinischen noch weitere Infinitive: Besonders häufig ist dabei der Infinitiv Perfekt. Er wird vom Perfektstamm des Verbums gebildet, an den die Endung -isse angehängt wird.

clāmāre	→	clāmāv-isse	gerufen (zu) haben
esse	→	fu-isse	gewesen (zu) sein

Zeitverhältnisse

Ein Text besteht oft aus einer Reihe von Ereignissen. Dabei ist es wichtig zu wissen, was zuerst passiert ist und was erst später möglich ist. Zwischen den Handlungen bestehen also verschiedene Zeitverhältnisse. Ein solches Zeitverhältnis wird immer von einer Haupthandlung aus beurteilt; entsprechend sind die daran angeschlossenen Aussagen …

- … vorzeitig, wenn sie vor der Haupthandlung geschehen sind;
- … gleichzeitig, wenn sie zur selben Zeit ablaufen;
- … nachzeitig, wenn sie erst danach ablaufen werden.

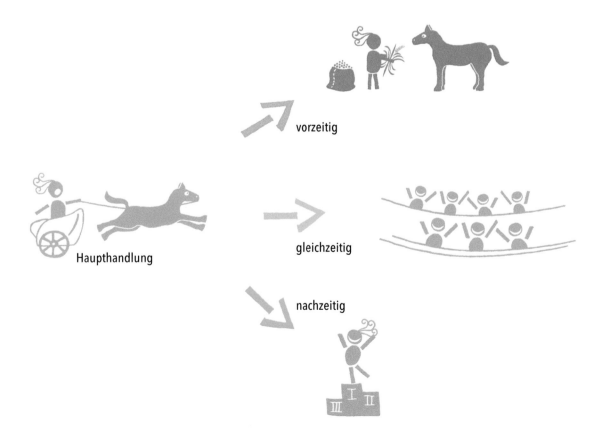

vorzeitig

Haupthandlung

gleichzeitig

nachzeitig

Zeitverhältnisse im AcI

Im AcI drückt der Infinitiv das Zeitverhältnis zur Haupthandlung aus, die im einleitenden Verbum des Sagens enthalten ist:

- Der Infinitiv Präsens steht für die Gleichzeitigkeit,
- der Infinitiv Perfekt für die Vorzeitigkeit.

Mārcus comperit ...	Marcus erfährt / erfuhr, ...
Germānōs nunc aquilam habēre.	dass die Germanen jetzt den Legionsadler besitzen.
Germānōs legiōnem vīcisse.	dass die Germanen die Legion besiegt haben.

Die Bezeichnung »Präsens« bzw. »Perfekt« bedeutet nicht, dass die entsprechenden Satzteile immer mit diesen Tempora übersetzt werden können. Wenn das einleitende Verb in der Vergangenheit steht, musst du manchmal eine gleichzeitig stattfindende Handlung mit Präteritum wiedergeben, eine vorzeitige mit Plusquamperfekt:

Gāia vīdit ...	Gaia sah, ...
patrem ex urbe venīre.	dass ihr Vater aus der Stadt kam.
patrem iam ex urbe vēnisse.	dass ihr Vater schon aus der Stadt gekommen war.

Um das Zeitverhältnis in einer AcI-Konstruktion richtig zu übersetzen, musst du zunächst das Tempus des Einleitungsverbs bestimmen. Anschließend musst du dir den Infinitiv im AcI genau ansehen:

- Infinitiv Präsens: Die Handlung im AcI (= im dass-Satz) passiert(e) gleichzeitig.
- Infinitiv Perfekt: Die Handlung im AcI (= im dass-Satz) ist schon vorher geschehen, also schon Vergangenheit.

Lektion 15

Die Formen von *velle, nōlle* und *mālle*

Die Verben *velle* »wollen«, *nōlle* »nicht wollen« und *mālle* »lieber wollen« haben im Präsens eigene Formen; in den anderen Tempora sind sie regelmäßig.

Präsens

	velle	nōlle	malle	
1. Pers. Sg.	volō	nōlō	mālō	ich will (nicht/lieber)
2. Pers. Sg.	vīs	nōn vīs	māvis	du willst (nicht/lieber)
3. Pers. Sg.	vult	nōn vult	māvult	er, sie, es will (nicht/lieber)
1. Pers. Pl.	vólumus	nōlumus	mālumus	wir wollen (nicht/lieber)
2. Pers. Pl.	vultis	nōn vultis	māvultis	ihr wollt (nicht/lieber)
3. Pers. Pl.	volunt	nōlunt	mālunt	sie wollen (nicht/lieber)

Perfekt

	velle	nōlle	malle	
1. Pers. Sg.	volu-ī	nōlu-ī	mālu-ī	ich habe (nicht/lieber) gewollt
2. Pers. Sg.	volu-istī	nōlu-istī	mālu-istī	du hast (nicht/lieber) gewollt
3. Pers. Sg.	volu-it	nōlu-it	mālu-it	er, sie, es hat (nicht/lieber) gewollt
1. Pers. Pl.	volu-imus	nōlu-imus	mālu-imus	wir haben (nicht/lieber) gewollt
2. Pers. Pl.	volu-istīs	nōlu-istīs	mālu-istīs	ihr habt (nicht/lieber) gewollt
3. Pers. Pl.	volu-ērunt	nōlu-ērunt	mālu-ērunt	sie haben (nicht/lieber) gewollt

Imperativ

	Imperativ I	
Sg.	nōlī!	wolle nicht!
Pl.	nōlite!	wollt nicht!

Der Imperativ I ist nur von *nōlle* gebräuchlich und drückt in Verbindung mit einem Infinitiv ein (höfliches) Verbot aus:
Nōlī(te) abire. – *Geh(t) (doch) nicht weg!*

Lektion 16

Das Imperfekt

Wie im Deutschen gibt es im Lateinischen neben dem Perfekt ein weiteres Vergangenheitstempus: das Imperfekt.

1. Pers. Sg.	clāmā́-ba-m	ich rief
2. Pers. Sg.	clāmā́-bā-s	du riefst
3. Pers. Sg.	clāmā́-ba-t	er, sie, es rief
1. Pers. Pl.	clāmā-bā́-mus	wir riefen
2. Pers. Pl.	clāmā-bā́-tis	ihr rieft
3. Pers. Pl.	clāmā́-ba-nt	sie riefen

1. Pers. Sg.	curr-éba-m
2. Pers. Sg.	curr-ébā-s
3. Pers. Sg.	curr-éba-t
1. Pers. Pl.	curr-ēbá-mus
2. Pers. Pl.	curr-ēbá-tis
3. Pers. Pl.	curr-éba-nt

Tipp: Das Imperfekt wird vom Präsensstamm gebildet, an den das Tempuszeichen -ba- (bzw. bei der konsonantischen und bei der i-Konjugation -eba-) und anschließend die Personalendungen angehängt werden.

Das Imperfekt von *esse* und *posse*

Das Imperfekt von *esse* und seinen Komposita wird wieder mit eigenen Formen gebildet:

1. Pers. Sg.	eram
2. Pers. Sg.	erās
3. Pers. Sg.	erat
1. Pers. Pl.	erámus
2. Pers. Pl.	erátis
3. Pers. Pl.	erant

1. Pers. Sg.	pót-eram
2. Pers. Sg.	pót-erās
3. Pers. Sg.	pót-erat
1. Pers. Pl.	pot-erámus
2. Pers. Pl.	pot-erátis
3. Pers. Pl.	pót-erant

Verwendung von Perfekt und Imperfekt

Für Schilderungen in der Vergangenheit kann im Lateinischen sowohl das Perfekt als auch das Imperfekt gebraucht werden; die beiden Tempora drücken jedoch unterschiedliche Betrachtungsweisen des Autors (= Aspekte) aus:

Im Perfekt schildert der Autor vergangene Handlungen oder Ereignisse ganz neutral als reine Vergangenheit.

Im Imperfekt schildert der Autor zwar auch vergangene Geschehnisse, aber er will zugleich betonen, dass diese Geschehnisse …

- zum damaligen Zeitpunkt gerade erst abliefen und noch nicht abgeschlossen waren (vgl. im Englischen die -ing-Form) oder
- wiederholt stattfanden oder
- dass es sich um andauernde Zustände oder Gewohnheiten handelt.

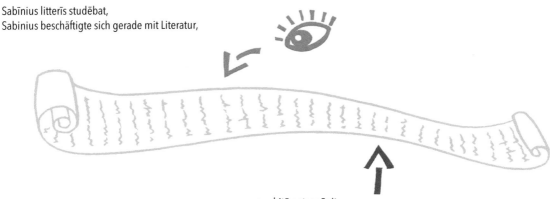

Sabīnius litterīs studēbat,
Sabinius beschäftigte sich gerade mit Literatur,

cum subitō pater vēnit.
als plötzlich sein Vater kam.

Meist verwendest du für die Übersetzung beider Tempora im Deutschen das Präteritum. Das Perfekt ist im Deutschen eher umgangssprachlich – manchmal (z.B. in einem Dialog) ist das natürlich auch eine sehr treffende Übersetzung.

Zusätzlich kannst du durch kleine Wörter den Aspekt des Imperfekts stärker betonen (z.B. gerade, immer wieder).

Konjunktionen und Subjunktionen

Wie im Deutschen gibt es auch im Lateinischen Haupt- und Nebensätze.

Hauptsätze können mit Konjunktionen wie z.B. *et, aut, sed* oder *nam* miteinander verbunden werden (Beiordnung). Manchmal treten Konjunktionen auch paarweise auf (z.B. *et … et, neque … neque, aut … aut, nōn sōlum … sed etiam*).

Hauptsätze können auch durch Nebensätze ergänzt werden (Unterordnung). Werden sie durch Subjunktionen an den Hauptsatz angeschlossen, heißen sie Adverbialsätze und haben immer eine bestimmte Sinnrichtung.

kausal (Grund):   quod *(weil)*, quia *(weil)*
temporal (Zeit):   postquam *(nachdem)*; cum *(als; immer wenn)*
kondizional (Bedingung): sī *(wenn, falls)*
konzessiv (Einräumung):   quamquam *(obwohl)*

Vorsicht: *Cum* kann im Lateinischen Präposition oder Subjunktion sein und muss dann jeweils verschieden übersetzt werden. Du kannst die Wortarten leicht unterscheiden:

- Bei der Präposition *cum* folgt direkt ein Substantiv bzw. Pronomen im Ablativ.
- Die Subjunktion *cum* steht meist direkt am Satzanfang oder an der Spitze eines Nebensatzes. Außerdem folgt ihr in der Regel kein Ablativ.

Lektion 17

Das Futur I – Teil 1: Bo-Bi-Bu-Futur

Um über Handlungen und Ereignisse zu reden, die in der Zukunft eintreten werden, gibt es auch im Lateinischen ein eigenes Tempus: das Futur I.

Im Deutschen verwenden wir statt des Futurs oft das Präsens (z. B.: Morgen mache ich das anders). Das Lateinische ist genauer und verwendet für zukünftige Handlungen stets das Futur.

Das Futur wird bei den Verben der a- und der e-Konjugation mit dem Tempuszeichen -b- (oft mit Bindevokal) und den Personalendungen des Präsensstammes gebildet.

1. Pers. Sg.	clāmā-b-ō	ich werde rufen
2. Pers. Sg.	clāmā-bi-s	du wirst rufen
3. Pers. Sg.	clāmā-bi-t	er, sie, es wird rufen
1. Pers. Pl.	clāmā́-bi-mus	wir werden rufen
2. Pers. Pl.	clāmā́-bi-tis	ihr werdet rufen
3. Pers. Pl.	clāmā-bu-nt	sie werden rufen

Vorsicht: Oft unterscheidet nur der Vokal (*i* bzw. *u*) die Formen des Futur I vom Imperfekt (vgl. *clāmābit – clāmābat*).

Das Verbum *īre*

Die Präsensformen von *īre* »gehen« kennst du schon seit Lektion 11. Natürlich gibt es dieses Verbum auch in anderen Tempora:

Futur I

1. Pers. Sg.	ī-b-ō
2. Pers. Sg.	ī-bi-s
3. Pers. Sg.	ī-bi-t
1. Pers. Pl.	ī-bi-mus
2. Pers. Pl.	ī-bi-tis
3. Pers. Pl.	ī-bu-nt

Imperfekt

1. Pers. Sg.	ī-ba-m
2. Pers. Sg.	ī-bā-s
3. Pers. Sg.	ī-ba-t
1. Pers. Pl.	ī-bā-mus
2. Pers. Pl.	ī-bā-tis
3. Pers. Pl.	ī-ba-nt

Perfekt

1. Pers. Sg.	i-ī
2. Pers. Sg.	ī-stī
3. Pers. Sg.	i-it
1. Pers. Pl.	i-imus
2. Pers. Pl.	ī-stis
3. Pers. Pl.	i-ērunt

Der Infinitiv Perfekt lautet: īsse

Das Imperfekt von *velle, nōlle* und *mālle*

Das Imperfekt von *velle, nōlle* und *mālle* wird regelmäßig mit dem Kennzeichen -ēba- gebildet:

	velle	nōlle	mālle
1. Pers. Sg.	vol-ēba-m	nōl-ēba-m	māl-ēba-m
2. Pers. Sg.	vol-ēbā-s	nōl-ēbā-s	māl-ēbā-s
3. Pers. Sg.	vol-ēba-t	nōl-ēba-t	māl-ēba-t
1. Pers. Pl.	vol-ēbā-mus	nōl-ēbā-mus	māl-ēbā-mus
2. Pers. Pl.	vol-ēbā-tis	nōl-ēbā-tis	māl-ēbā-tis
3. Pers. Pl.	vol-ēbā-nt	nōl-ēbā-nt	māl-ēbā-nt

Zahlen: Grund- und Ordnungszahlen

Wie im Deutschen gibt es auch im Lateinischen verschiedene Arten von Zahlen, darunter …

- die Kardinalzahlen (Grundzahlen: »eins, zwei, drei, …«) und
- die Ordinalzahlen (Ordnungszahlen: »der erste, zweite, dritte, …«).

1. Die Bildung der Grundzahlen

Für normale Mengenangaben und Rechenoperationen werden die Grundzahlen benötigt:

1	I	ūnus, -a, -um		7	VII	septem
2	II	duo, -ae, -o		8	VIII	octō
3	III	trēs, tria		9	IX	novem
4	IV	quattuor		10	X	decem
5	V	quīnque		11	XII	ūndecim
6	VI	sex		12	XII	duodecim

2. Deklinierte Zahlwörter

Die meisten Grundzahlen sind unveränderlich und werden nicht dekliniert. Eine Ausnahme sind nur die Zahlen 1 bis 3 (vgl. Tabelle). Sie haben besondere Formen:

	m.	f.	n.
Nom.	ūnus	ūna	ūnum
Gen.	ūnīus	ūnīus	ūnīus
Dat.	ūnī	ūnī	ūnī
Akk.	ūnum	ūnam	ūnum
Abl.	ūnō	ūnā	ūnō

	m.	f.	n.
Nom.	duo	duae	duo
Gen.	duōrum	duārum	duōrum
Dat.	duōbus	duābus	duōbus
Akk.	duō(s)	duās	duo
Abl.	duōbus	duābus	duōbus

	m.	f.	n.
Nom.	trēs	trēs	tria
Gen.	trīum	trīum	trīum
Dat.	tribus	tribus	tribus
Akk.	trēs	trēs	tria
Abl.	tribus	tribus	tribus

3. Die Ordnungszahlen

Alle Ordinalzahlen werden wie Adjektive der a-/o-Deklination dekliniert.

1	ūnus	prīmus, a, um (der erste)
2	duo	secundus, a, um
3	trēs	tertius, a, um
4	quattuor	quārtus, a, um
5	quīnque	quīntus, a, um
6	sex	sextus, a, um

7	septem	septimus, a, um
8	octō	octāvus, a, um
9	novem	nōnus, a, um
10	decem	decimus, a, um
11	ūndecim	ūndecimus, a, um
12	duodecim	duodecimus, a, um

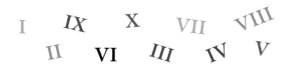

Lektion 18

Das Futur I – Teil 2: KAmEl-Futur

Bei den Verben der i- und der kons. Konjugation wird das Futur I mit den vokalischen Tempuszeichen -a- (nur in der ersten Person Singular) und -e- sowie den Personalendungen des Präsensstammes gebildet (»KAmEl-Futur«).

1. Pers. Sg.	audi-a-m	ich werde hören
2. Pers. Sg.	audi-ē-s	du wirst hören
3. Pers. Sg.	audi-e-t	er, sie, es wird hören
1. Pers. Pl.	audi-ē-mus	wir werden hören
2. Pers. Pl.	audi-ē-tis	ihr werdet hören
3. Pers. Pl.	audi-e-nt	sie werden hören

Bei den kurzvokalischen i-Stämmen steht vor dem Tempuszeichen jeweils noch ein -i- (*rapi-a-m* usw.).

Das Futur I – Teil 3 (*esse* und *posse*)

Eigene Formen für das Futur I haben *esse* und seine Komposita.

1. Pers. Sg.	erō		1. Pers. Sg.	pót-erō
2. Pers. Sg.	eris		2. Pers. Sg.	pót-eris
3. Pers. Sg.	erit		3. Pers. Sg.	pót-erit
1. Pers. Pl.	érimus		1. Pers. Pl.	pot-érimus
2. Pers. Pl.	éritis		2. Pers. Pl.	pot-éritis
3. Pers. Pl.	erunt		3. Pers. Pl.	pót-erunt

Lektion 19

Adjektive der 3. Deklination

Neben den Adjektiven der a- und der o-Deklination gibt es noch eine große Gruppe von Adjektiven der 3. Deklination. Ihre Endungen entsprechen weitgehend denen, die du schon von den Substantiven dieser Deklinationsklasse kennst. Abweichende Endungen haben sie allerdings

- im Ablativ Singular: -ī,
- im Genitiv Plural: -ium,
- im Neutrum Nominativ/Akkusativ Plural: -ia.

Eine weitere Besonderheit ist, dass nicht alle Adjektive der 3. Deklination im Nominativ Singular für jedes Genus eine eigene Form haben. Entsprechend unterscheidet man zwischen

- dreiendigen Adjektiven: eigene Form für jedes Genus (z.B. *ācer, ācris, ācre*)
- zweiendigen Adjektiven: gemeinsame Form für Maskulinum und Femininum (z.B. *nōbilis, nōbilis, nōbile*)
- einendigen Adjektiven: gemeinsame Form für alle drei Genera (z.B. *pār, pār, pār*).

Überblick über die Formen

Adjektive der 3. Deklination (dreiendig)						
	Sg.			Pl.		
	m.	f.	n.	m.	f.	n.
Nom.	ācer	ācr-is	ācr-e	ācr-ēs	ācr-ēs	ācr-ia
Gen.	ācr-is	ācr-is	ācr-is	ācr-ium	ācr-ium	ācr-ium
Dat.	ācr-ī	ācr-ī	ācr-ī	ācr-ibus	ācr-ibus	ācr-ibus
Akk.	ācr-em	ācr-em	ācr-e	ācr-ēs	ācr-ēs	ācr-ia
Abl.	ācr-ī	ācr-ī	ācr-ī	ācr-ibus	ācr-ibus	ācr-ibus

Adjektive der 3. Deklination (zweiendig)						
	Sg.			Pl.		
	m.	f.	n.	m.	f.	n.
Nom.	omn-is	omn-is	omn-e	omn-ēs	omn-ēs	omn-ia
Gen.	omn-is	omn-is	omn-is	omn-ium	omn-ium	omn-ium
Dat.	omn-ī	omn-ī	omn-ī	omn-ibus	omn-ibus	omn-ibus
Akk.	omn-em	omn-em	omn-e	omn-ēs	omn-ēs	omn-ia
Abl.	omn-ī	omn-ī	omn-ī	omn-ibus	omn-ibus	omn-ibus

Adjektive der 3. Deklination (einendig)					
	Sg.			Pl.		
	m.	f.	n.	m.	f.	n.
Nom.	pār	pār	pār	par-ēs	par-ēs	par-ia
Gen.	par-is	par-is	par-is	par-ium	par-ium	par-ium
Dat.	par-ī	par-ī	par-ī	par-ibus	par-ibus	par-ibus
Akk.	par-em	par-em	pār	par-ēs	par-ēs	par-ia
Abl.	par-ī	par-ī	par-ī	par-ibus	par-ibus	par-ibus

Vorsicht: Bei den Adjektiven der 3. Deklination sind viele Formen gleich:
- im Singular: Dativ und Ablativ sowie teilweise Nominativ und Genitiv
- im Plural: Dativ und Ablativ sowie Nominativ und Akkusativ

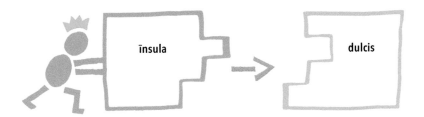

Dum mit Indikativ Präsens

In der Bedeutung »während« zieht *dum* in der Regel, auch bei vergangenen Ereignissen, den Indikativ Präsens nach sich.

Dum omnēs discipulī adsunt, Molō Cicerōnem laudāvit.
Während alle Schüler versammelt waren, lobte Molon Cicero.

velle, *nōlle* und *mālle* im Futur I

Die Verben *velle* »wollen«, *nōlle* »nicht wollen« und *mālle* »lieber wollen« bilden ihr Futur I nach den Regeln des »KAmEl-Futurs«:

	velle	nōlle	malle	
1. Pers. Sg.	volam	nōlam	mālam	ich werde (nicht/lieber) wollen
2. Pers. Sg.	volēs	nōlēs	mālēs	du wirst (nicht/lieber) wollen
3. Pers. Sg.	volet	nōlet	mālet	er, sie, es wird (nicht/lieber) wollen
1. Pers. Pl.	volēmus	nōlēmus	mālēmus	wir werden (nicht/lieber) wollen
2. Pers. Pl.	volētis	nōlētis	mālētis	ihr werdet (nicht/lieber) wollen
3. Pers. Pl.	volent	nōlent	mālent	sie werden (nicht/lieber) wollen

Lektion 20

Das Relativpronomen

Ähnlich wie das Demonstrativpronomen *is, ea, id* wird auch das Relativpronomen *quī, quae, quod* »der, die, das« dekliniert:

	Singular		
	m.	f.	n.
Nom.	quī	quae	quod
Gen.	cuius	cuius	cuius
Dat.	cui	cui	cui
Akk.	quem	quam	quod
Abl.	quō	quā	quō

	Plural		
	m.	f.	n.
Nom.	quī	quae	quae
Gen.	quōrum	quārum	quōrum
Dat.	quibus	quibus	quibus
Akk.	quōs	quās	quae
Abl.	quibus	quibus	quibus

Die Präposition *cum* wird meist hinten an der Pronominalform angehängt (*quibuscum* statt *cum quibus*), die anderen Präpositionen bleiben wie gewohnt davor stehen (*ā quibus*).

Relativsätze

Relativsätze werden durch das Relativpronomen *quī, quae, quod* eingeleitet und nehmen Bezug auf etwas vorher Genanntes. Dabei können sie sich auf alle Nomen des übergeordneten Satzes beziehen, auch auf den gesamten Satz.

Die Relativpronomina selbst können in jedem Kasus stehen, passen sich aber in Numerus und Genus an ihr jeweiliges Bezugswort an. Bezieht sich das Relativpronomen auf den gesamten Satz, so steht es im Neutrum Singular (Satz 2).

1 Nāvis, quam vidētis, bona est.
   Das Schiff, das ihr seht, ist gut.

2 Fābulam legō, quod libenter faciō.
   Ich lese eine Geschichte, was ich gerne tue.

Der Genitiv des geteilten Ganzen *(genitivus partitivus)*

Da mihi magnam cōpiam vīnī! = *Gib mir eine große Menge Wein!*
Wird ein Teil *(magna cōpia)* aus einer größeren Einheit *(vinum)* herausgegriffen, so setzt der Lateiner die größere Einheit meist als Genitivattribut zur Teilmenge *(genitivus partitivus)*. Im Deutschen wird für beide Begriffe derselbe Kasus verwendet (»eine große Menge Wein«).
Dieser *genitivus partitivus* steht besonders

- bei Substantiven, Adjektiven und Adverbien, die eine Menge oder ein Maß angeben: *nihil/multum vīrium* (»keine/viel Kraft«)
- bei Ordinalzahlen: *tertius rēgum Romānōrum* (der dritte römische König)
- bei Pronomina und manchen Ortsadverbien: *quis vestrum?* (wer von euch), *ubi terrārum?* (wo in aller Welt?).

Lektion 21

Das Plusquamperfekt

Vom Perfektstamm der Verben werden neben dem Perfekt noch zwei weitere Tempora gebildet: das Plusquamperfekt und das Futur II.

1. Formen des Plusquamperfekts

Für das Plusquamperfekt werden an den Perfektstamm die Formen angehängt, die du vom Imperfekt von *esse* kennst:

	clāmāre	
1. Pers. Sg.	clāmā-v-eram	ich hatte gerufen
2. Pers. Sg.	clāmā-v-erās	du hattest gerufen
3. Pers. Sg.	clāmā-v-erat	er hatte gerufen
1. Pers. Pl.	clāmā-v-erāmus	wir hatten gerufen
2. Pers. Pl.	clāmā-v-erātis	ihr hattet gerufen
3. Pers. Pl.	clāmā-v-erant	sie hatten gerufen

	esse	
1. Pers. Sg.	fu-eram	ich war gewesen
2. Pers. Sg.	fu-erās	du warst gewesen
3. Pers. Sg.	fu-erat	er war gewesen
1. Pers. Pl.	fu-erāmus	wir waren gewesen
2. Pers. Pl.	fu-erātis	ihr wart gewesen
3. Pers. Pl.	fu-erant	sie waren gewesen

Vorsicht: Die dritte Person Plural Plusquamperfekt unterscheidet sich optisch nur durch einen Buchstaben von der entsprechenden Perfektform (*-erant* / *-ērunt*). Von der Betonung her lassen sich beide Formen aber leicht unterscheiden (*clāmáverant* / *clāmāvérunt*).

2. Verwendung des Plusquamperfekts

Als die Sonne aufgegangen war,   *brachen wir auf.*

Vorvergangenheit   Vergangenheit

Wenn Ereignisse stattgefunden haben müssen, bevor andere Ereignisse passiert sind, die bereits in einem Vergangenheitstempus (also im Imperfekt oder im Perfekt) stehen, verwendet man im Lateinischen wie meist auch im Deutschen das Plusquamperfekt als Tempus der Vor-Vergangenheit.

Dabei unterscheidet sich der Sprachgebrauch in beiden Sprachen nur selten. Ein wichtiger Unterschied ist, dass das Lateinische nach der temporalen Subjunktion *postquam* in der Regel das Perfekt, das Deutsche nach »nachdem« aber das Plusquamperfekt gebraucht.

Das Futur II

1. Formen des Futur II

Für das Futur II werden an den Perfektstamm die Formen angehängt, die du – mit Ausnahme der dritten Person Plural (*-erint*) – schon vom Futur I von *esse* kennst.

	clāmāre	
1. Pers. Sg.	clāmā-**v-erō**	ich werde gerufen haben
2. Pers. Sg.	clāmā-**v-eris**	du wirst gerufen haben
3. Pers. Sg.	clāmā-**v-erit**	er wird gerufen haben
1. Pers. Pl.	clāmā-**v-érimus**	wir werden gerufen haben
2. Pers. Pl.	clāmā-**v-éritis**	ihr werdet gerufen haben
3. Pers. Pl.	clāmā-**v-erint**	sie werden gerufen haben

	esse
1. Pers. Sg.	fu-erō
2. Pers. Sg.	fu-eris
3. Pers. Sg.	fu-erit
1. Pers. Pl.	fu-érimus
2. Pers. Pl.	fu-éritis
3. Pers. Pl.	fu-erint

Vorsicht: Auch hier unterscheidet sich die dritte Person Plural nur durch den letzten Vokal von der Perfekt- bzw. der Plusquamperfekt-Endung. Du musst also genau aufpassen.

2. Verwendung von Futur II

Wenn wir gegessen haben (werden)   *werden wir aufbrechen.*

◄──────────────

Gegenwart   Futur II   Futur I

Wenn Ereignisse vor anderen Ereignissen stattgefunden haben müssen, die erst in der Zukunft passieren werden, verwendet das Lateinische das Futur II.

Das Futur II kannst du als Mischform aus Futur (»ich werde …«) und Perfekt (»… gerufen haben«) übersetzen. Das Deutsche ist allerdings beim Futur II meist nicht so sorgfältig wie das Lateinische: In der Regel genügt ein einfaches Perfekt oder Präsens, insbesondere, wenn die Zeitenfolge (z.B. aufgrund von Adverbien) klar ist.

Der relativische Satzanschluss

Im Lateinischen steht oft ein Relativpronomen ganz am Beginn eines Satzes; meist leitet es dann aber keinen Nebensatz (also keinen Relativsatz), sondern den Hauptsatz ein. Mit dieser Konstruktion möchte der Lateiner einen besonders engen Bezug zum vorhergehenden Satz herstellen – deswegen wird sie als relativischer Satzanschluss bezeichnet.

Im Deutschen kannst du das nicht nachmachen; die enge Verbindung der beiden Sätze kannst du durch ein »und« oder – je nach Sinn – auch ein »aber« oder »jedoch« ausdrücken; aus dem Relativpronomen wird in der Übersetzung ein Demonstrativpronomen.

Aenēās umbram Rōmulī videt.   *Aeneas sieht den Schatten des Romulus.*
Quī urbem Rōmam condet.   *Und dieser / Er wird die Stadt Rom gründen.*

Grammatikregister

Grammatik

Substantive

1. oder a-Deklination (f.)

	Sg.	Pl.
Nom.	fīli-a	fīli-ae
Gen.	fīli-ae	fīli-ārum
Dat.	fīli-ae	fīli-īs
Akk.	fīli-am	fīli-ās
Abl.	fīli-ā	fīli-īs

2. oder o-Deklination (m.)

	Sg.	Pl.
Nom.	fīli-us	fīli-ī
Gen.	fīli-ī	fīli-ōrum
Dat.	fīli-ō	fīli-īs
Akk.	fīli-um	fīli-ōs
Abl.	fīli-ō	fīli-īs

2. oder o-Deklination (n.)

	Sg.	Pl.
Nom.	dōn-um	dōn-a
Gen.	dōn-ī	dōn-ōrum
Dat.	dōn-ō	dōn-īs
Akk.	dōn-um	dōn-a
Abl.	dōn-ō	dōn-īs

3. Deklination (m. / f.)

	Sg.	Pl.
Nom.	sacerdōs	sacerdōt-ēs
Gen.	sacerdōt-is	sacerdōt-um
Dat.	sacerdōt-ī	sacerdōt-ibus
Akk.	sacerdōt-em	sacerdōt-ēs
Abl.	sacerdōt-e	sacerdōt-ibus

3. Deklination (n.)

	Sg.	Pl.
Nom.	carmen	carmin-a
Gen.	carmin-is	carmin-um
Dat.	carmin-ī	carmin-ibus
Akk.	carmen	carmin-a
Abl.	carmin-e	carmin-ibus

Adjektive

Adjektive der a- und o-Deklination

	Sg.			Pl.		
	m.	f.	n.	m.	f.	n.
Nom.	bon-us	bon-a	bon-um	bon-ī	bon-ae	bon-a
Gen.	bon-ī	bon-ae	bon-ī	bon-ōrum	bon-ārum	bon-ōrum
Dat.	bon-ō	bon-ae	bon-ō	bon-īs	bon-īs	bon-īs
Akk.	bon-um	bon-am	bon-um	bon-ōs	bon-ās	bon-a
Abl.	bon-ō	bon-ā	bon-ō	bon-īs	bon-īs	bon-īs

Adjektive der 3. Deklination (dreiendig)

	Sg.			Pl.		
	m.	f.	n.	m.	f.	n.
Nom.	ācer	ācr-is	ācr-e	ācr-ēs	ācr-ēs	ācr-ia
Gen.	ācr-is	ācr-is	ācr-is	ācr-ium	ācr-ium	ācr-ium
Dat.	ācr-ī	ācr-ī	ācr-ī	ācr-ibus	ācr-ibus	ācr-ibus
Akk.	ācr-em	ācr-em	ācr-e	ācr-ēs	ācr-ēs	ācr-ia
Abl.	ācr-ī	ācr-ī	ācr-ī	ācr-ibus	ācr-ibus	ācr-ibus

Adjektive der 3. Deklination (zweiendig)

	Sg.			Pl.		
	m.	f.	n.	m.	f.	n.
Nom.	omn-is	omn-is	omn-e	omn-ēs	omn-ēs	omn-ia
Gen.	omn-is	omn-is	omn-is	omn-ium	omn-ium	omn-ium
Dat.	omn-ī	omn-ī	omn-ī	omn-ibus	omn-ibus	omn-ibus
Akk.	omn-em	omn-em	omn-e	omn-ēs	omn-ēs	omn-ia
Abl.	omn-ī	omn-ī	omn-ī	omn-ibus	omn-ibus	omn-ibus

Adjektive der 3. Deklination (einendig)

	Sg.			Pl.		
	m.	f.	n.	m.	f.	n.
Nom.	pār	pār	pār	par-ēs	par-ēs	par-ia
Gen.	par-is	par-is	par-is	par-ium	par-ium	par-ium
Dat.	par-ī	par-ī	par-ī	par-ibus	par-ibus	par-ibus
Akk.	par-em	par-em	pār	par-ēs	par-ēs	par-ia
Abl.	par-ī	par-ī	par-ī	par-ibus	par-ibus	par-ibus

Grammatik

Pronomina

Personalpronomina

	1. Pers. Sg.	2. Pers. Sg.
Nom.	egō	tū
Gen.	meī	tuī
Dat.	mihī	tibī
Akk.	mē	tē
Abl.	ā mē	ā tē

	1. Pers. Pl.	2. Pers. Pl.
Nom.	nōs	vōs
Gen.	nostrī	vestrī
Dat.	nōbīs	vōbīs
Akk.	nōs	vōs
Abl.	ā nōbīs	ā vōbīs

Reflexivpronomina

	reflexiv (3. Pers. Sg. / Pl.)
Nom.	–
Gen.	suī
Dat.	sibī
Akk.	sē
Abl.	ā sē

Demonstrativpronomina: *is, ea, id*

	Sg.			Pl.		
	m.	f.	n.	m.	f.	n.
Nom.	is	ea	id	iī (eī)	eae	ea
Gen.	eius	eius	eius	eōrum	eārum	eōrum
Dat.	ei	ei	ei	iīs (eīs)	iīs (eīs)	iīs (eīs)
Akk.	eum	eam	id	eōs	eās	ea
Abl.	eō	eā	eō	iīs (eīs)	iīs (eīs)	iīs (eīs)

Relativpronomina: *qui, quae, quod*

	Sg.			Pl.		
	m.	f.	n.	m.	f.	n.
Nom.	quī	quae	quod	quī	quae	quae
Gen.	cuius	cuius	cuius	quōrum	quārum	quōrum
Dat.	cui	cui	cui	quibus	quibus	quibus
Akk.	quem	quam	quod	quōs	quās	quae
Abl.	quō	quā	quō	quibus	quibus	quibus

Verben

Präsensstamm (Aktiv)

Infinitiv	clāmā-re	monē-re	audī-re	relinqu-e-re	accipe-re
	rufen	(er)mahnen	hören	verlassen	annehmen

Präsens (Indikativ)					
1. Pers. Sg.	clām-ō	mone-ō	audi-ō	relinqu-ō	accipi-ō
2. Pers. Sg.	clāmā-s	monē-s	audī-s	relinqu-i-s	accipi-s
3. Pers. Sg.	clāma-t	mone-t	audi-t	relinqu-i-t	accipi-t
1. Pers. Pl.	clāmā-mus	monē-mus	audī-mus	relinqu-i-mus	accipi-mus
2. Pers. Pl.	clāmā-tis	monē-tis	audī-tis	relinqu-i-tis	accipi-tis
3. Pers. Pl.	clāma-nt	mone-nt	audi-u-nt	relinqu-u-nt	accipi-u-nt

Imperfekt (Indikativ)					
1. Pers. Sg.	clāmā-ba-m	monē-ba-m	audi-ē-ba-m	relinqu-ē-ba-m	accipi-ē-ba-m
2. Pers. Sg.	clāmā-bā-s	monē-bā-s	audi-ē-bā-s	relinqu-ē-bā-s	accipi-ē-bā-s
3. Pers. Sg.	clāmā-ba-t	monē-ba-t	audi-ē-ba-t	relinqu-ē-ba-t	accipi-ē-ba-t
1. Pers. Pl.	clāmā-bā-mus	monē-bā-mus	audi-ē-bā-mus	relinqu-ē-bā-mus	accipi-ē-bā-mus
2. Pers. Pl.	clāmā-bā-tis	monē-bā-tis	audi-ē-bā-tis	relinqu-ē-bā-tis	accipi-ē-bā-tis
3. Pers. Pl.	clāmā-ba-nt	monē-ba-nt	audi-ē-ba-nt	relinqu-ē-ba-nt	accipi-ē-ba-nt

Futur I					
1. Pers. Sg.	clāmā-b-ō	monē-b-ō	audi-a-m	relinqu-a-m	accipi-a-m
2. Pers. Sg.	clāmā-bi-s	monē-bi-s	audi-ē-s	relinqu-ē-s	accipi-ē-s
3. Pers. Sg.	clāmā-bi-t	monē-bi-t	audi-e-t	relinqu-e-t	accipi-e-t
1. Pers. Pl.	clāmā-bi-mus	monē-bi-mus	audi-ē-mus	relinqu-ē-mus	accipi-ē-mus
2. Pers. Pl.	clāmā-bi-tis	monē-bi-tis	audi-ē-tis	relinqu-ē-tis	accipi-ē-tis
3. Pers. Pl.	clāmā-bu-nt	monē-bu-nt	audi-e-nt	relinqu-e-nt	accipi-e-nt

Grammatik

Perfektstamm (Aktiv)

Infinitiv	clāmāv-isse	monu-isse	audīv-isse	relīqu-isse	accēp-isse

Perfekt (Indikativ)

1. Pers. Sg.	clāmāv-ī	monu-ī	audīv-ī	relīqu-ī	accēp-ī
2. Pers. Sg.	clāmāv-istī	monu-istī	audīv-istī	relīqu-istī	accēp-istī
3. Pers. Sg.	clāmāv-it	monu-it	audīv-it	relīqu-it	accēp-it
1. Pers. Pl.	clāmāv-imus	monu-imus	audīv-imus	relīqu-imus	accēp-imus
2. Pers. Pl.	clāmāv-istis	monu-istis	audīv-istis	relīqu-istis	accēp-istis
3. Pers. Pl.	clāmav-ērunt	monu-ērunt	audīv-ērunt	relīqu-ērunt	accēp-ērunt

Plusquamperfekt (Indikativ)

1. Pers. Sg.	clāmāv-eram	monu-eram	audīv-eram	relīqu-eram	accēp-eram
2. Pers. Sg.	clāmāv-erās	monu-erās	audīv-erās	relīqu-erās	accēp-erās
3. Pers. Sg.	clāmāv-erat	monu-erat	audīv-erat	relīqu-erat	accēp-erat
1. Pers. Pl.	clāmāv-erāmus	monu-erāmus	audīv-erāmus	relīqu-erāmus	accēp-erāmus
2. Pers. Pl.	clāmāv-erātis	monu-erātis	audīv-erātis	relīqu-erātis	accēp-erātis
3. Pers. Pl.	clāmav-erant	monu-erant	audīv-erant	relīqu-erant	accēp-erant

Futur II

1. Pers. Sg.	clāmāv-erō	monu-erō	audīv-erō	relīqu-erō	accēp-erō
2. Pers. Sg.	clāmāv-eris	monu-eris	audīv-eris	relīqu-eris	accēp-eris
3. Pers. Sg.	clāmāv-erit	monu-erit	audīv-erit	relīqu-erit	accēp-erit
1. Pers. Pl.	clāmāv-erimus	monu-erimus	audīv-erimus	relīqu-erimus	accēp-erimus
2. Pers. Pl.	clāmāv-eritis	monu-eritis	audīv-eritis	relīqu-eritis	accēp-eritis
3. Pers. Pl.	clāmav-erint	monu-erint	audīv-erint	relīqu-erint	accēp-erint

Unregelmäßige Verben
Präsensstamm (Aktiv)

Infinitiv	esse	posse	īre	velle	nōlle	mālle
	sein	können	gehen	wollen	nicht wollen	lieber wollen

Präsens (Indikativ)						
1. Pers. Sg.	sum	pos-sum	eō	volō	nōlō	mālō
2. Pers. Sg.	es	pot-es	īs	vīs	nōn vīs	māvis
3. Pers. Sg.	est	pot-est	it	vult	nōn vult	māvult
1. Pers. Pl.	sumus	pos-sumus	īmus	volumus	nōlumus	mālumus
2. Pers. Pl.	estis	pot-estis	ītis	vultis	nōn vultis	māvultis
3. Pers. Pl.	sunt	pos-sunt	eunt	volunt	nōlunt	mālunt

Imperfekt (Indikativ)						
1. Pers. Sg.	eram	pot-eram	ī-bam	vol-ēba-m	nōl-ēba-m	māl-ēba-m
2. Pers. Sg.	erās	pot-erās	ī-bās	vol-ēbā-s	nōl-ēbā-s	māl-ēbā-s
3. Pers. Sg.	erat	pot-erat	ī-bat	vol-ēba-t	nōl-ēba-t	māl-ēba-t
1. Pers. Pl.	erāmus	pot-erāmus	ī-bāmus	vol-ēbā-mus	nōl-ēbā-mus	māl-ēbā-mus
2. Pers. Pl.	erātis	pot-erātis	ī-bātis	vol-ēbā-tis	nōl-ēbā-tis	māl-ēbā-tis
3. Pers. Pl.	erant	pot-erant	ī-bant	vol-ēba-nt	nōl-ēba-nt	māl-ēba-nt

Futur I						
1. Pers. Sg.	erō	pot-erō	ī-bō	vol-a-m	nōl-am	māl-am
2. Pers. Sg.	eris	pot-eris	ī-bis	vol-ē-s	nōl-ē-s	māl-ē-s
3. Pers. Sg.	erit	pot-erit	ī-bit	vol-e-t	nōl-e-t	māl-e-t
1. Pers. Pl.	erimus	pot-erimus	ī-bimus	vol-ē-mus	nōl-ē-mus	māl-ē-mus
2. Pers. Pl.	eritis	pot-eritis	ī-bitis	vol-ē-tis	nōl-ē-tis	māl-ē-tis
3. Pers. Pl.	erunt	pot-erunt	ī-bunt	vol-e-nt	nōl-e-nt	māl-e-nt

Perfektstamm (Aktiv)

Infinitiv	fuisse	potuisse	īsse	voluīsse	nōluisse	māluisse

Perfekt (Indikativ)						
1. Pers. Sg.	fu-ī	potu-ī	i-ī	volu-ī	nōluī	mālui
2. Pers. Sg.	…	…	…	…	…	…

Plusquamperfekt (Indikativ)						
1. Pers. Sg.	fu-eram	potu-eram	i-eram	volu-eram	nōlu-eram	mālu-eram
2. Pers. Sg.	…	…	…	…	…	…

Futur II						
1. Pers. Sg.	fu-erō	potu-erō	i-erō	volu-erō	nōlu-erō	mālu-erō
2. Pers. Sg.	…	…	…	…	…	…

Alphabetisches Verzeichnis der Orte und Eigennamen

Achill: Sohn des sterblichen → Peleus und der Meeresgöttin → Thetis; Achill stirbt im Kampf um → Troja, als er von einem Pfeil in die Ferse getroffen wird.

Aeneas: Sohn der Göttin → Venus und des sterblichen Vaters Anchises; er flieht mit wenigen Überlebenden aus dem brennenden → Troja und gründet in → Latium in Italien ein neues Volk. Er gilt als Stammvater der Römer.

Aeneis: Epos des → Vergil zur Geschichte des → Aeneas.

Agrippa: Marcus Vipsanius Agrippa (64/63–12 v. Chr.); röm. Feldherr, Politiker und Architekt; Freund und Schwiegersohn des Augustus; seine Thermen auf dem Marsfeld wurden Vorbild für alle späteren römischen Thermen.

Alkmene: Tochter des Königs von Mykene; eine der Liebschaften des → Jupiter; aus dieser Verbindung ging der Halbgott → Herkules hervor.

Alkinoos: Enkel des → Neptun und König der Phäaken, der → Odysseus freundlich aufnimmt. Sein Schiff bringt Odysseus schließlich zurück in dessen Heimat → Ithaka.

Amor: auch Cupido (griech. Eros); Gott der Liebe; häufig als Knabe dargestellt, der mit seinen Pfeilen die Liebe erweckt.

Anchises: Vater des → Aeneas.

Apollo: Phoebus Apollo, Sohn des → Jupiter und der Göttin Latona, Bruder der → Diana; Gott des Lichts und der Künste, wird als der Gott im *carmen saeculare* angerufen, der Rom in die neue Zeit führt; Horaz sieht sich selbst als Weissager des Apoll.

Aqua Virgo: Wasserleitung, speiste in der Antike die Agrippathermen, mündet heute in die Fontana di Trevi.

Arminius: (um 17 v. Chr. – 21 n. Chr.); als Sohn des Cheruskerfürsten Segimer kam er mit seinem Bruder Flavus zur militärischen Ausbildung nach Rom. 9 n. Chr. führte er die Cherusker gegen Quinctilius → Varus. In der legendären Varusschlacht wurden drei römische Legionen vernichtet.

Artemis: → Diana

Ascanius: Sohn des → Aeneas.

Athen: wichtigste Stadt in Griechenland.

Athene: → Minerva.

Augustus: *Augustus* (der Erhabene) ist ein Ehrentitel; er wurde 63 v. Chr. als Gaius Octavius geboren und starb 14 n. Chr.; als Adoptivsohn und Testamentsvollstrecker → Caesars brachte er den Römern nach 100 Jahren Bürgerkrieg den lang ersehnten Frieden (*Pax Augusta*). Man übertrug ihm die Regierungsverantwortung über das ganze Römische Reich.

Aventinus: Aventin; einer der sieben Hügel Roms, auf dem → Romulus und Remus ihre Vogelschau anlässlich der Gründung Roms anstellten; Remus soll hier begraben worden sein.

Bacchus (griech. Dionysos): Sohn von → Jupiter und → Semele. Gott des Weins und der Ekstase, der als junger Mann mit einem Kranz aus Weinlaub oder Efeu abgebildet und von Satyrn begleitet wird.

Brutus: Lucius Iunius Brutus (um 545–509 v. Chr.); als historische Person ist er nicht wirklich greifbar; der Sage nach stürzte er den letzten etruskischen König → Tarquinius Superbus und wurde 509 v. Chr. erster Konsul der neuen römischen Republik.

Caesar: Gaius Iulius Caesar, röm. Feldherr und Politiker, geb. 100 v. Chr., ermordet am 15. März 44 v. Chr.; in den Jahren 58 bis 51 eroberte er → Gallien; die Erinnerungen an diesen gallischen Krieg kann man in seinem berühmten Werk *Commentarii de bello Gallico* nachlesen.

Callisto: Als Nymphe im Gefolge der → Diana eigentlich zur Keuschheit verpflichtet, jedoch so schön (Callisto = griech. »die Schönste«), dass → Jupiter sich in sie verliebt. Aus Eifersucht wird sie von → Juno in eine Bärin verwandelt und schließlich von Jupiter als Sternbild (»Großer Bär«) in den Himmel versetzt.

Campus Martius: Marsfeld; es erstreckte sich als Stadtteil des alten Rom über das Gebiet am Tiberbogen; hier befanden sich zahlreiche von → Agrippa erbaute Tempel- und Sportanlagen. Berühmt waren die Agrippathermen und das → Pantheon. Das Marsfeld war gewissermaßen das Freizeitgelände der Römer.

Capitolium: Kapitol; einer der sieben Hügel Roms; auf ihm befanden sich der Tempel der kapitolinischen Trias (Jupiter Capitolinus, Juno, Minerva) und der Tempel der Juno Moneta.

Cato: Marcus Porcius Cato Censorius, auch Cato der Ältere genannt (234–149 v. Chr.); röm. Politiker, Feldherr und Schriftsteller; er galt als eher altmodischer Politiker und war wegen seiner Strenge berühmt-berüchtigt. Bekannt wurde er durch seinen Satz, mit dem er jede seiner Reden beendete: »*Ceterum censeo Carthaginem esse delendam.*« (»Im Übrigen bin ich der Meinung, dass Karthago zerstört werden muss.«).

Cerberus: dreiköpfiger Hund, der darüber wacht, dass kein Lebender die Unterwelt betritt und kein Verstorbener sie wieder verlässt.

Ceres (griech. Demeter): Göttin des Ackerbaus (vgl. engl. »cereals« = Frühstücksflocken) und der Ehe. In Darstellungen trägt sie oft Früchte oder Ähren, aber auch eine Fackel, mit der sie nachts ihre (von → Pluto entführte) Tochter → Proserpina sucht.

Cicero: Marcus Tullius Cicero, römischer Redner, Philosoph und Schriftsteller, geb. 106 v. Chr., Konsul des Jahres 63 v. Chr., 43 v. Chr. ermordet. Im Jahr 80 v. Chr. übernahm er die Verteidigung des Sextus Roscius Amerinus, der des Vatermordes angeklagt war. Damit bewies Cicero in politisch sehr unruhigen Zeiten großen Mut, da die Gefahr bestand, als Gegner Sullas wahrgenommen und selbst verfolgt zu werden.

Circus Maximus: größter Circus Roms; Veranstaltungsort für Wagenrennen; der Circus Maximus hatte eine Gesamtlänge von 600 m und eine Breite von 140 m. Zu Caesars Zeiten bot er 145 000 Zuschauern Platz (später 385 000).

Cloelia: sagenhafte Frauengestalt aus der Zeit des Umbruchs von der Königszeit zur Republik. Sie bewahrt während der Belagerung Roms durch → Porsenna mit ihrem Mut zahlreiche junge Mädchen vor Gefangenschaft und Vergewaltigung.

Creta: größte der griechischen Inseln; die Hauptstadt Kretas in der Antike war Knossos. Hier soll der sagenhafte König → Minos in einem gewaltigen Palast residiert haben.

Cumae: Ort in Mittelitalien, nach Vergil der Eingang zur Unterwelt.

Daphne: Nymphe; sie floh vor dem liebestollen → Apollo und wurde in einen Lorbeerbaum verwandelt; seitdem ist der Lorbeerkranz Zeichen des Apoll.

Delphi: berühmtestes Orakel Griechenlands; nach antiker Auffassung spricht → Apoll durch die → Pythia, eine hellseherisch begabte Priesterin, zu den Menschen. Ihre Orakelsprüche sind oft zweideutig, um die Entscheidungsfreiheit des Menschen nicht zu beeinträchtigen. Der Wahlspruch des Orakels lautet: »Erkenne dich selbst«.

Demeter: → Ceres.

Diana: Tochter des → Jupiter und der Latona; jungfräuliche Göttin der Jagd und Hüterin der Frauen und Kinder, wird als Göttin der Geburt beim *carmen saeculare* angerufen.

Dido: Königin von → Karthago. Sie nimmt die schiffbrüchigen Trojaner gastfreundlich auf und verliebt sich in deren Anführer → Aeneas. Aeneas, von den Göttern zur Weiterfahrt nach Italien aufgefordert, verlässt Dido, die ihn deswegen verflucht und sich anschließend das Leben nimmt.

Dionysos: → Bacchus.

Dis: → Pluto

Elysium: Insel der Seligen im Fluss → Lethe, vergleichbar mit unserem Paradies.

Fabius: Quintus Fabius Maximus Verrucosus Cunctator (um 275–203 v. Chr.); er war fünfmal Konsul und zweimal Diktator, durch seine Hinhaltetaktik zwang er → Hannibal 204 v. Chr. zur Aufgabe.

Forum Romanum: politisches, religiöses, kulturelles und wirtschaftliches Zentrum Roms am Fuße des → Capitolium.

Gallia: Das heutige Frankreich, Belgien und die Gebiete westlich des Rheins; fließende Grenze zu den Gebieten der Germanen.

Germania: Magna Germania, das Gebiet östlich des Rheins; nach der Varusschlacht zogen sich die Römer auch aus den eroberten Gebieten zurück.

Gracchen, die: Selbst Angehörige einer vornehmen plebejischen Familie, nutzten Tiberius und sein jüngerer Bruder Gaius Sempronius Gracchus das Volkstribunat als Waffe gegen die adelige Oberschicht, um durch eine Neuverteilung des Grundbesitzes die aus dem Gleichgewicht geratenen Besitzverhältnisse der späten Republik wieder ins Lot zu bringen. Im Abstand von nur zehn Jahren scheiterten beide Brüder am heftigen Widerstand der Senatoren und wurden zusammen mit ihren Anhängern ermordet.

Graecia: Griechenland; für Bildungsreisende in röm. Zeit ein absolutes Muss wegen seiner bedeutenden Architektur und Kunst und seiner herausragenden Philosophen, Redner und Wissenschaftler.

Hannibal: Hannibal Barkas (um 246–183 v. Chr.); im Jahre 218 v. Chr. überquerte er mit seinem Heer und 37 Kriegselefanten die Alpen und drang von Norden nach Italien vor. Nach zahlreichen militärischen Erfolgen wurde er schließlich durch das taktische Vorgehen des → Fabius Maximus 204 v. Chr. zur Aufgabe gezwungen und kehrte nach Nordafrika zurück, wo er 202 v. Chr. bei → Zama von → Scipio Africanus maior besiegt wurde.

Hektor: ältester Sohn des → Priamus und Held von → Troja; er wurde von → Achill im Kampf getötet und anschließend um die Stadtmauern Trojas geschleift; erst nach zwölf Tagen gab Achill die Leiche frei.

Helena: Gattin des spartanischen Königs → Menelaos und schönste Frau der Welt; sie wurde von → Paris nach → Troja entführt und löste so den Trojanischen Krieg aus.

Herculaneum: antike Stadt am Golf von Neapel; 79 n. Chr. beim Ausbruch des Vesuvs verschüttet.

Herkules: Sohn des → Jupiter und der → Alkmene; weil er in einem Anfall von Jähzorn seine Gattin Megara und seine Kinder tötete, wurde er vom delphischen Orakel dazu verurteilt, sich zwölf Jahre in den Dienst seines Halbbruders Eurystheus zu stellen.

Hermes: → Merkur.

Hippokrates: geboren um 460 v. Chr. in Kos; berühmter Arzt, auf dessen Eid heute die Ärzte noch schwören, dass sie sich für das Wohlergehen ihrer Patienten einsetzen ohne Ansehen der Person.

Homer: griechischer Dichter, der um 800 v. Chr. in Kleinasien gelebt haben soll. Er gilt als Verfasser der *Ilias* und der *Odyssee*.

Horatius: Quintus Horatius Flaccus (65–8 v. Chr.); gilt als einer der bedeutendsten Dichter der augusteischen Epoche. Horaz zählte später zum unmittelbaren Freundeskreis des → Augustus, obwohl er im Bürgerkrieg infolge der Ermordung → Caesars aufseiten der Caesarmörder gegen Augustus bzw. Octavian gekämpft hatte.

Io: Geliebte des → Jupiter, die von → Juno, deren Priesterin sie war, in eine Kuh verwandelt wurde. Ihr Wächter war der hundertäugige Argos.

Ithaka: ionische Insel im Westen Griechenlands; Heimat von → Odysseus.

Juno: Göttin der Ehe und Geburt; als Gattin des → Jupiter muss sie sich immer wieder gegen weibliche Konkurrenz aus den Reihen der Menschen zur Wehr setzen.

Jupiter: Göttervater und Herrscher des Olymp; seine Attribute sind Adler, Zepter und Blitzbündel.

Kalkriese: in der Nähe von Osnabrück, mutmaßlicher Ort der Varusschlacht.

Kampanien: Gebiet südwestlich von Latium, der Landschaft in der Umgebung Roms.

Kapitol: → Capitolium.

Karthago: Stadt im Norden Afrikas im heutigen Tunesien; lange Zeit Konkurrentin Roms, bis sie 146 v. Chr. von → Scipio Aemilianus erobert wurde, der sie bis auf die Grundfesten zerstören ließ.

Latium: Landschaft in Mittelitalien mit der Hauptstadt Rom.

Lethe: Fluss des Vergessens; aus ihm trinken die Seelen, wenn sie ihre Sünden gebüßt haben, um entweder neu wiedergeboren zu werden oder in das → Elysium einzugehen.

Limes: befestigter römischer Grenzwall.

Livius: Titus Livius, röm. Geschichtsschreiber aus Padua (59 v. Chr.–17 n. Chr.).

Lollius: Marcus Lollius, gest. 2 n. Chr.; röm. Politiker und Feldherr, Niederlage 17 v. Chr. in Gallien *(clades Lolliana)*.

Lotophagen (griech. Lotosesser): Volksstamm an der libyschen Küste, bei dem → Odysseus einkehrt. Der Genuss der Lotosfrucht führt dazu, dass die Gefährten des Odysseus alles um sich herum vergessen.

Lukullus: Lucius Licinius Lucullus (117–56 v. Chr.), Militärtribun im Bürgerkrieg unter Sulla; für seinen Reichtum und seine Gastmähler bekannt (sprichwörtlich geworden sind »lukullische Genüsse«); aus der Provinz Pontus brachte er die Kirsche nach Rom.

Lysipp: aus Sikyon, griechischer Bildhauer im 4. Jh. v. Chr.

Mars: Gott des Krieges; Vater von Romulus und Remus.

Marsfeld: → Campus Martius.

Martial: Marcus Valerius Martialis (ca. 40–104 n. Chr.), römischer Dichter aus Bilbilis (Spanien), der von den Kaisern Titus und Domitian gefördert wurde. In seinen Epigrammen (wörtl. »Aufschrift«; kurze Gedichte, die am Ende meist eine unerwartete Wendung, eine sog. Pointe, enthalten) schreibt er über die Eröffnung des Kolosseums; meist jedoch tadelt er – häufig ironisch-bissig – Schwächen und Sitten der Zeitgenossen.

Menelaos: König von Sparta und Gatte der schönen → Helena.

Merkur (griech. Hermes): Götterbote, erkennbar an seinem Flügelhut, seinen Flügelschuhen und seinem *caduceus* (Heroldstab).

Minerva (griech. Athene): Schutzgöttin der Handwerker, Dichter und Lehrer; ihre Symbole sind Helm, Rüstung, Speer und die Eule.

Minos: Sohn des → Jupiter und der Europa, sagenhafter König von Kreta und Erbauer des Palastes von Knossos.

Neptun (griech. Poseidon): Gott des Meeres; sein Symbol ist der Dreizack.

Octavian: → Augustus.

Odysseus: König von → Ithaka; er ersann die List mit dem hölzernen Pferd, mit dessen Hilfe → Troja nach zehn Jahren besiegt wurde. Da er sich aber den Zorn → Neptuns zugezogen hatte, brauchte er zehn Jahre, bis er zu seiner Frau Penelope zurückkehren konnte.

Orbilius: Lucius Orbilius Pupillus, angesehener Grammatiklehrer und Pädagoge (113–13 v. Chr.).

Ostia: Hafenstadt an der Tibermündung; Haupthafen und Flottenstützpunkt Roms.

Ovid: Publius Ovidius Naso (43 v. Chr. – 17 n. Chr.); er war einer der bedeutendsten Dichter der augusteischen Zeit. Zu seinen bekanntesten Werken zählen die *Metamorphosen*, in denen er Verwandlungsgeschichten aus der griechischen Mythologie erzählt. Im Jahre 8 n. Chr. fiel er bei Augustus in Ungnade und wurde ans Schwarze Meer verbannt.

Palatinus: Palatin; einer der sieben Hügel Roms, südlich des Forum Romanum, wohl ältestes Siedlungsgebiet Roms, Wohnort der Oberschicht, später der Kaiser.

Pantheon: Rundtempel auf dem Marsfeld; berühmt wegen seiner Kuppel; einzige Lichtquelle bildet eine Öffnung in der Kuppel mit einem Durchmesser von neun Metern.

Paris: Sohn des → Priamus und der Hekuba; durch seine Wahl der Göttin → Venus zur schönsten Göttin bekommt er die schöne → Helena und löst durch ihre Entführung den Trojanischen Krieg aus.

Philippi: antike Stadt in Makedonien (Griechenland), Ort der Entscheidungsschlacht zwischen Marcus Antonius und → Octavian auf der einen und den Caesarmördern auf der anderen Seite (42 v. Chr.).

Plinius d. Ä.: Onkel von → Plinius, d. J., Kommandant der Flotte von Misenum, starb 79 n. Chr. beim Ausbruch des → Vesuv.

Plinius d. J.: Gaius Plinius Caecilius Secundus (ca. 61– 113 n. Chr.), Schriftsteller und Politiker; er beschrieb den Ausbruch des → Vesuv 79 n. Chr.; während seiner Zeit als Statthalter in Bithynien musste er sich u. a. mit dem Problem der Christen auseinandersetzen.

Plutarch: griechischer Schriftsteller und Historiker (45–125 n. Chr.).

Pluto: Herrscher der Unterwelt, verheiratet mit → Proserpina, der Tochter von Ceres.

Polyphem: einäugiger Sohn des → Neptun, von → Odysseus geblendet; → Neptun strafte Odysseus damit, dass er ihm die Heimkehr nach → Ithaka verwehrte.

Pompeji: antike Stadt in Kampanien (Italien), die am 24. August 79 n. Chr. durch den Ausbruch des Vesuvs zerstört wurde.

Pomponianus: Gaius Tullius Capito Pomponianus Plotius Firmus (Konsul 84 n. Chr.), reicher Besitzer einer Villa in Stabiae, bei der → Plinius d. Ä. beim Vesuvausbruch (79 n. Chr.) starb.

Porsenna: Lars Porsenna, etruskischer König, belagerte 508 v. Chr. Rom.

Poseidon: → Neptun.

Priamus: König von → Troja und Vater des → Paris.

Proserpina: Göttin der Unterwelt und Gattin des Pluto.

Punische Kriege: drei Kriege zwischen Rom und → Karthago um die Vorherrschaft im Mittelmeer; 1. Punischer Krieg 264–241 v. Chr., 2. Punischer Krieg 218–201 v. Chr., 3. Punischer Krieg 149–146 v. Chr.; die Punischen Kriege enden mit der endgültigen Zerstörung Karthagos.

Pythia: Priesterin und Seherin des → Apollo in → Delphi.

Quintilian: Marcus Fabius Quintilianus (35– 96 n. Chr.); röm. Lehrer der Rhetorik.

Rhea Silvia: Tochter des Königs Numitor; Vestalin; Mutter von Romulus und Remus.

Romulus und Remus: Zwillingsbrüder, Söhne der → Rhea Silvia und des → Mars; Romulus tötet Remus, als dieser die Furche übersprungen hat, mit der Romulus die Grenze für die neue Stadt gezogen hatte.

Sabinerinnen: Sabiner: Volk aus den Sabiner Bergen; lebten der Sage nach ursprünglich auf dem Quirinal, einem der Hügel Roms; die Sabinerinnen wurden von Romulus und seinen Männern geraubt, weil es bei ihnen zu wenig Frauen gab.

Scaevola: Gaius Mucius Scaevola; er soll die Stadt Rom im 6. Jh. v. Chr. vor dem Etruskerkönig → Porsenna gerettet haben, indem er seine rechte Hand im Feuer verbrannte, worauf Porsenna von der Belagerung Roms abließ.

Scipio Africanus: Publius Cornelius Scipio Africanus maior (235–183 v. Chr.) besiegte → Hannibal 202 v. Chr. während des 2. Punischen Krieges in der Schlacht bei → Zama; er galt als Vorbild römischer Bescheidenheit; Publius Cornelius Scipio Aemilianus Africanus minor Numantinus (185–129 v. Chr.) errang im 3. Punischen Krieg 146 v. Chr. den endgültigen Sieg über → Karthago.

Semele: Tochter der Harmonia (Göttin der Eintracht) und des Kadmos, des ersten Königs von Theben, Geliebte des → Jupiter und Mutter des → Bacchus. Sie stirbt, als sie ihren Geliebten nach langem Bitten statt in Menschengestalt in seinem göttlichen Glanz sieht.

Sibylle: Seherin von → Cumae, begleitet → Aeneas in die Unterwelt, nachdem sie → Cerberus mit Honig und magischen Kräutern betäubt hat.

Skylla & Charybdis: Zwei Meeresungeheuer, die (der Sage nach) in einer Meerenge so nahe beieinander wohnen, dass man ihnen nicht beiden entkommen kann. Wer Charybdis, die das Meerwasser einsaugt und so die vorbeifahrenden Schiffe zerstört, meiden will, gerät in die Fänge der Skylla (mit dem Oberkörper einer jungen Frau und einem Unterleib aus sechs Hunden), die Seeleute von den Schiffen holt und verschlingt.

Styx: Fluss in der Unterwelt, über den die Verstorbenen in den Hades übersetzen.

Subura: Stadtviertel in Rom.

Tarentum: Die Stelle in Rom (heutiges Marsfeld), wo der Sage nach die erste Säkularfeier stattgefunden hat.

Tarquinius Superbus: Lucius Tarquinius, Etrusker und der Sage nach siebter und letzter König von Rom; er wurde 509 v. Chr. wegen seiner grausamen Amtsführung von → Brutus aus Rom verjagt.

Tartaros: Ort der Unterwelt, an dem diejenigen bestraft wurden, die nie wieder begnadigt werden dürfen.

Tiber: Fluss in Rom; wegen seiner schlechten Wasserqualität bauten die Römer schon früh Wasserleitungen nach Rom.

Tiberius: Tiberius Caesar Augustus; nach seiner Adoption durch → Augustus römischer Kaiser (14–37 n. Chr.), eroberte mit seinem Bruder Drusus weite Teile Westgermaniens.

Troja: Stadt im heutigen Westanatolien, türkisch *Hisarlık,* deren Ursprünge bis in die frühe Bronzezeit (ca. 3000 v. Chr.) reichen. Die Stadt wurde 1868 durch Heinrich Schliemann ausgegraben, war aber bereits durch den Briten Frank Calvert in den Jahren 1863–1865 mithilfe von Probeausgrabungen entdeckt worden. Der Sage nach soll → Aeneas nach der Zerstörung Trojas mit einigen Überlebenden von hier nach Italien geflohen sein. Die Römer sehen in Aeneas ihren Stammvater.

Ulixes: → Odysseus.

Varus: Publius Quinctilius Varus, geb. 47/46 v. Chr., gest. 9 n. Chr.; er beging nach der Varusschlacht in Germanien Selbstmord, da er die verheerende Niederlage entscheidend zu verantworten hatte – es fanden mehr als 20 000 Legionäre den Tod.

Venus: Göttin der Liebe; Mutter von → Aeneas.

Vergil: Publius Vergilius Maro (70–19 v. Chr.); neben zahlreichen anderen Dichtungen verfasste er das römische Nationalepos *Aeneis.*

Vesta: Göttin des Herdfeuers und der Familie; ihr Feuer wurde von unverheirateten Priesterinnen in einem Tempel auf dem → Forum Romanum bewacht, weil es nie ausgehen durfte. Viele bedeutende Persönlichkeiten hinterlegten im Vestatempel ihre Testamente.

Vesuv: Vulkan am Golf von Neapel; während des Ausbruchs 79 n. Chr. wurden u. a. die Städte → Pompeji, → Herculaneum und Stabiae verschüttet.

Vulkanus: griech. Hephaistos; hinkender Gott des Feuers und der Schmiedekunst, Gatte der → Venus.

Zama: Stadt in der Nähe Karthagos und 202 v. Chr. Ort der Niederlage → Hannibals gegen → Scipio Africanus maior.

Zeus: → Jupiter.

Alphabetisches Verzeichnis des Lernwortschatzes

A

ā, ab *(+ Abl.)* 5	von; von *etw.* her
abīre, abeō 11	weggehen
accēdere, accēdō, accessī 19	hingehen; sich nähern
accipere, accipiō, accēpī 4, 14	1. annehmen; bekommen 2. erfahren
ācer, ācris, ācre 19	scharf; heftig
ad *(+ Akk.)* 4	zu; nach; bei; an
adesse, adsum, affuī 1, 13	1. da sein 2. helfen
adhibēre 20	hinzuziehen; anwenden
adīre, -eō, -iī 11, 13	[»*jmdn.* an-gehen«]: 1. zu … gehen; aufsuchen 2. angreifen
adversārius, ī 5	Gegner
aedificāre 12	bauen
affuī 13	→ adesse
ager, agrī 15	Acker; Feld
agere, agō, ēgī 11, 13	»treiben«: 1. tun; handeln 2. verhandeln
aliquandō *(Adv.)* 18	irgendwann
aliquot *(indekl.)* 20	einige
alius, alia, aliud 10	ein anderer
alter, altera, alterum *(Gen.* alterīus, *Dat.* alterī) 15	der andere; der zweite
alter … alter 15	der eine … der andere
altus, a, um 11	1. tief 2. hoch
amāre 9	lieben; mögen
amīcus, ī 12	Freund
āmittere, -mittō, -mīsī 5, 17	verlieren
amor, amōris *m.* 16	Liebe
amplus, a, um 16	1. weit 2. groß; bedeutend
ancilla, ae 3	Sklavin; Magd
anima, ae 21	1. Atem 2. Seele 3. Leben
animus, ī 18	[»das tätige Innenleben«] Geist; Sinn; Gesinnung; Herz; Mut
annus, ī 7	Jahr
anteā *(Adv.)* 13	vorher; früher
antīquus, a, um 12	alt
appellāre 21	nennen
apportāre 2	herbeitragen; (über)bringen
apud *(+ Akk.)* 21	bei
aqua, ae 7	Wasser
āra, ae 4	Altar
ārdēre, ārdeō, ārsī 7, 13	brennen; glühen
arma, ōrum *n. Pl.* 5	Waffen *(Pl.)*
ārsī 7	→ ārdēre
asinus, ī 8	Esel
aspicere, aspiciō, aspexī 15	erblicken
atque 7	und; und auch
audīre 3	hören
augēre, augeō, auxī 13	vergrößern
aut 17	oder

autem *(nachgestellt)* 5	aber
auxī 13	→ augēre
auxilium, ī 7	Hilfe
avus, ī	Großvater

B

barbarus, a, um 18	1. ausländisch 2. unzivilisiert
bellum, ī 12	Krieg
bene *(Adv.)* 18	gut
beneficium, ī 13	Wohltat
bēstia, ae 2	Tier; Raubtier
bona, ōrum *n. Pl.* 7	Hab und Gut; Besitz
bonum, ī 7	das Gute
bonus, a, um 3	gut; tüchtig

C

caecus, a, um 20	blind
calamitās, tātis *f.* 13	Unglück; Schaden
campus, ī 4	Feld; freier Platz
cantāre 4	singen
caper, caprī 1	Ziegenbock
capere, capiō, cēpī 8, 18	»packen«: 1. erobern 2. nehmen 3. erhalten
captīvus, ī 20	Gefangener
carmen, carminis *n.* 4	Lied; Gedicht; Gebet
carrus, ī 2	Karren
cārus, a, um 10	1. teuer; wertvoll 2. lieb
causa, ae 21	»Motiv; Beweg-grund«: 1. Grund; Ursache 2. (juristisch:) Fall; Prozess 3. (allg.:) Sache
quā dē causā 21	aus welchem Grund? weshalb? *(rel. Anschluss:* deshalb)
celer, celeris, celere 19	schnell
cēnsēre 9	1. meinen 2. beschließen
cēpī 18	→ capere
certē *(Adv.)* 3	sicherlich
cibus, ī 2	Nahrung; Speise; Futter
circumdare, -dō, -dedī 21	umgeben
cīvis, is *m.* 18	Bürger
cīvitās, ātis *f.* 15	Bürgerschaft; Staat
clādēs, is *f.* 14	1. Niederlage 2. Katastrophe
clāmāre 2	laut rufen; schreien
clāmor, ōris *m.* 7	Geschrei
clārus, a, um 6	1. hell; strahlend; klar 2. berühmt
cognōscere, cognōscō, cognōvī 21	kennenlernen; erkennen
colere, colō, coluī 17	»sich intensiv beschäftigen mit«: 1. bewirtschaften 2. pflegen 3. verehren
comes, itis *m.* 20	Begleiter; Gefährte
comitia, iōrum 15	die Komitien (*Volks- bzw. Wahlversammlung*)
comperīre, comperiō, comperī 14	erfahren
complēre, -pleō, -plēvī 13	anfüllen

comprehendere, -prehendō, -prehendī 8, 18	1. ergreifen; festnehmen 2. begreifen
concordia, ae 15	Eintracht
condere, condō, condidī 21	1. gründen; erbauen 2. verwahren; verstecken
coniūnx, coniugis *m./f.* 17	Ehemann/Ehefrau
cōnstat (+ AcI) 9	es steht fest, dass
cōnsul, is *m.* 15	Konsul
contendere, -tendō, -tendī 14	»sich anstrengen«: 1. kämpfen 2. eilen 3. behaupten
contrā (+ Akk.) 12	gegen
convenīre, -veniō, -vēnī 16	»zusammenkommen«: 1. *jmdn.* treffen 2. sich einigen
cōpia, ae 14	1. Menge; Vorrat 2. Möglichkeit; *Pl.:* Truppen
cor, cordis *n.* 17	Herz
corpus, corporis *n.* 5	Körper
crās *(Adv.)* 17	morgen
creāre 15 (+ dopp. Akk.)	1. wählen 2. (erschaffen) *jmd. zu etw.* wählen
crēdere, crēdō, crēdidī 14	1. glauben 2. anvertrauen
crūdēlis, e 20	grausam
cum (+ Abl.) 5	mit
cum (+ Ind.) 16	als (plötzlich); immer, wenn
cupere, cupiō, cupīvī 2, 13	wünschen; wollen
cupiditās, tātis *f.* 10	Begierde (nach *etw.*); Leidenschaft
cupidus, a, um (+ Gen.) 10	gierig (auf *etw.*)
cūr? 1	warum?
cūra, ae 21	Sorge; Pflege
cūrāre 2	1. behandeln; pflegen 2. sich *um etw.* kümmern; sorgen *(für)*
cūria, ae 15	Kurie, Rathaus
currere, currō 2	laufen; eilen

D

dare, dō, dedī 4, 12	geben
dē (+ Abl.) 6	von *etw.* herab; von *etw.* weg; über *etw.*
dea, ae 17	Göttin
dēbēre 1	1. müssen 2. schulden 3. verdanken
decem 17	zehn
sē dēdere, dēdō, dēdidī (+ Dat.) 19	sich *jmdm.* ausliefern; sich *einer Sache* widmen
dedī 12	→ dare
dēesse, -sum, -fūi 19	fehlen; nicht da sein
dēlectāre 6	erfreuen; *jmdm.* Spaß machen
dēlēre, dēleō, dēlēvī 7, 13	zerstören; vernichten
dēlīberāre 12	überlegen
dēmōnstrāre 11	(deutlich) zeigen; beweisen
dēnique *(Adv.)* 8	zuletzt; schließlich
dēscendere, -scendō, -scendī 21	herabsteigen; hinabsteigen
dēsinere, -sinō, -siī 3, 14	aufhören
dēspērāre 13	verzweifeln

deus, ī 4	Gott
dīcere, dīcō, dīxī 2, 13	sagen
difficilis, e 20	schwierig
dignus, a, um (+ Abl.) 10	*einer Sache* würdig
dīligere, dīligō, dīlēxī 16	schätzen; lieben
discipulus, ī 19	Schüler
disputāre 15	diskutieren
diū *(Adv.)* 9	lange (zeitl.)
dīxī 13	→ dīcere
docēre 21	lehren; unterrichten
doctus, a, um 19	gelehrt; gebildet
dolor, dolōris *m.* 18	Schmerz
dolus, ī 5	List
domicilium, ī	Wohnsitz, Haus
domina, ae 1	Herrin
dominus, ī 1	Herr; Hausherr
domō *(Adv.)* 17	von zu Hause
domicilium, i	Wohnsitz; Haus
domum *(Adv.)* 16	nach Hause
dōnum, ī 2	Geschenk
dormīre 15	schlafen
dōs, dōtis *f.* 16	Mitgift
dūcere, dūcō, dūxī 12, 16	1. führen 2. meinen; für *etw.* halten
dulcis, e 19	süß; angenehm
dum (+ Ind. Präs.) 19	während
duo, duae, duo 17	zwei
duodecim 17	zwölf
dūrus, a, um 21	hart; beschwerlich
dūxī 16	→ dūcere

E

ē, ex (+ Abl.) 5	aus *etw.* heraus; von *etw.* her
ecce! *(indekl.)* 3	sieh / seht da! da ist
effugere, -fugiō, -fūgī 20	entfliehen
ēgī 13	→ agere
egō 6	ich
ēlegāns *(Gen.* ēlegantis) 19	geschmackvoll
ēloquentia, ae 19	Beredsamkeit
emere, emō 3	kaufen
eques, equitis *m.* 10	1. Reiter 2. Ritter
equus, ī 8	Pferd
ergō 10	also; folglich
ēripere, -ripiō, -ripuī 14	entreißen
errāre 3	sich irren; umherirren
esse, sum, fuī 1, 12	1. sein 2. *als Vollverb:* existieren; vorhanden sein (»es gibt«)
et 1	1. und 2. auch
et … et 18	sowohl … als auch
Et quod nōmen est tibī?	Und wie heißt du?
etiam 1	auch
etiamsī 6	auch wenn
ex (+ Abl.) 5	aus *etw.* heraus; von *etw.* her
exīre, -eō, -iī 17	hinausgehen

exspectāre 1	(er)warten
extinguere, -stinguō, -stīnxī 13	auslöschen; vernichten

F

fābula, ae 11	Geschichte; Erzählung
facere, faciō, fēcī 9, 12	tun; machen
fāma, ae 13	(guter/schlechter) Ruf; Gerücht
familia, ae 3	Hausgemeinschaft; Familie; Sklavenschar
fātum, ī 20	Götterspruch; Schicksal
fēcī 12	→ facere
femina, ae 2	Frau
fīdus, a, um 11	treu
fīlia, ae	Tochter
fīlius, ī	Sohn
fīnis, is *m.* 12	1. Grenze (*im Pl. auch* Gebiet); Ende 2. Ziel; Zweck
flamma, ae 7	Flamme; Feuer
flēre, fleō, flēvī 4, 13	(be)weinen
flūmen, flūminis *n.* 11	Fluss
fōrma, ae 17	Form; Gestalt; Schönheit
fortasse *(Adv.)* 6	vielleicht
fortis, e 20	stark; tapfer
fortūna, ae 3	Zufall; Glück; Schicksal
forum, ī 10	Forum; Marktplatz
frāter, frātris *m.* 4	Bruder
frūmentum, ī 2	Getreide
fūdī 14	→ fundere
fugere, fugiō, fūgī 18	fliehen
fuī 12	→ esse
fundere, fundō, fūdī 7, 14	1. (ver)gießen 2. zerstreuen; in die Flucht schlagen

G

gaudēre *(+ Abl.)* 5	sich (über *etw.*) freuen
gaudium, ī 9	Freude
gēns, gentis *f.* 12	1. (vornehme) Familie; Geschlecht 2. Volk; Stamm
genus, generis *n.* 21	Abstammung; Geschlecht; Art
Germānus, ī 14	Germane
gladius, ī 5	Schwert
Graecus, a, um 16	griechisch
Graecus, ī 16	Grieche
grātia, ae 13	*Positives Verhältnis zwischen Menschen:* 1. Ausstrahlung; Ansehen 2. Beliebtheit; Sympathie 3. Gefälligkeit 4. Dank
grātiās agere 13	danken
gravis, e 21	schwer; ernst; wichtig

H

habēre 8	haben; halten
habitāre 1	(be)wohnen
haerēre 11	hängen; stecken bleiben
haud *(Adv.)* 11	nicht; nicht gerade
herba, ae 2	Gras; Pflanze

herī *(Adv.)* 16	gestern
hīc *(Adv.)* 1	hier
hodiē *(Adv.)* 5	heute
homō, hominis *m.* 4	Mensch; *Pl.:* die Leute
honestus, a, um 16	ehrenhaft; angesehen
honōs, honōris *m.* 18	Ehre; Ehrenamt
hōra, ae 5	Stunde
hortus, ī 8	Garten
hospes, hospitis *m.* 16	Fremder; Gast
hostia, ae 4	Opfertier
humānitās, tātis *f.* 19	Menschlichkeit; Bildung

I

iacēre 5	liegen
iam *(Adv.)* 1	schon
ibī *(Adv.)* 2	dort
idōneus, a, um 10	geeignet (für *etw.*)
īgnōrāre 9	nicht kennen; nicht wissen
nōn īgnōrāre 9	genau kennen; genau wissen
immolāre 4	opfern
imperātor, ōris *m.* 4	1. Oberbefehlshaber 2. Kaiser; Herrscher
implōrāre 4	*jmdn.* anflehen
impōnere, -pōnō, -posuī 21	auferlegen
imprīmīs *(Adv.)* 6	vor allem; besonders
in *(+ Abl.)* 5	in *etw.* (*wo?*); an; auf; bei
in *(+ Akk.)* 4	1. in *etw.* hinein (*wohin?*) 2. nach; gegen; zu
inānis, e 21	leer; wertlos
incendium, ī 7	Brand
incipere, incipiō, coepī 5, 19	anfangen
incitāre 2	1. erregen 2. antreiben
indignus, a, um *(+ Abl.)* 14	*einer Sache* unwürdig
īnferī, ōrum 21	Unterirdische; Bewohner der Unterwelt
ingēns *(Gen.* ingentis) 19	riesig; ungeheuer
inīquus, a, um 3	1. ungleich 2. ungerecht
inquit 8	er, sie, es sagt(e)
īnsula, ae 19	1. Insel 2. Wohnblock
intellegere, intellegō, intellēxī 10, 16	bemerken; verstehen
intrāre 1	eintreten; betreten
invenīre, -veniō, -vēnī 2, 14	(er)finden
invītāre 12	einladen
īra, ae 9	Zorn
īre, eō, iī 11, 19	gehen
is, ea, id 10	dieser; er
ita *(Adv.)* 2	so
itaque 8	deshalb
iter, itineris *n.* 21	Weg; Marsch; Reise
iterum 6	wiederum; noch einmal
iterum atque iterum 7	immer wieder
iubēre, iubeō, iussī 9, 16	befehlen
iūcundus, a, um 17	angenehm
iussū *(+ Gen.)* 21	auf *jmds.* Befehl
iuvāre, iuvō, iūvī 7, 17	1. unterstützen; helfen 2. erfreuen

L

labor, ōris *m.* 20	1. Anstrengung 2. Arbeit
labōrāre 9	1. sich bemühen; arbeiten 2. in Not sein; leiden
laetus, a, um 4	fröhlich
laudāre 15	loben
laus, laudis *f.* 19	Lob; Ruhm
legere, legō, lēgī 16	1. sammeln; auswählen 2. lesen
legiō, legiōnis *f.* 14	Legion
lēx, legis *f.* 15	Gesetz; Bedingung
lēgem rogāre	einen Gesetzesvorschlag machen
libenter *(Adv.)* 9	gern
līberī, ōrum 1	Kinder
licet *(+ Inf.)* 2	es ist erlaubt
littera, ae 16	Buchstabe; *Pl.:* »Geschriebenes«: 1. Brief 2. Wissenschaften 3. Literatur
locus, ī 21	Ort
lucrum, ī 7	Gewinn
lūdere, lūdō 9	spielen
lūdus, ī 6	1. Spiel 2. Wettkampf 3. Schule

M

magis *(Adv.)* 8	mehr
magnus, a, um 4	1. groß 2. bedeutend
mālle, mālō, māluī 15	lieber mögen
malus, a, um 3	schlecht; böse
mare, maris *n. (Abl. Sg.* marī, *Nom. Pl.* maria) 21	Meer
marītus, ī 6	Ehemann
māter, mātris *f.*	Mutter
maximē *(Adv.)* 8	am meisten; sehr; besonders
mēcum 8	mit mir
meminisse (nur Perf.) *(+ Gen.)* 15	sich erinnern an (Präs.)
mercātor, ōris *m.* 7	Kaufmann; Händler
merx, mercis *f.* 7	Ware
metuere, metuō, metuī 17	(sich) fürchten
meus, a, um 7	mein
Mihī nōmen est …	Ich heiße …
mīles, mīlitis *m.* 14	Soldat
minimē *(Adv.)* 10	ganz und gar nicht; am wenigsten
miser, misera, miserum 3	bedauernswert; unglücklich
miseria, ae 7	Unglück
modo *(Adv.)* 14	1. nur 2. gerade eben (noch)
modus, ī 17	Art (und Weise)
monēre 10	(er)mahnen
mōns, montis *m.* 19	Berg
mortuus, a, um 9	tot
movēre, moveō, mōvī 2, 18	1. bewegen 2. beeindrucken
mox *(Adv.)* 16	bald
mulier, ris *f.* 7	Frau
multī, ae, a 3	viele
multum *(Adv.)* 12	1. viel; sehr 2. oft
mūrus, ī 13	Mauer

N

nam 9	denn
nārrāre 11	erzählen
nātiō, tiōnis *f.* 14	Volk; Volksstamm
nāvis, is *f.* 20	Schiff
-ne …? 6	*Fragepartikel (unübersetzt)*
necāre 11	töten
necesse est *(+ Inf.)* 2	es ist notwendig
neglegere, neglegō, neglēxī 10, 18	1. nicht beachten; missachten 2. vernachlässigen
negōtium, ī 1	1. Arbeit; Aufgabe 2. Geschäft; Handel
nēmō, nēminis 15	niemand
neque 8	und nicht; aber nicht
neque … neque 8	weder … noch
nescīre, nesciō, nescīvī 16	nicht wissen
nihil 13	nichts
nihil bonī 13	nichts Gutes
nōbilis, e 19	berühmt; adlig; edel
nōlle, nōlō, nōluī 16	nicht wollen
nōmen, nōminis *n.*	Name
nōn 1	nicht
nōn iam 3	nicht mehr
nōn sōlum …, sed etiam 6	nicht nur …, sondern auch
nōnne …? 6	etwa nicht? *(man erwartet die Antwort:* doch)
nōs 6	wir
noster, nostra, nostrum 7	unser
nostrī, ōrum 14	unsere Leute; die Unsrigen
nōtus, a, um 11	bekannt
novem 17	neun
novus, a, um 10	neu; neuartig
nūbere, nūbō, nūpsī *(+ Dat.)* 16	heiraten
nūllus, a, um 6	kein; keiner
num …? 6	denn; etwa? *(man erwartet die Antwort:* nein)
numquam *(Adv.)* 10	niemals
nunc *(Adv.)* 4	jetzt; nun
nūntius, ī 16	Bote; Nachricht
nūper *(Adv.)* 13	kürzlich
nūpsī 16	→ nūbere
nūptiae, ārum 16	Hochzeit

O

octo 17	acht
oculus, ī 17	Auge
officium, ī 9	Dienst; Pflicht(erfüllung)
omnis, e 19	1. jeder 2. ganz; *Pl.:* alle
oportet 14	es gehört sich; es ist nötig; man muss
opprimere, -primō, -pressī 21	1. unterdrücken 2. überfallen
ops, opis *f.* 17	Kraft; Hilfe; *Pl.:* Macht; Streitkräfte; Reichtum
optimus, a, um 17	der beste; sehr gut

opus est *(+ Abl.)* 13	man braucht; es ist nötig	posse, possum, potuī 8, 13	können; Einfluss haben
ōrāre 17	bitten	post *(+ Akk.)* 18	nach; hinter
ōrātiō, tiōnis *f.* 19	Rede	postquam 12	nachdem
orbis, is *m.* 20	Kreis	potestas, atis *f.* 15	Macht; Amtsgewalt
orbis terrārum 20	Erdkreis	potuī 13	→ posse
ōrdō, ōrdinis *m.* 15	1. Ordnung; sozialer Stand	praebēre 8	geben; gewähren
	2. Kollegium	praeclārus, a, um 14	hochberühmt; ausgezeichnet
ōrnāmentum, ī 10	Schmuck(stück)	praeter *(+ Akk.)* 13	außer
ōs, ōris *n.* 17	Mund; Gesicht	praetor, ōris *m.* 18	Prätor
ōtium, ī 17	1. Ruhe 2. freie Zeit 3. Frieden	pretium, ī 10	Preis; Lohn
		prīmum *(Adv.)* 17	zuerst; zum ersten Mal
P		prīnceps, cipis *m.* 15	Anführer; führender Staatsmann;
paene *(Adv.)* 20	fast; beinahe		Kaiser
pānis, is *m.* 10	Brot	prō *(+ Abl.)* 17	1. vor 2. für; an Stelle von *etw.*
pār *(Gen.* paris) 19	gleich		3. im Verhältnis zu *etw.*
par atque 19	gleich wie	probus, a, um 3	tüchtig; anständig; gut
parāre 12	(vor)bereiten	procul *(Adv.)* 19	von fern; weit weg
pārēre 1	gehorchen	profectō *(Adv.)* 10	in der Tat; sicherlich
parere, pariō, peperī 11, 17	1. gebären 2. hervorbringen;	prōmittere, -mittō, -mīsī 16	versprechen
	erwerben	properāre 8	eilen; sich beeilen
pater, patris *m.*	Vater	propter *(+ Akk.)* 17	wegen
patria, ae 18	Heimat	puella, ae 3	Mädchen
paucī, ae, a 15	(nur) wenige	puer, puerī 3	Junge
pāx, pācis *f.* 4	Friede	pūgna, ae 5	Kampf; Schlacht
pecūnia, ae 10	Geld	pūgnāre 5	kämpfen
pecus, pecoris *n.* 8	Vieh	pulcher, pulchra, pulchrum 3	schön
pellere, pellō, pepulī 20	1. stoßen; schlagen 2. vertreiben	putāre 9	1. glauben; meinen 2. für *etw.*
peperī 17	→ parere		halten
per *(+ Akk.)* 4	1. durch; über (… hinaus)		
	2. während	**Q**	
pergere, pergō, perrēxī 14	1. weitermachen; fortsetzen	quā dē causā 21	aus welchem Grund? weshalb?
	2. aufbrechen (≈ sich auf den		*(rel. Anschluss:* deshalb)
	Weg machen)	quaerere, quaerō, quaesīvī 8, 16	suchen
perīculum, ī 20	Gefahr	quaerere ex *(+ Abl.)* 8	*jmdn.* fragen
pervenīre, -veniō, -vēnī 18	hinkommen; erreichen	quam 13	als
petere, petō, petīvī 5, 14	[»anpeilen«] 1. aufsuchen; sich	quamquam 11	obwohl
	begeben 2. verlangen; (er)bitten	quandō *(Adv.)* 16	wann
	3. angreifen	quattuor 17	vier
pietās, tātis *f.* 21	»Respekt«: 1. Gottesfurcht	-que 10	und
	2. Pflichtgefühl 3. Liebe;	quī, quae, quod 20	der, die, das *(Relativpronomen)*
	Zuneigung	quia 5	weil
pius, a, um 21	»respektvoll«: fromm;	quid? 10	was?
	pflichtbewusst	qīnque 17	fünf
plācāre 4	beruhigen	quis? 19	wer?
placēre 1	gefallen	quod 6	weil
plēbēius, a, um 15	bürgerlich; nicht adelig	quōmodo 16	wie
plēbs, plēbis *f.* 15	1. Volk(smenge) 2. Pöbel	quoque *(nachgestellt)* 3	auch
plūs 13	mehr	quotannīs *(Adv.)* 15	jährlich
poena, ae 20	Strafe		
poenam dare 20	für *etw.* büßen; für *etw.* bestraft	**R**	
	werden	rapere, rapiō, rapuī 12, 18	rauben; (weg)reißen
poēta, ae *m.* 6	Dichter	rē vērā 11	wirklich; tatsächlich
pōnere, pōnō 11	stellen; legen	recipere, -cipiō, -cēpī 14	zurücknehmen; empfangen;
poposcī 20	→ poscere		aufnehmen
populus, ī 5	Volk	sē recipere 14	sich zurückziehen
porta, ae 19	Tor	reddere, reddō, reddidī 18	1. zurückgeben 2. zu *etw.* machen

redīre, -eō, -iī 18	zurückgehen
redūcere, -dūcō, -dūxī 21	zurückführen
regere, regō, rēxī 15	lenken; leiten; beherrschen
rēgnum, ī 11	1. Königsherrschaft; Alleinherrschaft 2. Königreich
relinquere, relinquō, relīquī 2, 18	1. verlassen; zurücklassen 2. unbeachtet lassen
remanēre, -maneō, -mānsī 13	(zurück)bleiben
removēre, -moveō, -mōvī 13	entfernen
reparāre 13	wiederherstellen; reparieren
repellere, repellō, reppulī 14	vertreiben; zurückschlagen
reprehendere, reprehendō 8	tadeln
resistere, resistō, restitī 5, 19	1. stehen bleiben 2. Widerstand leisten
respondēre, respondeō, respondī 8, 12	antworten
restituere, -stituō, -stituī 13	wiederherstellen
rēx, rēgis *m.* 11	König
rīdēre, rīdeō, rīsī 16	lachen
rogāre 8	1. fragen 2. bitten
Rōmānus, a, um 9	römisch
Rōmānus, ī 9	Römer
rumpere, rumpō, rūpī 13	(zer-)brechen
rūrsus *(Adv.)* 13	wieder

S

sacerdōs, dōtis *m./f.* 4	Priester / Priesterin
sacrificium, ī 6	Opfer
saepe *(Adv.)* 17	oft
saevus, a, um 18	schrecklich
salūs, salūtis *f.* 7	1. Wohlergehen 2. Rettung
salūtāre 5	grüßen
salvē!	Sei gegrüßt! Hallo!
salvēte! 6	Seid gegrüßt! Guten Tag!
salvus, a, um 18	gesund; unverletzt; am Leben; wohlbehalten
scīre, sciō, scīvī 16	wissen
sed 1	aber; sondern
sedēre, sedeō, sēdī 19	sitzen
semper *(Adv.)* 2	immer
senātor, ōris *m.* 14	Senator
septem *(indekl.)* 17	sieben
septimus, a, um 5	siebte(r)
servāre 11	retten; bewahren
servus, ī	Sklave
sex 17	sechs
sī 9	falls; wenn
sīc *(Adv.)* 11	so
sīgnum, ī 5	1. Zeichen 2. Feldzeichen 3. Statue
silentium, ī 1	Stille; Schweigen
simul *(Adv.)* 19	zugleich; gleichzeitig
simulāre 11	vortäuschen
sine *(+ Abl.)* 12	ohne
singulāris, e 19	einzeln; einzigartig

sōlus, a, um 12	allein; einzig
somnus, ī 21	Schlaf
soror, ōris *f.* 4	Schwester
spectāculum, ī 5	Schauspiel
spectāre 1	betrachten; (hin)schauen
spērāre 14	hoffen
stāre, stō, stetī 4, 19	stehen
statim *(Adv.)* 2	sofort
studēre *(+ Dat.)* 16	sich bemühen (um)
stultus, a, um 11	dumm
subitō *(Adv.)* 1	plötzlich
superāre 18	besiegen; übertreffen
superesse, -sum, -fuī 20	übrig sein; überleben
sustulī 19	→ tollere
suus, a, um 7	sein / ihr

T

taberna, ae 7	1. Laden; Werkstatt 2. Gasthaus
tacēre 3	schweigen
tam *(Adv.)* 6	so
tamen 9	trotzdem
tamquam *(Adv.)* 12	wie
tandem *(Adv.)* 2	endlich
tantus, a, um 14	so groß
tempus, temporis *n.* 15	Zeit
tenēre 20	halten; haben
tergum, ī 14	Rücken
terra, ae 20	Land; Erde
terrēre 20	*jmdn.* erschrecken
timēre 4	(sich) fürchten (vor)
toga, ae 10	Toga
tolerāre 3	ertragen
tollere, tollō, sustulī 19	1. hochheben; aufheben 2. beseitigen
tōtus, a, um 5	ganz; gesamt
trādere, trādō, trādidī 11, 18	1. übergeben 2. überliefern
trahere, trahō 2	ziehen; schleppen
trānsīre, -eō, -iī 14	hinübergehen; überqueren
trēs, trēs, tria 17	drei
tribuere, tribuō, tribuī 13	zuteilen
tribūnus, ī 15	Tribun
tribūnus plēbis 15	Volkstribun
tū 6	du
tum *(Adv.)* 4	da; dann; darauf; damals
tunc *(Adv.)* 15	da; dann; darauf; damals
turba, ae 4	1. Menschenmenge 2. Lärm; Verwirrung
tuus, a, um 7	dein

U

ubī 1	wo
ubīque *(Adv.)* 15	überall
umbra, ae 21	Schatten
undecim 17	elf
ūnus, a, um 12	1. ein (einziger) 2. einzigartig

urbs, urbis *f.* 12	(sehr bedeutende) Stadt; Rom
uxor, ōris *f.* 6	Ehefrau

V

varius, a, um 10	1. verschieden 2. bunt; vielfältig
vel 17	oder
velle, volō, voluī 16	wollen
velut/velutī *(Adv.)* 15	so wie; gleich wie; wie zum Beispiel
vēndere, vēndō 3	verkaufen
venīre, veniō, vēnī 1, 13	kommen
verberāre 2	prügeln; schlagen
verbum, ī 3	Wort
vērē *(Adv.)* 3	wirklich
vertere, vertō 2	drehen; wenden
vērus, a, um 17	1. wahr 2. richtig; echt
vester, vestra, vestrum 7	euer
vestis, is *f.* 10	Kleidung; Kleidungsstück
vetāre 15	verbieten
vīcī 14	→ vincere
victōria, ae 18	Sieg

vidēre, videō, vīdī 2, 18	sehen
vīlla, ae 17	Haus; Landhaus
vincere, vincō, vīcī 7, 14	(be)siegen
vinculum, ī 20	Band; Fessel
vīnum, ī 20	Wein
vir, virī 3	Mann
virgō, virginis *f.* 11	(junge) Frau
virtūs, tūtis *f.* 9	*alles, was einen echten* vir *auszeichnet:* Tapferkeit; Tüchtigkeit; Tugend; Vortrefflichkeit
vīs *f. (Akk.* vim, *Abl.* vī; *Pl.* vīrēs, vīrium) 5	1. Kraft 2. Gewalt *Pl. auch:* Streitkräfte
vīta, ae 5	Leben
vīvere, vīvō 12	leben
vix *(Adv.)* 14	kaum
vocāre 7	1. rufen 2. nennen
volāre 12	fliegen
voluptās, tātis *f.* 14	Lust; Vergnügen
vōs 6	ihr
vōx, vōcis *f.* 5	1. Stimme 2. Wort; Äußerung

Quellennachweis

Rondogramme

Theo Wirth, Christian Seidl, Christian Utzinger: Sprache und Allgemeinbildung © Lehrmittelverlag Zürich; pietas: E.-M. Müller, Th. W. Probst und I. Willems

Abbildungen

© Archäologiepark Römische Villa Borg (Foto: Brigitte Krauth): 48, Abb. 4

© Archäologische Staatssammlung München (M. Eberlein): 28, Abb. 2–4

© courtesy of Ancientwine: 88, Abb. 1

© digitales forum romanum, Projekt am Winckelmann-Institut der Humboldt-Universität zu Berlin, Leitung Susanne Muth, 3D-Modell Armin Müller: 63, Abb. 3

© Peter Palm, Berlin: 83, Abb. 5; 123, Abb. 6

© The Trustees of the British Museum: 22, Abb. 1; 23, Abb. 5; 103, Abb. 3

Agnete: 109, Abb. 3

akg/Bildarchiv Monheim: 62, Abb. 1

akg/Bildarchiv Steffens: 23, Abb. 6; 102, Abb. 2; 103, Abb. 5–6; 128, Abb. 1; 142, Abb. 3

akg/De Agostini Pict. Lib.: 143, Abb. 6

akg-images: 68, Abb. 1; 82, Abb. 3; 83, Abb. 4; 87; 142, Abb. 1; 143, Abb. 4

akg-images/Andrea Baguzzi: 82, Abb. 1

akg-images/CDA/Guillemot: 82, Abb. 2

akg-images/Erich Lessing: 108, Abb. 1; 122, Abb. 2; 142, Abb. 2; 143, Abb. 5

akg-images/Gerard Degeorge: 102, Abb. 1

akg-images/Gilles Mermet: 48, Abb. 2–3

akg-images/Museum Kalkriese: 122, Abb. 3

akg-images/Nimatallah: 47

akg-images/Peter Connolly: 28, Abb. 5; 62, Abb. 2; 103; Abb. 4

akg-images/Pirozzi: 129, Abb. 3

AlMare: 69, Abb. 2

Archäologie Baselland: 48, Abb. 1

BeBo86: 68, Abb. 3

bpk|Scala: 108, Abb. 2

Christian Schöffel: 123, Abb. 5

Daniel Schwen: 123, Abb. 4

Jutta Schweigert: 22, Abb. 2

Orangeowl: 28, Abb. 1

Rom, Museo della Civiltà Romana: 23, Abb. 3

Rom, Museo Nazionale Romano: 23, Abb. 4

Rom, Vatikanische Museen, Rekonstruktion des Augustus von Paolo Liverani: 128, Abb. 2

Szilas: 89, Abb. 3

Wokrie: 89, Abb. 2

www.digitalstock: PRILL Mediendesign & Foto: 122, Abb. 1

Operatoren

Damit du immer genau weißt, was bei einer bestimmten Aufgabenstellung zu tun ist, findest du hier eine Liste mit Arbeitsanweisungen, den Operatoren.

Anforderungsbereich I: Reproduktion	Anforderungsbereich II: Reorganisation und Transfer	Anforderungsbereich III: Reflexion und Problemlösung
• **Angeben:** Inhalte zu vorgegebenen Sachverhalten mit eigenen Worten (auch zusammenfassend) ausdrücken	• **Analysieren:** einzelne Bestandteile, Elemente der Struktur oder die Gesamtstruktur von sprachlichen Einheiten (z. B. Wortformen, Sätze, Verse, Texte) erschließen und darstellen	• **Begründen:** einen Sachverhalt/eine Aussage durch nachvollziehbare Argumente (und Belege) stützen
• **Auswählen:** vorgegebene Inhalte/Sachverhalte prüfen und die passenden aussuchen	• **Anwenden:** bereits erworbene Kompetenzen zur Bewältigung einer Aufgabenstellung einsetzen	• **Definieren:** den Inhalt eines Begriffes so knapp und präzise wie möglich erklären; zwei Begriffe gegeneinander abgrenzen
• **Benennen:** vorgegebene Sachverhalte/Inhalte mit einem Begriff versehen	• **Belegen:** vorgegebene oder selbst aufgestellte Behauptungen/Aussagen z. B. durch Textstellen stützen oder beweisen	• **Diskutieren:** geschichtliche, philosophische, literarische und kulturelle Fragestellungen in der Gruppe erörtern; dabei kommen verschiedene Standpunkte zur Sprache und werden begründet
• **Beschreiben:** die Merkmale eines Sachverhalts in eigenen Worten und in Einzelheiten darlegen	• **Einordnen:** einen Sachverhalt/eine Aussage mit erläuternden Hinweisen in einen Zusammenhang einfügen	• **Erörtern:** Argumente und Gegenargumenten zu einer Aussage oder Frage gegenüberstellen und mit einer begründeten Stellungnahme bewerten
• **Bestimmen:** lateinische Wortformen nach sprachlichen Kriterien einordnen	• **Entwickeln:** Sach- und Gedankenzusammenhänge selbstständig strukturieren und mit eigenen Worten darstellen	• **Gestalten:** Erkenntnisse kreativ umsetzen
• **Bilden:** mit Hilfe der gelernten grammatischen Regeln die verlangte Wortform aus verschiedenen Elementen (z. B. Stamm, Endung) zusammensetzen	• **Erfassen:** einen bestimmten sprachlichen oder inhaltlichen Sachverhalt in seinem Kern verstehen	• **Interpretieren:** durch das Deuten von Bestandteilen und Strukturen eines Textes oder Textteils dessen Gesamtdeutung selbstständig erarbeiten und so ein umfassendes Textverständnis nachweisen
• **Durchlesen:** einen Text oder Textabschnitt sinnerfassend lesen	• **Erklären:** einen Sachverhalt in einen Zusammenhang (z. B. Regel, Modell, Kontext) einordnen und die bestehenden inneren Beziehungen darlegen	• **Nachspielen/Darstellen:** einen Sachverhalt oder eine Textpassage inhaltlich erfassen und szenisch umsetzen
• **(Wieder)Erkennen:** Inhalte/Sachverhalte erfassen und herausarbeiten		
• **Nennen:** bestimmte Begriffe/Phänomene (er)kennen und knapp und präzise wiedergeben		
• **Ordnen:** Begriffe/Elemente nach vorgegebenen oder selbst erarbeiteten Gesichtspunkten gliedern		

- **Vorstellen:** erarbeitete Ergebnisse eines Arbeitsauftrages anderen zusammenfassend erklären
- **Wiedergeben:** bekannte Inhalte/Sachverhalte mit eigenen Worten knapp darstellen
- **Zusammenstellen:** Begriffe/Elemente nach vorgegebenen oder selbst erarbeiteten Gesichtspunkten sammeln; auch: bekannte Elemente z. B. zu Wortformen oder Wendungen kombinieren
- **Zuweisen:** einzelne Inhalte/Sachverhalte einem vorgegebenen Oberbegriff zuordnen

- **Erläutern:** einen Sachverhalt durch zusätzliche Informationen (Beispiele, Belege, Begründungen) nachvollziehbar verdeutlichen
- **Erschließen:** durch bestimmte Schlussfolgerungen einen bestimmten sprachlichen oder inhaltlichen Sachverhalt herausarbeiten
- **Gliedern:** die Struktur eines Textes erfassen und deutlich machen
- **Herausarbeiten:** einen bestimmten Sachverhalt erkennen und darstellen, z. B. anhand eines Textes
- **Nachweisen:** einen Sachverhalt/eine Aussage durch eigene Untersuchungen bestätigen
- **Nutzen:** Medien, Methoden, Präsentationstechniken oder eigene Arbeitsergebnisse zur Bewältigung einer Aufgabenstellung heranziehen
- **Recherchieren:** zu einem Thema selbstständig Nachforschungen anstellen, z. B. in Bibliotheken oder im Internet

- **Stellung nehmen:** unter Heranziehung von Kenntnissen (z.B. über Autor, Sachverhalt, Zusammenhang) eine eigene Position begründen und vertreten
- **Überprüfen:** eine Aussage mittels vorhandener Kenntnisse auf ihre Richtigkeit überprüfen
- **Übersetzen:** einen Text vollständig, angemessen und korrekt in der Zielsprache wiedergeben
- **Untersuchen:** unter bestimmten Fragestellungen sprachliche, inhaltliche und strukturelle Merkmale eines Textes herausarbeiten und im Zusammenhang darstellen
- **Vergleichen:** nach vorgegebenen oder selbst gewählten Gesichtspunkten Gemeinsamkeiten und Unterschiede von z. B. Texten oder Bildern darstellen

Zeittafel

ca. 1200 v. Chr.	Zerstörung Trojas; Flucht des Aeneas (Mythos)
ca. 800 v. Chr.	Entstehung der homerischen Epen *Ilias* und *Odyssee*

Königszeit

753 v. Chr.	Gründung Roms durch Romulus (Mythos)
ca. 500 v. Chr.	Vertreibung des letzten Königs Tarquinius Superbus

Republik

ca. 500 v. Chr.	L. Iunius Brutus wird erster Konsul
264–146 v. Chr.	3 Punische Kriege; Rom wird Vormacht im Mittelmeerraum
133–31 v. Chr.	Jahrhundert der Bürgerkriege
133 v. Chr.	Volkstribunat von Ti. Sempronius Gracchus
122/121 v. Chr.	Volkstribunat von C. Sempronius Gracchus
44 v. Chr.	Ermordung Caesars

Kaiserzeit / Prinzipat

ab 27 v. Chr.	Ende der Republik; Beginn des Prinzipats mit der Alleinherrschaft des Augustus
19 v. Chr.	Eröffnung der Thermen des Agrippa
19 v. Chr.	Tod Vergils; Veröffentlichung der *Aeneis*
17 v. Chr.	Säkularfeier
17/16 v. Chr.	Niederlage des Lollius; Augustus zieht mit seiner Armee nach Gallien
8 v. Chr.	Tod des Horaz
9 n. Chr.	Schlacht im Teutoburger Wald; Niederlage des Varus gegen die Germanen
14 n. Chr.	Tod des Augustus

17 n. Chr.	Tod des Livius
79 n. Chr.	Ausbruch des Vesuvs (Zerstörung u. a. von Pompeji und Herculaneum); Tod des älteren Plinius
ca. 113 n. Chr.	Tod des jüngeren Plinius
ab ca. 120 n. Chr.	Bau des obergermanisch-rätischen Limes